国内首套分行业、多领域的绩效管理实用工具书

- 周考核、月考核、季考核、年考核，流于形式
- 员工忙、主管忙、人力资源经理忙，忙而无果
- 客户不满意、老板不满意、员工也是很不满意
- 绩效难升怎么办？完美的绩效管理方案来帮你
- 流程、指标、制度、表格，四位一体助你实现

Jiudian Fuwuye Jixiaoguanli

Liucheng Zhibiao Zhidu Biaoge

绩效管理实用工具书

酒店服务业
绩效管理

流程 指标 制度 表格

李佳林◎主编

10个部门80个岗位

16个绩效管理制度

183个绩效指标

10份经营管理责任书

91个绩效管理表格

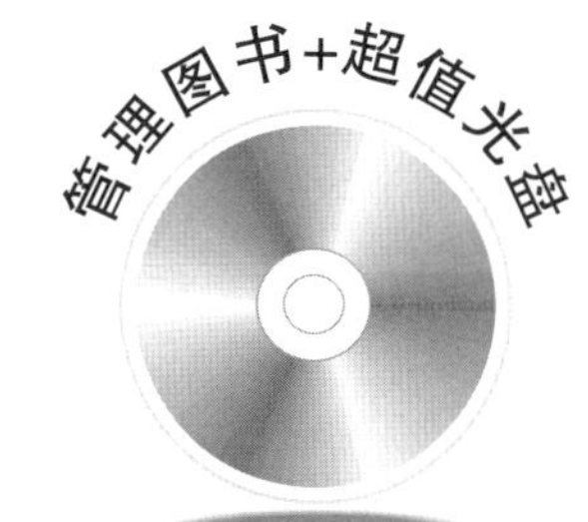

廣東省出版集團
广东经济出版社

图书在版编目（CIP）数据

酒店服务业绩效管理流程·指标·制度·表格 / 李佳林主编. —广州：广东经济出版社，2012.8

（绩效管理实用工具书）

ISBN 978-7-5454-1426-4

Ⅰ. ①酒… Ⅱ. ①李… ①饭店－企业绩效－企业管理 Ⅳ. ①F719.2

中国版本图书馆CIP数据核字(2012)第172316号

出版发行	广东经济出版社（广州市环市东路水荫路11号11～12楼）
经销	全国新华书店
印刷	广州家联印刷有限公司 （广州市天河区东圃镇吉山村坑尾路3－2号）
开本	787毫米×1092毫米 1/16
印张	18.25 2插页
字数	352000字
版次	2012年8月第1版
印次	2012年8月第1次
印数	1～5000册
书号	ISBN 978－7－5454－1426－4
定价	58.00元

如发现印装质量问题，影响阅读，请与承印厂联系调换。

发行部地址：广州市环市东路水荫路11号11楼

电话：(020)38306055 38306107 邮政编码：510075

邮购地址：广州市环市路水荫路11号11楼

.电话：(020)37601980 邮政编码：510075

营销网址：http://www.gebook.com

经济出版社常年法律顾问：何剑桥律师

前 言

绩效管理是管理者和员工一起提高绩效、获得绩效的过程。

绩效管理的实施可以分析出员工的绩效根源，让员工的绩效得以提高，企业的目标得以实现，上下级的关系得以转变，为培训、晋升、薪资管理和职业生涯提供依据。当然它还可以提高管理者的素质，这是一个互动的提升过程。因而，绩效管理的思想和方法正在被世界范围内众多的企业所采用，也被越来越多的中国企业家所重视，许多企业投入了较多的资源进行绩效管理的尝试，然而收效甚微，原因在哪里呢？在于许多企业的绩效管理太简单、太粗放！

许多企业以为绩效管理就是考核，于是定期地进行考核，有周考核、月考核、季考核、年考核，好像很规范，也费了不少精力，但就是没有效果，管理层和员工都只是在应付，并没有把员工的积极性真正地调动起来，也没有达到企业的绩效目标。究其原因，是他们不懂得绩效管理的流程，不知道如何去设立绩效考核的指标，没有建立绩效管理体系（绩效制度、绩效方案不完善，绩效考核管理表格不规范）。基于此，我们从实际操作的角度出发，设计了这套“绩效管理实用工具书”丛书，该丛书涵盖四个行业：制造业、酒店服务业、餐饮业、物业，每本书设立四大模块“流程·指标·制度·表格”。

★流程：以全视角介绍绩效管理的流程。绩效管理体系设计→制订绩效计划→开展绩效管理培训→进行绩效辅导→开展绩效考核→绩效考核结果的运用，每一个流程中的关键要点、技巧、方法都一一呈现。

★指标：首先阐述建立业绩指标库的步骤，接着一步一步地提供大量的、常用的绩效管理指标，以供参考。

★制度：由点到面地提供企业的绩效管理制度，内容涵盖整个行业。

★表格：分部门、分岗位地提供大量绩效考核量表，并分行业有针对性地提供绩效管理的表格。

《酒店服务业绩效管理流程·指标·制度·表格》一书内容涵盖酒店的各项业务，包括前厅部、客房部、餐饮部、康乐部、工程部、销售部、财务部、保安部、总经理办公室、人力资源部10个部门，涵盖80个岗位，共有183个绩效指标，16个绩效管理制度，10份经营管理责任书，91个绩效管理表格。这些指标、制度、表格，人力资源管理者可以拿来就用，当然，在引入的过程中，一定要根据自己酒店的实际情况，辩证地使用，不能盲目采用，大而全，这样，不仅没有效果，还会适得其反。

在《酒店服务业绩效管理流程·指标·制度·表格》一书的编辑整理过程中，得到了许多朋友的帮助和支持，其中参与编写和提供资料的有：朱仲华、柳景章、杨冬琼、邹凤等。同时本书参考了许多同类书籍，在此一并表示感谢，全书最后由朱少军审稿统筹完成。

目 录

第一部分 绩效管理流程

引言：

绩效管理是指制定员工的绩效目标并收集与绩效有关的信息，定期对员工的绩效目标完成情况作出评价和反馈，以改善员工工作绩效并最终提高组织整体绩效的制度化过程。绩效管理是一个系统的循环过程，它包括绩效管理体系设计、绩效计划的制订、绩效实施与监探、绩效评估、绩效沟通与反馈、绩效结果运用等环节。

第二部分 绩效管理指标

引言：

绩效管理工作一切都是围绕指标来进行的，它在绩效管理框架中处于核心地位。建立科学、合理的绩效指标体系是有效开展绩效考核等工作的前提。绩效指标是用来衡量公司、部门或员工绩效的标准，它同时还指明应该从哪些方面对工作进行衡量或评估，它必须符合SMART原则！

第三部分　绩效管理制度

引言：

对于员工的迟到、早退、旷工这些行为，管理者往往表现得很敏感，一旦发现立即追究，丝毫都不马虎。为什么？因为不能迟到、早退是企业制度的规定，谁也不能违反！要想使绩效管理像考勤一样被管理者重视，被管理者时刻记在心上，付诸于行动，企业就必须像抓考勤那样抓绩效管理，把绩效管理制度化，从制度上解决问题。

第四部分　绩效管理表格

引言：

表单化管理就是把各个岗位员工的绩效考核内容、工作质量标准和评价标准用简洁的考核表列出来，一岗一表、同岗同表，可以完成全部的考核工作，既一目了然又易于操作。企业要把制定好的绩效考核表事先发放到每个员工手里，让他们全面熟悉掌握，在实际工作中按照绩效考核的要求做好每一天、每一项工作。

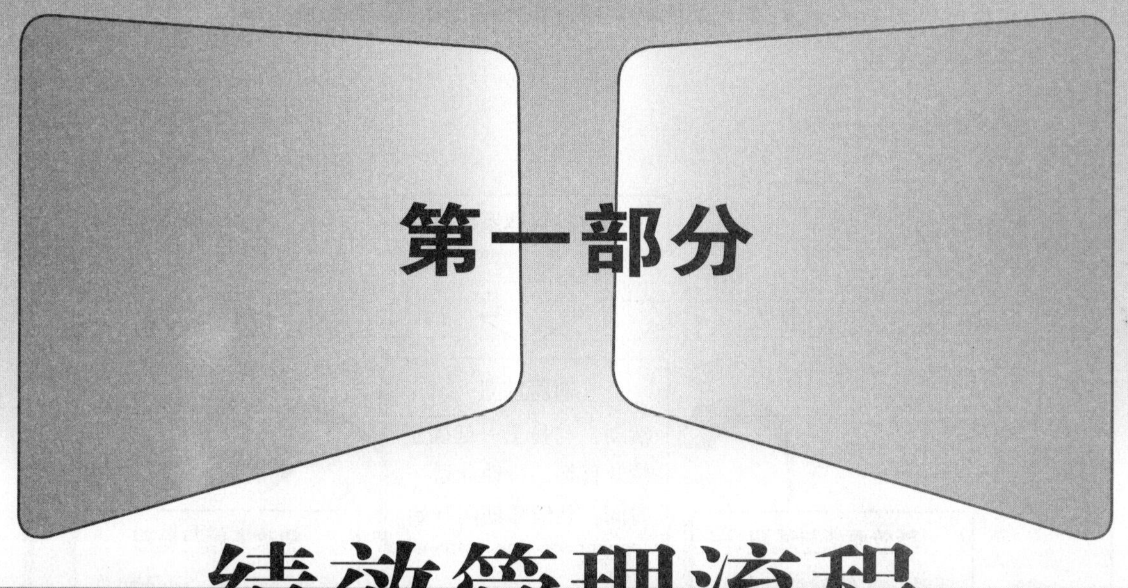

第一部分 绩效管理流程

引言：

绩效管理是指制定员工的绩效目标并收集与绩效有关的信息，定期对员工的绩效目标完成情况作出评价和反馈，以改善员工工作绩效并最终提高组织整体绩效的制度化过程。绩效管理是一个系统的循环过程，它包括绩效管理体系设计、绩效计划的制订、绩效实施与监探、绩效评估、绩效沟通与反馈、绩效结果运用等环节。

有效的绩效管理是一系列管理活动连续不断的循环过程，具体包括绩效计划、绩效实施与监控、绩效评估和绩效面谈与述职、绩效结果运用五个循环阶段。一个绩效管理阶段的结束，是另一个绩效管理阶段的开始，通过这种循环，个体和企业绩效得以持续发展。

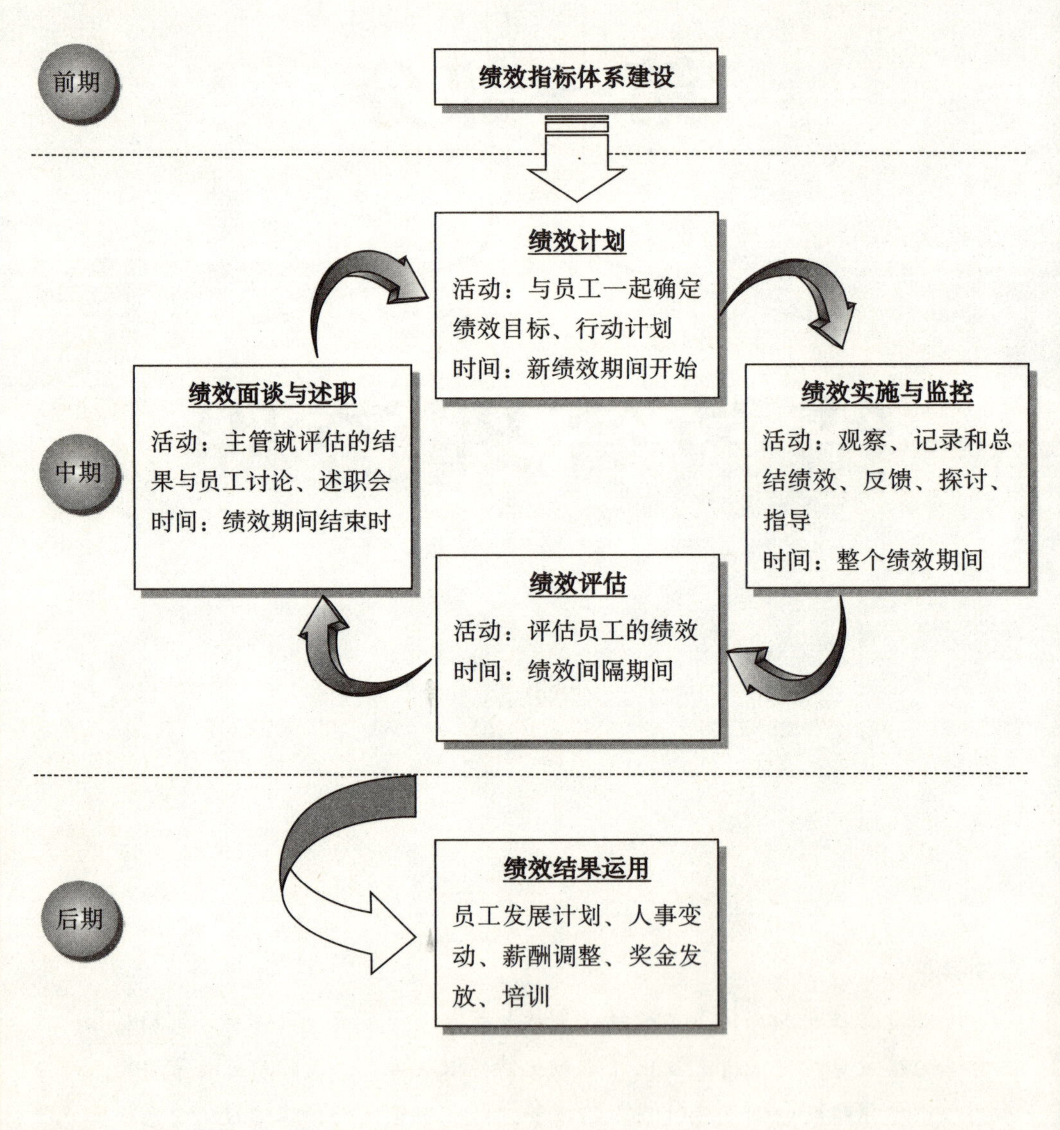

流程一 绩效管理体系设计

绩效管理规划是绩效管理流程中的第一个环节，发生在新的绩效期间的开始。绩效规划要解决以下几个问题：

谁参与——确定绩效管理的参与者。

考核什么——确定合适的绩效考核指标。

谁来考核——选择合适的考核者。

怎样考核——确定绩效考核的方法。

何时考核——确定绩效考核的时间和周期。

只有把这些项目确定下来，后续的工作才不会像无头苍蝇一样盲目。

1-1 确定绩效管理的参与者

有许多人认为绩效管理是人力资源部门的事，其实，这是一种误解。绩效管理不仅仅是人力资源部门的事，更重要的是企业各级部门、各级管理者及全体员工的责任。只有全员参与了，才可能达到绩效管理的效果。

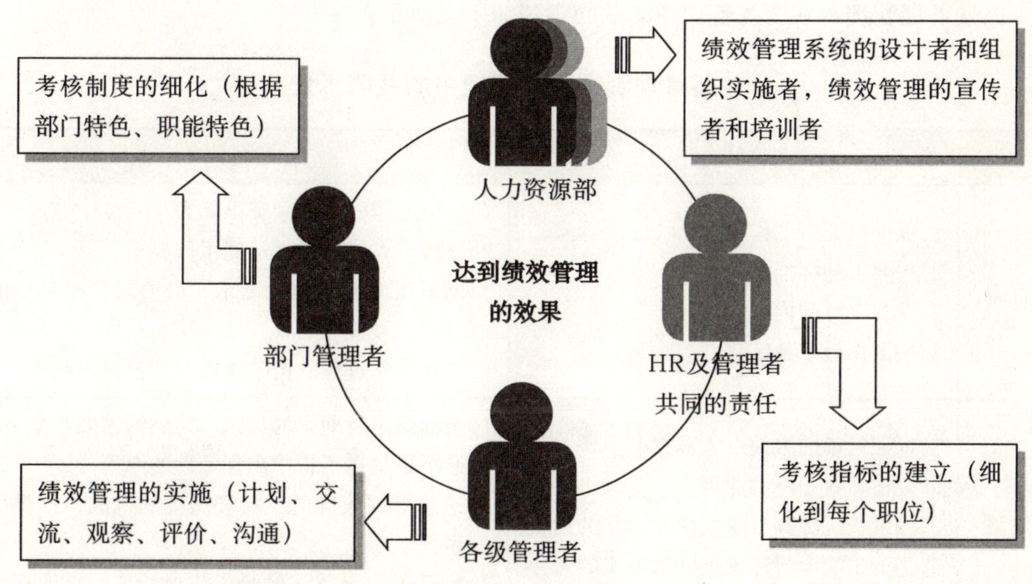

绩效管理者的角色

（一）相关部门在绩效管理中的分工

下图所示为相关部门和人员在绩效管理中的分工：

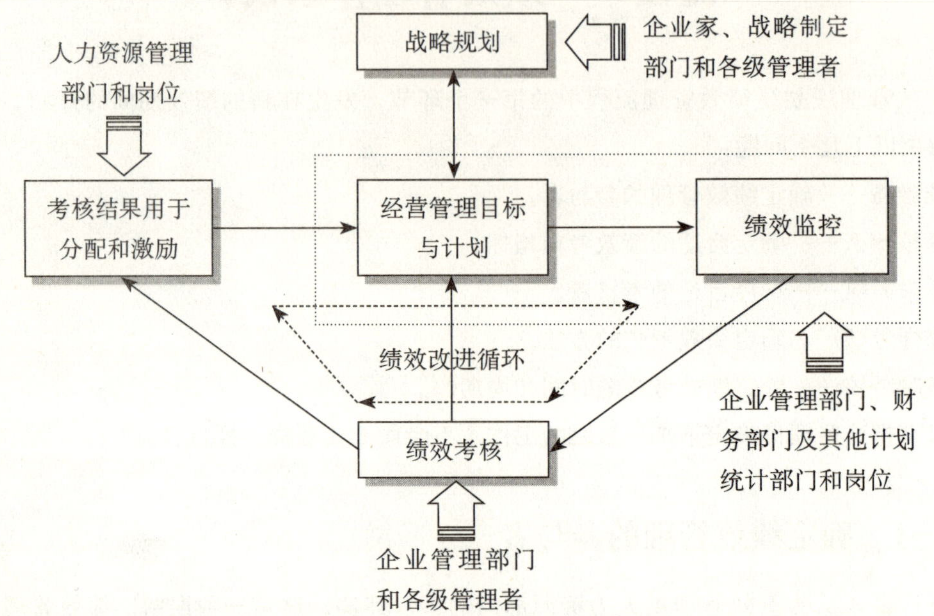

相关部门在绩效管理中的分工

（二）绩效管理是企业各层管理者的共同责任

企业各层管理者在绩效管理中的共同责任如下表所示：

各层管理者在绩效管理中的共同责任

类别	主管的责任	主管的能力
行为	1.保证员工有工作做 2.按要求的标准去做 3.在规定时间内完成 4.使工作趋于熟练化	1.分析工作的要求和员工能力 2.分析个人能力是否达到工作要求 3.向员工阐明工作的要求，必要时传授具体的知识和技能 4.检查工作过程，给予支持，评价最后结果
结果	1.保证目前的绩效令人满意 2.分析绩效下降的原因 3.激发员工提高自身技能和水平的动机 4.为员工的学习和发展创造更多的机会	1.明确规定所期望的员工应达到的绩效水平 2.诊断员工在工作中出现问题的原因 3.通过提供正确的支持和适度的挑战，使员工得到学习 4.和员工一起总结经验，使他们从中获取最大的益处

（续表）

类别	主管的责任	主管的能力
职业	1.挖掘员工个人职业发展的潜力 2.对员工在职业生涯的抉择提出建议 3.帮助员工作出最适当的选择 4.支持员工达到预期目标	1.了解员工内在需求和动机 2.如实地评价其职业发展愿望与自身能力是否相称 3.在本组织内和广阔的就业市场中，为他们的职业生涯发展设计最佳途径和制定实施策略
生涯	1.弄清楚问题的实质及其对员工个人和组织绩效的影响 2.协调员工个人和组织的利益 3.策划如何帮助员工达到预期生活目标的方案 4.在适当的时候，用感情表达方式，表明自己对员工的支持	1.倾听和了解员工的需求 2.弄清楚自己所能提供帮助的边界 3.让员工思考他们所面临的问题 4.帮助员工找出他们自己认为自理这些问题的最佳方法

（三）人力资源部门的管理责任

（1）设计、试验、改进和完善绩效管理制度，并向有关部门建议推广。

（2）在本部门认真贯彻执行企业的绩效管理制度，以起到示范作用。

（3）宣传企业员工的绩效管理制度，说明贯彻该项制度的重要意义、目的、方法与要求。

（4）督促、检查、帮助本企业各部门贯彻现有绩效管理制度，培训实施绩效管理的人员。

（5）收集反馈信息，包括存在的问题、难点、批评与建议，记录和积累有关资料，提出改进方案和措施。

（6）根据绩效管理的结果，制订相应的人力资源开发计划，并提出相应的人力资源管理决策。

（四）员工在绩效管理中的责任

（1）明确自己的绩效责任与目标（做什么、为什么做、结果是什么）。

（2）参与目标、计划的制订（组织的要求、目标必须达成的理由）。

（3）寻求上司的支持与所需资源（责权、费用、工具、渠道等）。

（4）及时获取评价、指导与认同（好不好、是否满意、如何改进偏离）。

（5）获取解释的机会（消除误解、解释原因）。

1-2　确定合适的绩效考核指标

绩效考核指标是进行绩效考核的基本要素，制定有效的绩效考核指标是绩效考核取得成功的保证，因此也成为建立绩效考核体系的中心环节。

（一）绩效考核指标的设计步骤

绩效考核指标的设计步骤如下图所示：

步骤	名称	说明
1	工作分析（岗位分析）	根据考核目的，对被考核对象岗位的工作内容、性质以及完成这些工作所具备的条件等进行研究和分析，从而了解被考核者在该岗位工作所应达到的目标、采取的工作方式等，初步确定绩效考核的各项要素
2	工作流程分析	绩效考核指标必须从流程中去把握。根据被考核对象在流程中扮演的角色、责任以及同上游、下游之间的关系，来确定其衡量工作的绩效指标。此外，如果流程存在问题，还应对流程进行优化或重组
3	绩效特征分析	可以使用图示标出各指标要素的绩效特征，按需要考核程度分档，如可以按照非考核不可、非常需要考核、需要考核、需要考核程度低、几乎不需要考核五档对上述指标要素进行评估，然后根据少而精的原则按照不同的权重进行选取
4	理论验证	依据绩效考核的基本原理与原则，对所设计的绩效考核要素指标进行验证，保证其能有效可靠地反映被考核对象的绩效特征和考核目的要求
5	要素调查，确定指标	根据上述步骤所初步确定的要素，可以运用多种灵活方法进行要素调查，最后确定绩效考核指标体系。在进行要素调查和指标体系的确定时，往往将几种方法结合起来使用，使指标体系更加准确、完善、可靠
6	修订	为了使确定好的指标更趋合理，还应对其进行修订。修订分为两种。一种是考核前修订。通过专家调查法，将所确定的考核指标提交领导、专家会议及咨询顾问，征求意见，修改、补充、完善绩效考核指标体系。另一种是考核后修订。根据考核及考核结果应用之后的效果等情况进行修订，使考核指标体系更加理想和完善

绩效考核指标的设计步骤

（二）绩效考核指标的设计原则

国外有的管理专家把绩效考核指标的设计规范归纳为一个英文单词，“SMART”。其实这里的“SMART”不是单词，是五个词的词头合起来的一组符号，一个字母一个含义，具体如下图所示：

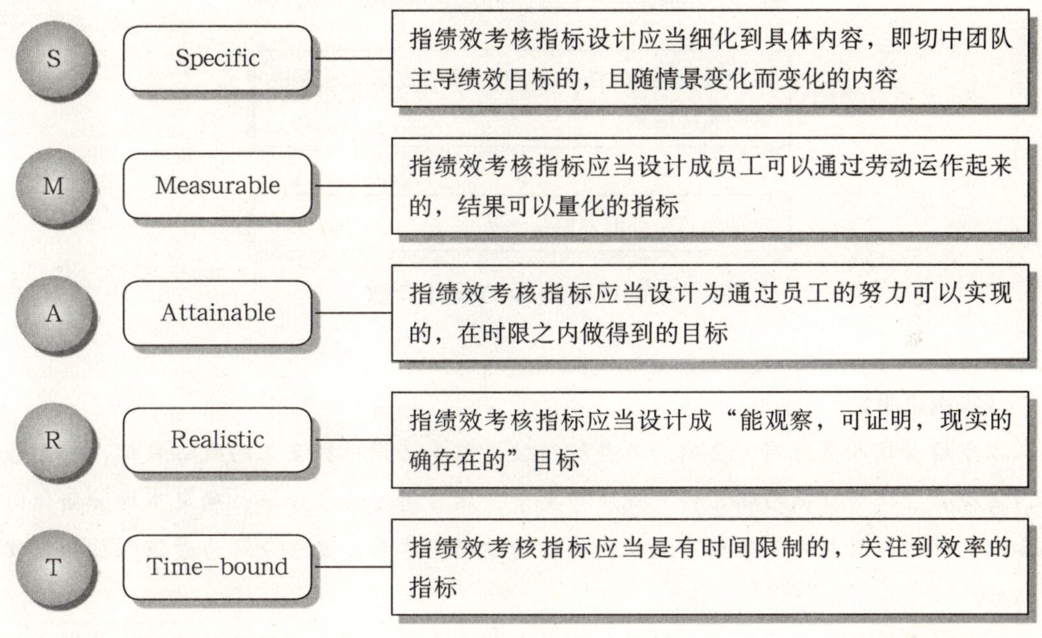

SMART原则

（三）关键绩效指标体系

1.关键绩效指标的特征

关键绩效指标（KPI）是对企业及组织运作过程中关键成功要素的提炼和归纳。因此，关键绩效指标具有以下特征：

（1）将员工的工作与企业远景、战略与部门相连接，层层分解，层层支持，使每一员工的个人绩效与部门绩效，与企业的整体效益直接挂钩。

（2）保证员工的绩效与内外部客户的价值相连接，共同为实现客户的价值服务。

（3）员工绩效考核指标的设计是基于企业的发展战略与流程，而非岗位的功能。

关键绩效指标体系要能使得员工按照绩效的测量标准和奖励标准去做，真正发挥绩效考核指标的牵引和导向作用。

2.关键绩效指标的设计思路

关键绩效指标的建立，通常使用的方法是“鱼骨图”分析法，其主要步骤包括：

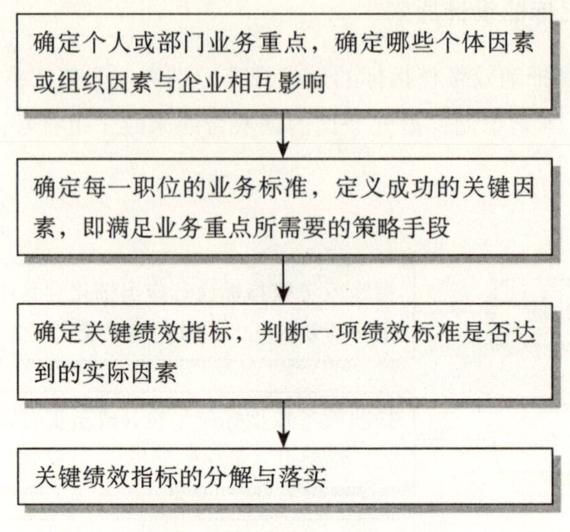

关键绩效指标的设计步骤

【实例说明】

以市场营销人员为例，要确定其关键绩效，首先必须根据企业的战略目标，确定营销部门实现企业战略目标的职责和关键成功要素，然后通过层层分解，确定市场营销部门内部各职能部门和业务部门及相关流程的关键绩效指标体系，进而分解为营销人员的绩效考核指标。

例如，如果将企业的战略目标定位于世界领先企业，那么，市场营销部的关键绩效目标必须定位于市场领先，而要实现这一目标，必须在三个方面处于世界领先地位：市场形象、营销网络和市场份额。而营销人员的职责决定了其关键绩效指标应围绕着市场份额展开。

由此我们可以确定，市场营销人员某一考核周期的关键绩效考核指标体系为：

客户满意度（如客户满意度提高率或客户投诉量）。

销售订货额（如销售订货额或销售订货额增长率）。

货款回收（如货款回收额或货款回收目标完成率）。

销售费用（如直接销售费用率或直接销售费用降低率）。

合同错误降低率。

除此之外，依据市场营销人员的业务现状，还可加入团队合作、市场分析、客户关系等定性关键绩效指标。

3.难以量化绩效者的处理

对于关键绩效指标难以量化的员工，如人力资源管理者、行政事务人员、财务人员，其关键绩效指标的确定难度相对大一些，但也并不是无法实现的。这类人员的关键绩效考核指标体系来源于：

（1）职位职责中的关键责任。

（2）对上级绩效目标的贡献（通过对企业目标或部门目标自上而下分解确定）。

（3）对相关部门绩效目标的贡献（从横向流程分析，确定其对相关流程的输出）。

依据这一原则，这类人员的关键绩效指标可以通过对其考核周期内的工作任务或工作要求的界定来实现。至于其衡量指标，可以通过时间来界定，从实质上讲，被时间所界定的工作任务或工作目标也是定量指标。只要能够对员工的工作任务或工作目标作出明确的说明，同时提出明确的时间要求，这些关键绩效考核指标就具备了可操作性。

1-3 选择合适的考核者

（一）考核者的组成

绩效的考核应由以下五类人员组成考核小组：直接上级、同事、被考核者本人、被考核者下级和外部人员（用户等）或人力资源部门人员。有时候，需要由几个方面的人共同或分别对相同的对象作出考核。上述五类人员各有其参加考核的优势。

1.直接上级

直接上级是被考核者的上级领导，他对被考核者承担直接管理与监督的责任，对下属人员是否完成了任务等工作情况比较了解，而且对被考核者也较少顾忌，能较客观地进行考核。

2.同事

同事通常与被考核者共同处事，密切联系，比上级更了解被考核者，但他们的考核常受人际关系状况影响。

3.被考核者本人

员工对自己进行评价，抵触情绪少，但通常不客观，会出现自夸现象。

4.被考核者下级

下级对上级评价因为怕被打击、记恨，通常都只会说好话，客观性不强。

5.外部人员

外部人员可以包括供应商、中间商、消费者或上下游部门等，对与之有业务关系的员工进行评价。

（二）怎样确定考核人员

具体考核人员由哪些人组成，取决于三种因素：考核的目的、考核的标准、被考核人的类型。

例如，在一项有关企业中车床操作工人的考核中，目的是通过考核，了解员工绩效提高的程度。这就应该以员工的直接管理人员作为信息的主要来源，由他们进行考核。因为这些人最熟悉员工的工作情况，并能作出比较符合实际的判断。

1-4 确定绩效考核的方法

绩效考核的方法有很多，有强制分布法、行为锚定等级考核法、目标管理法、360度全方位绩效考核法等，具体选用哪种方法要看所在企业是属于哪个行业、规模多大等。

（一）绩效考核方法的优缺点分析

常用的绩效考核方法通常有以下几种：

1.强制分布法

强制分布法根据正态分布规律和二八原则以群体的形式对员工进行归类。这种方法要求管理者将一定比例的员工放入事先定好的各种不同种类中去，例如卓越、优秀、达标、还需改进、很差等。

优点：容易设计和使用，具有一定的科学性；可以有效地避免过分严厉或过分宽容的误差，克服平均主义。

缺点：主观性强；无法与组织的战略目标联系在一起；缺乏反馈机制；强制分布法会促使管理者根据分布比例的要求而不是员工的绩效表现来归类。

2.行为锚定等级考核法

行为锚定等级考核法是一种通过建立与不同绩效水平相联系的行为锚定来对绩效进行考核的方法。它通过搜集大量代表工作中的优秀和无效绩效的关键事件来确定每一关键事件所代表的绩效水平的等级，以此作为员工绩效的锚定标准。

优点：可以向员工提供企业对于他们绩效的期望水平和反馈意见，具有良好的连贯性和较高的可信度；绩效考评标准比较明确。

缺点：设计锚定标准比较复杂，而且考核某些复杂的工作时，特别是对于那些工作行为与效果的联系不太清楚的工作，管理者容易着眼于对结果的评定而非依据锚定事件进行考核。

3.目标管理法

目标管理法是相对成熟的一种绩效考核方法。它是以目标的设置和分解、目标的实施及完成情况的检查、奖惩为手段，通过员工的自我管理来实现企业经营目的的一种管理方法。

优点：通过目标制定和分解使个人和部门的责、权、利明确，促进分工和协作，提高工作效率和业绩；通过上下沟通，促进了全员参与；通过上下级共同制定评价标准和目标，能够客观、公正地考核绩效和实施相应的奖惩。

缺点：管理者进行考核时通常会忽视一些不受员工控制的因素对员工绩效的影响，如经济周期对销售业绩的影响；没有对工作绩效的所有重要方面进行客观衡量，如考核销售员时只重视业绩；客观上引导员工将重心放在业绩中会被评价的那些方面而忽视了其他方面的改进和完善；反馈信息不明。

4.360度全方位绩效考核法

360度全方位绩效考核法是由与考核者有密切关系的上级领导、下属、同级同事和外部客户分别匿名评价。分管领导再根据评价意见和评分，对比被考核者的自我考核向被考核者提供回馈，以帮助被考核者提高其能力水平和业绩。

优点：360度全方位绩效考核法分别考核了员工的任务绩效、周边绩效，其结果更加客观和公正；可以引导员工加强上下级之间、同级之间、内外部之间的沟通，促进组织的和谐健康发展。

缺点：当考核者与被考核者有利益冲突时，考核者就会考虑个人的利益得失，考核结果就有可能出现失真。此外，360度全方位考核法需要搜集来自不同方面对被考核者的大量评价信息，操作比较耗时，而且如何正确筛选和处理这些信息也存在一定的难度。

（二）绩效考核的方法选择

通常来说，企业在选择绩效考核方法时，可以从以下角度进行考虑：

（1）从绩效考核方法本身特性的角度来考虑。强制分布法强行将员工的绩效分为好、中、差几个等级，在人数越多的企业或部门中效果越好。

（2）从不同岗位的特征来考虑。通常来说，基层的工作岗位工作内容比较稳定，工作职责比较简单，绩效标准比较清晰，宜采用目标管理法或者强制分布法来考核。

（3）从绩效考核的操作成本来考虑。量化评价的考核方法的成本通常要高于定性评价的方法，但定性评价又会因为信息传递过程中的失真较大而增加管理运作成本和组织成本。

（4）绩效考核的成本跟企业规模的大小也有一定的关联。

1–5 确定绩效考核的时间和周期

通常，在确定考核周期时，要考虑考核目的、考核对象的职务、奖金发放的周期等因素，只有综合考虑到各类因素，才能设计出符合企业实际的考核周期。

（一）根据考核目的来确定

不同的考核目的其考核间隔的时间是不一样的，如下页表所示：

不同考核目的的考核周期表

序号	考核目的	考核周期
1	试用期满转正	以试用周期为准，如试用期为一年，则周期为一年；若试用期为三个月，则周期为三个月
2	绩效薪酬的发放	可分一年、一季、一月
3	检查奖励资格	与奖励周期一致
4	能力开发调动配置	按年连续考核
5	续签聘用合同	在合同期限内综合每年考核

（二）根据员工的职务类型来确定

（1）对基层操作类员工，其绩效结果有时当天就可以看到，所以考核的周期相对要短一些。

（2）对于管理类和技术类的员工，他们出成果的周期相对长一些，所以，考核的周期相对长一些。

（三）根据考核的工作量来确定

如果考核的工作量非常大，那么考核周期短，其质量就很难保证，这时，考核周期宜长一些；反之，则周期可以短一些。

（四）根据绩效目标的完成周期来确定

对一些项目管理来说，要根据项目的完成周期来确定。

（五）根据薪酬的发放周期来确定

如果企业每半年或每一年分配一次奖金，那么，绩效考核的周期与奖金发放的时间要相对应。

流程二　制订绩效计划

2-1　什么是绩效计划

绩效计划，是由管理者和员工根据既定的绩效标准共同制订、修正绩效目标以及实现目标的过程。

绩效标准：针对特定职务工作，要求员工在工作中应达到的各种基本要求。

绩效目标：在绩效标准的基础上，考虑员工现有的绩效水平对员工提出的具体要求。

2-2　绩效计划的内容

绩效计划是用于指导员工行为的一份计划书。简单地说，绩效计划包括两个方面的内容：做什么和如何做。

（1）员工在本绩效期间的主要工作内容和职责是什么？应达到何种工作效果？

（2）员工在本绩效期间应如何分阶段地实现各种目标，从而实现整个绩效期间的工作目标？

（3）员工在完成工作任务时拥有哪些权利，决策权限如何？

（4）员工从事该工作内容的目的和意义何在？工作的重要性排序如何？

（5）管理者和员工计划如何对工作的进展情况进行沟通，并防止偏差的出现？

（6）为了完成工作任务，员工是否有必要接受某一方面的培训或通过自我开发的手段掌握某种工作技能？

2-3　谁来制订绩效计划

绩效计划是管理者与员工双向沟通的过程，所以，这个计划应该是由管理者和被管理者共同来制订。

2-4　如何制订绩效计划

（一）绩效计划的准备

1.准备信息

（1）关于组织的信息。

为了使绩效计划能够与组织的目标结合在一起，在制订绩效计划前，管理者与被管理者都需要重新回顾组织目标，保证在进行沟通之前双方都熟悉了组织的目标。

（2）关于部门和团队的信息。

每个部门和团队的目标都是根据组织的整体目标分解下来的。不仅组织的经营型指标可以分解到生产、销售等部门，而且对于业务支持性的部门，其工作目标也必须与组织的经营目标紧密相连。

例如，某企业的总体经营目标是：

——将市场占有率提高到本地区50%以上。

——提高消费者的品牌忠诚度。

——不断提高产品性能。

——把产品合格率提高到99%以上。

——降低产品成本。

（3）关于员工个人的信息。

员工个人的信息主要包括两个方面：所在岗位工作描述的信息，员工上一个绩效期间的绩效评估结果。

2.沟通方式和环境的准备

（1）确定绩效计划沟通的方式。

进行绩效计划沟通时，采用什么样的方式对绩效计划的内容达成共识，需要考虑不同的环境因素，如企业文化、员工特点以及所要达到工作目标的特点。如果希望借助绩效计划机会向全体员工作一次动员，使员工了解企业发展前景和战略目标，以激发员工的士气，那么就可以召开员工大会。如果一项工作目标需要一个部门或团队的员工密切合作才能够完成，那么就可以召集部门或团队的员工一块讨论，明确每个人在实现目标过程中的分工，有助于不同成员间的协调配合，通过讨论还可以提前发现工作中可能存在的问题。如果主要是员工个体性的工作目标，则可以采取单独沟通的方式。

（2）沟通环境的准备。

绩效计划沟通前，管理者和被管理者应该确定一个双方都空闲的时间用于绩效沟通，在沟通的时候应尽可能避免干扰。沟通的气氛要尽可能宽松，不要使被管理者感受到太大的心理压力。

（二）绩效计划沟通的过程

绩效计划沟通的过程，如下页图所示：

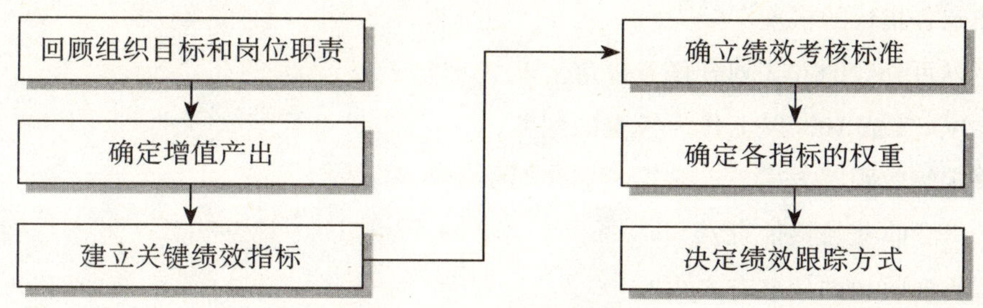

绩效计划沟通的过程

1.回顾企业目标和岗位职责

（1）本考核期内，企业的工作目标是什么？

（2）员工在本绩效期内要完成的工作目标是什么？

（3）员工应该在什么时候完成这些工作目标？

（4）员工在本绩效期内的工作职责是什么？

2.确定增值产出

（1）考核对象有哪些日常性工作任务？

（2）有哪些专项工作任务？

（3）这些任务应该达到什么样的结果？

（4）员工在工作过程中应表现出什么样的典型工作行为？

3.建立关键绩效指标

针对具体任务，从数量、质量、费用、时间四个方面界定量化指标。

4.确立绩效考核标准

（1）定量化标准——绩效指标应当尽可能地建立定量化的标准。

（2）行为描述性标准——对于难以建立定量化指标的工作，采用行为锚定法建立可观察、可度量的行为系列，以此作为绩效评估的标准。

制定绩效考核标准的方式有以下四种方式：

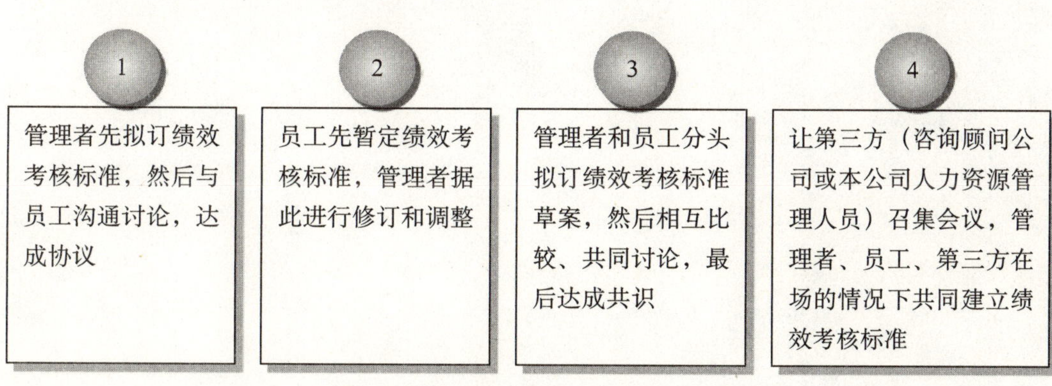

制定绩效考核标准的四种方式

5.确定各指标的权重

(1) 以百分数的方式划分任务权重。

(2) 以5%或10%以上作为权重的刻度。

6.决定绩效跟踪方式

(1) 需要收集哪些信息?

(2) 需要收集的信息有多少?

(3) 什么时候收集信息?

(4) 谁去收集信息?

(5) 谁会收集到这些信息?

(三) 绩效计划的确认

通过绩效计划的沟通过程，管理者与下属共同确定下属工作计划（安排）的要点，填写绩效计划书，管理者与被管理者双方都要在绩效计划书上签字认可，绩效计划书一式两份，管理者与下属各自保留一份，作为下属在未来绩效周期内的工作指南，也是管理者对员工的工作进行监督、检查与评定的重要依据。

流程三　开展绩效管理培训

要保证绩效管理有效实施，绩效管理的培训不可缺少，因为员工对绩效管理存在认识上的偏差和误解，势必会影响绩效管理的有效实施。

3-1　开展绩效管理培训的目的

（一）消除误解和认识上的偏差

员工对任何形式的评估都会很敏感，有的员工希望绩效评估工作公正和公平，害怕自己受到不公正的评估。有的员工平时对主管人员缺乏信任感，内心容易产生抵触情绪。有的主管人员认为绩效管理是扩充自己权力的机会，可以整一下某些人，也可以拉拢一下某些人。有的主管人员担心给某些员工打不好的分数会影响自己同他们的关系……主管人员和员工对绩效管理有这么多的误解和抵触情绪，通过绩效管理培训，使管理人员和员工对绩效管理有一个全面正确的理解，并主动积极地支持配合实施绩效管理。

（二）掌握绩效管理的操作技能

绩效管理中有许多操作技能，如何操作绩效指标和标准，如何做好工作现场的表现记录，怎样评分，如何进行绩效沟通等。如果实施绩效管理的人不能掌握这些技能，就很难保证他们正确地运用绩效管理的管理工具，绩效管理的目的也就无法达到。

3-2　绩效管理培训的内容

（一）绩效管理的介绍

这是大多数绩效管理的培训课程都有的开始性课程。对任何绩效管理课程来说，比较符合逻辑的开端是向员工解释组织为什么要使用绩效管理系统，它的目的是什么，有什么用途，以及企业中现在要使用的是一套怎样的绩效管理系统等。

本课程概要性地讲解关于绩效管理整个过程的知识。讲师将通过讲解，举一些企业中的例子让学员了解绩效管理的目的和过程，消除学员由于不了解绩效管理而带来的紧张和焦虑。

课前要发给学员一份绩效管理手册，内容包括：

（1）什么是绩效管理？

（2）绩效管理的方法和提供的信息有什么作用？

(3) 企业中用什么样的程序来保证绩效管理的客观性和准确性？

(4) 在绩效管理中使用什么工具？

（二）绩效评估的介绍

讲师要与学员讨论和分享目前绩效评估中存在的影响准确性的因素，包括绩效评估方法的选择、工作描述的准确性和绩效标准设定中的问题等。

通过实际操作性的活动使学员学会如何做好工作描述。这一课程最重要的内容是关于绩效评估中的偏差。可使用角色扮演、案例分析、录像带等方法使学员认识到光环效应、趋中误差、首因效应、对比效应等评估误差以及避免的方法，使评估者了解自己在有效的绩效管理操作过程中的影响，以便更好地实施绩效管理，参加培训的人员一般为参加绩效管理的评估人员（主要是管理人员）。

（三）关键绩效指标的介绍

本课程主要是为了使员工了解：

(1) 关键绩效指标的定义、内容，学会设定关键绩效指标。

(2) 讨论设定关键绩效指标的重要性。

(3) 了解关键绩效指标的 SMART 原则。

(4) 学会建立客户关系示意图和定义工作产出。

(5) 学会设定关键绩效指标和标准。

关键绩效指标的设定是进行绩效管理的基础，讲师将与学员讨论和分享目前绩效指标设定中的问题。

通过实际操作性的活动使学员学会如何运用客户关系示意图的方法定义工作产出和关键绩效指标。

（四）绩效评估工具的介绍

本课程主要是为了使员工了解：

(1) 绩效评估中常用的评估工具，学会正确使用这些评估工具。

(2) 描述评估工具的设计。

(3) 解释如何将被评估者的行为对应到评估量表中。

(4) 了解不同评估者评估的差异。

本课程通过讲解、练习等方法使评估者正确掌握评估工具的使用，并了解评估者对评估结果的影响。

（五）绩效反馈面谈的介绍

本课程主要是为了使员工了解：

（1）如何有效地准备绩效反馈面谈。

（2）列出绩效反馈面谈中所要做的活动。

（3）计划绩效反馈面谈的时间。

本课程通过讲解、练习等方法使评估者正确掌握如何准备绩效反馈面谈，预期在面谈中可能出现的问题，以及如何计划面谈各个环节的时间等。

（六）实施绩效反馈面谈的介绍

本课程主要是为了使员工了解：

（1）如何有效地实施绩效反馈面谈，提高面谈技巧。

（2）对照有效的和无效的绩效反馈面谈技巧。

（3）描述非语言行为在绩效反馈面谈中的作用。

（4）掌握如何控制面谈的过程使之不偏离预期的轨道。

本课程通过讲解、练习等方法使评估者正确掌握如何实施绩效反馈面谈，掌握面谈中的各种技巧，例如，如何建立双向沟通关系、如何利用非语言交流、如何控制谈话的方向等。

（七）绩效改进的介绍

本课程主要是为了使员工了解：

（1）绩效中出现的问题和障碍，并学会怎样克服它们。

（2）识别员工在绩效方面存在的有关知识和技能、兴趣、动机、努力程度等方面的问题。

（3）掌握针对各种具体问题如何给予督导和帮助。

对于一名合格的主管和评估者来说，教导和咨询的技能是基本必备的技能。讲师将帮助学员了解下属在绩效方面存在问题的可能原因，以及如何给下属提供一些教导和帮助。

流程四　绩效辅导

这个阶段在整个绩效管理过程中处于中间环节，是体现主管人员和员工共同完成绩效目标的关键环节，直接影响着绩效管理的成败。

4-1　持续不断地进行绩效沟通

绩效沟通贯穿于绩效管理的整个过程，在不同的阶段其重点也有所不同。沟通的主要目的是主管人员和员工对工作目标和标准达成一致的过程。首先是主管人员为团队的工作确定计划后，进行分解并提出对于团队中每一成员的目标要求，员工作为团队中的一员则要根据分解给自己的工作进行详细的计划，提出自己的主要工作达成标准，并就这些工作和标准与主管人员进行反复沟通。双方达成一致后，这些工作和标准就成为评判绩效的依据和标准。

4-2　数据收集形成记录

绩效管理是一项长期的、复杂的工作，对作为评估基础的数据收集工作要求很高。主管人员必须注重数据的收集工作，随时收集员工绩效的相关数据，使数据收集工作形成一种制度。其主要方法包括：

数据收集的方法

序号	方　法	说　明
1	生产记录法	对于生产、加工、销售、运输、服务的数量、质量、成本及工作风险和难度等，按规定填写原始记录和统计
2	定期抽查法	定期抽查生产、加工、服务的数量、质量、成本及工作风险和难度等，用以评定考核期内的工作情况
3	项目评定法	采用问卷调查形式，指定专人对员工逐项评定
4	关键事件记录法	就是对员工特别突出或异常失误的情况进行记录。关键事件的记录有利于主管人员对下属的突出业绩及时进行奖励，对下属存在的问题及时进行反馈和纠偏
5	减分搜查法	在职位要求规定的基础上，制定出违反规定的扣分方法，定期进行登记。主管人员除了本人平时注意跟踪员工计划进展外，还应当注意让相关人员提供相关数据。在对员工出现的失误或绩效差的事实进行记录的同时，应当及时向员工指出，并且帮助其及时改正。在考核期较长时，还应该设计专用的表格正式记录，而且应就记录与员工进行沟通

流程五 绩效考核

有很多企业主管人员认为绩效管理就是绩效考核，但事实上绩效考核只是绩效管理循环中的一个环节。在绩效考核阶段，主管人员要依据绩效计划阶段所确立的标准和辅导阶段收集的数据来对员工在考核期内的绩效进行评价。

5-1 汇总检查员工的相关绩效数据

评价的程序应当是首先汇总检查员工的相关绩效数据。检查的目的是为了保证数据的质量，主管人员应当确认有关绩效的数据是否准确、是否完整以及适用性如何，如果发现数据中有不符合要求的地方，或者还需要对某些数据进行证实时，主管人员要把这些数据和通过另一种渠道（如工作样本分析、错误报告、抱怨记录、主管人员反馈等）收集的数据进行对比，以判断所收集的原始信息的准确性和可信性。

5-2 选择合适的评价方法

在确认数据充分而且没有错误后，才可以根据这些数据对员工的绩效完成情况进行评价。在评价中主管人员根据员工不同的工作特点和情况可以采取不同的评价方式。要保证重要的评价指标没有遗漏；评价标准与工作绩效紧密相关；评价的过程公正有效。

5-3 绩效反馈面谈

在最终的绩效评价结果生效之前，主管人员还必须与下属就评价结果进行讨论，一方面是为了使主管人员和下属对绩效考核结果达成共识，使下属接受绩效评价结果。绩效面谈具体可分为以下三个步骤。

（一）绩效面谈准备

要保证面谈的效果，主管人员和员工都必须有充分的事先准备。绩效面谈前，主管人员最重要的准备工作应当是相关数据和分析的准备，也就是要求主管人员在面谈前一定要进行绩效诊断。

1.主管人员应做的准备

绩效反馈面谈前主管人员应做的准备如下页表所示：

主管人员应做的准备

序号	准备事项	详细内容
1	选择适当的时间	（1）和员工约定一个双方都比较空闲的时间。例如：不要选择接近下班的时间 （2）计划好面谈将要花费的时间，有利于把握面谈反馈的进度和双方工作安排
2	选择适当的地点	（1）主管办公室、小型会议室或类似咖啡厅等休闲地点 （2）应注意安排好谈话者的空间距离和位置。距离太近，造成压抑感；距离太远，沟通双方无法清晰地获得信息
3	准备面谈评估资料	（1）充分了解被面谈员工过去和现在的情况。包括教育背景、家庭环境、工作经历、性格特点、职务以及业绩情况等。 （2）其他面谈所需的各种资料。包括员工的绩效评估表格、员工日常工作表现的记录等
4	计划好面谈的程序	（1）计划好如何开始。采取什么样的开场白取决于具体的谈话对象和情境 （2）计划好面谈的过程。先谈什么，后谈什么，要达到何种目的，运用什么技巧 （3）计划好在什么时候结束面谈以及如何结束面谈

2.员工应做的准备

绩效反馈面谈前员工应做的准备为：

（1）回顾上一绩效周期的表现与业绩，准备一些表明自己绩效状况的事实。

（2）对自己的职业发展有一个初步的规划，正视自己的优缺点和有待提高的能力，以便和主管一起制订改进计划。

（3）面谈是个双向交流的过程，准备好向管理者提问的问题，解决自己工作过程中的疑惑和障碍。

（4）事先安排好工作时间，避开重要的和紧急的事情。

（二）面谈过程的控制

建立彼此的信赖关系是绩效沟通面谈成功的首要前提。要清楚地说明面谈的目的和作用，要能够充分调动对方参与讨论的积极性，赢得员工的合作。注意倾听被考核者的意见，有利于考核者全面了解情况，印证自己的判断，把握交流的基调，问得多、讲得少，有利于为面谈营造一种积极的氛围。面谈的主要内容为：

（1）回顾和讨论过去一段时间工作进展情况，包括工作态度、工作绩效、企业文化建设等。

（2）主管和下属讨论计划完成情况及效果、目标是否实现。

（3）对下属作出评估。

（4）主管向下属提出工作建议或意见。

（5）讨论对下属的要求或期望。

（6）讨论可以从主管那里得到的支持和指导。

（7）讨论下属工作现状及存在的问题，如工作量、工作动力、与同事合作、工作环境、工作方法。

（8）在分析工作优缺点的基础上提出改进建议或解决办法。

（9）主管阐述本部门中短期目标及做法。

（10）员工阐述自己的工作目标、双方努力把个人目标和本部门目标结合起来。

（11）共同讨论并确定下个绩效期的工作计划和目标，以及为此目标应采取相应的措施。

（三）确定绩效改进计划

在绩效面谈中，双方在讨论绩效产生的原因时，对于达成的共识应当及时记录下来，同时也对下阶段绩效重点和目标进行计划，这就使整个绩效管理的过程形成一个不断提高的循环。面谈结束后，双方要将达成共识的结论性意见或双方确认的关键事件或数据，及时予以记录、整理，填写在考核表中。对于达成共识的下期绩效目标也要进行整理，形成新的考核指标和考核标准。

流程六 绩效考核结果的运用

绩效考核的应用范围很广，它的结果可以供管理人员为人力资源管理的决策提供信息，还可以用于员工个人在绩效改进、职业生涯发展方面提供借鉴。

6-1 管理应用

管理应用，指的就是将绩效考核的结果应用于人力资源管理中计划、招聘、甄选、薪酬、晋升、调配、辞退等各项具体的决策中。

（一）用于招聘决策

通过分析员工的绩效考核结果，人力资源管理人员对企业各个岗位的优秀人才所应该具备的优秀品质与绩效特征，会有更深的理解，这会为招聘过程的甄选环节提供十分有益的参考。例如，通过对企业优秀基层管理人员绩效特征的分析，如果这些特征主要是“能吃苦”、“有一定的管理能力”、“有良好的人际能力”，等等；那么，在以后招聘基层管理人员时，甄选的标准就会进行针对性的调整或改进，以便更好地满足企业绩效提升的需要。

通过分析员工的绩效考核结果，如果发现员工在工作能力或态度上存在欠缺，而又无法通过及时而有效的培训得到解决，企业就要考虑制订或改进相应的招聘计划，注重招聘工作能力强、态度端正的人才，以满足提升工作绩效的实际需要。

（二）用于员工报酬分配和调整

绩效考核结果应用于薪酬决策主要有三种形式，具体包括：

（1）用于确定奖金分配方案。即决策短期薪酬，也可称为“刺激薪资”。

（2）作为调整员工固定薪酬的依据。这部分薪酬是以员工的劳动熟练程度、所承担工作的复杂程度、责任大小及劳动强度为基准确定的。

（3）作为福利、津贴制度变革的尝试。

（三）用于人员调配和职位变动

依据绩效考核的结果决策人员调配和职位变动，对于人事相宜、人事相称目标的达成，具有举足轻重的作用。通过绩效管理活动，可以掌握员工各种相关的工作信息，如劳动态度、岗位适合度、工作成就、知识和技能的运用程度等。根据这些信息，企业更易于正确地作出人事决策，有效地组织员工提升、晋级、降职、降级等人力资源管理工作。

（四）用于确定员工培训需求

下图是基于绩效考核的培训决策：

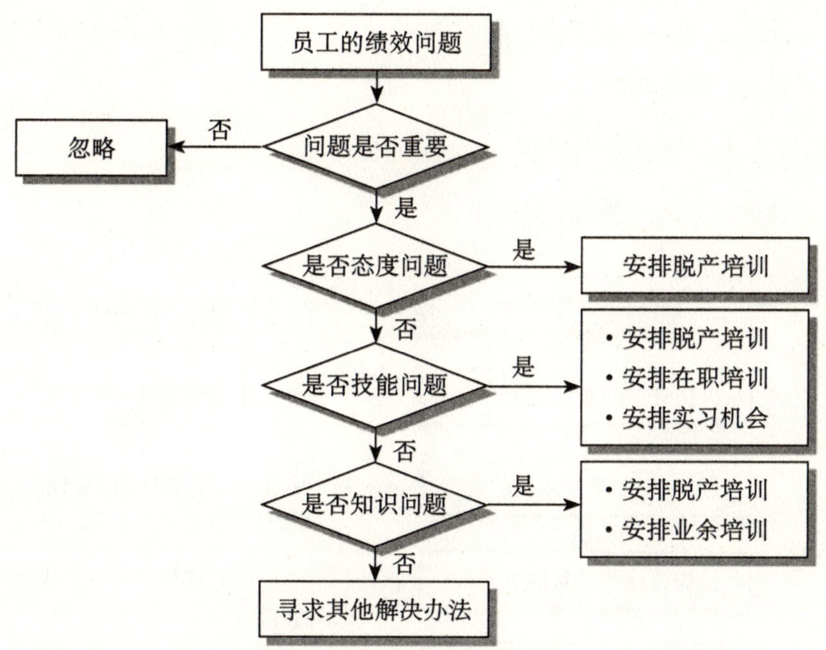

基于绩效考核的培训决策

上图中的模型提供了运用绩效考核结果确定培训需求的具体思路与过程。在对绩效考核结果分析的基础上，要找出绩效差距的问题与原因，属于知识不足、能力欠缺，还是态度方面需要转变，进而拟订出针对性的员工培训内容与方案。对于有效地改进所存在的问题，提高培训绩效无疑是个帮助。

6-2 开发应用——个人发展计划

个人发展计划（Individual Development Plan，IDP），是指员工在一定时期内完成的有关工作绩效和工作能力改进与提高的系统计划。它是一种直接从绩效考核延伸出来的实际且有效的由一系列表格组成的绩效改进计划。

（一）个人发展计划的目的

（1）帮助员工在现有工作上改进绩效。

（2）帮助员工发挥潜力，使其在经过一系列学习之后能有升迁的可能，其重点仍是改进现有工作绩效。

（二）个人发展计划的内容

（1）有待提升的项目。

（2）提升这些项目的原因。

（3）目前水平和期望达到的水平。

（4）提升这些项目的方式。

（5）设定达到目标的期限。

（三）制订个人发展计划的步骤

制订个人发展计划的步骤如下图所示：

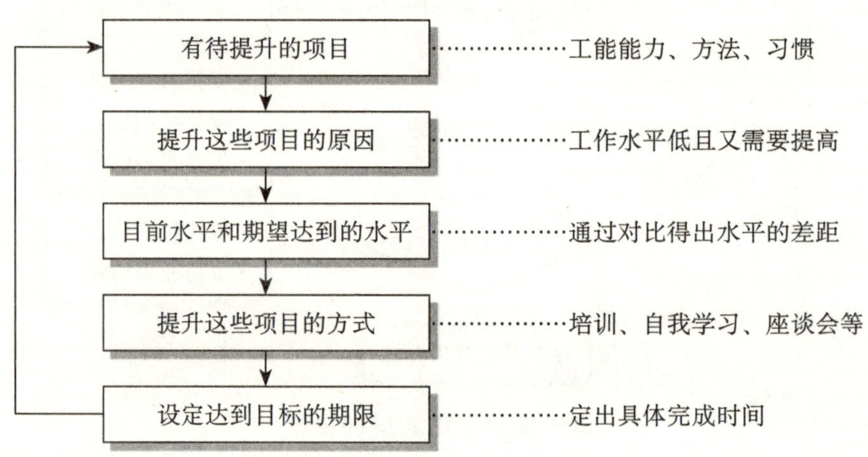

制订个人发展计划的步骤

（四）制订个人发展计划的过程

（1）主管人员与员工进行绩效评估沟通。在主管人员的帮助下，员工会很快认识到自己在工作当中哪些方面做得好，哪些方面做得不够好，认识到目前存在的绩效差距。

（2）主管人员与员工共同就员工绩效方面存在的差距分析原因，找出员工在工作能力、方法或工作习惯方面有待提升的方面。

（3）主管人员与员工根据未来的工作目标的要求，选取员工目前存在的工作能力、方法或工作习惯方面有待提升的地方中最为迫切需要提升的地方作为个人发展项目。

（4）双方共同制定改进这些工作能力、方法或工作习惯的具体行动方案，制定个人发展项目的期望水平和目标实现期限以及改进的方式。必要时确定过程中的检查核实计划，以便分步骤地达到目标。

（5）列出提升个人发展项目所需的资源，并指出哪些资源需要哪些人员提供义不容辞的帮助。

第二部分

绩效管理指标

引言：

绩效管理工作一切都是围绕指标来进行的，它在绩效管理框架中处于核心地位。建立科学、合理的绩效指标体系是有效开展绩效考核等工作的前提。绩效指标是用来衡量公司、部门或员工绩效的标准，它同时还指明应该从哪些方面对工作进行衡量或评估，它必须符合SMART原则！

关键点一　如何建立业绩指标库

业绩指标库是绩效管理中常见的和最主要的工具之一。

1-1　业绩指标库的作用

建立业绩指标库的目的是实现对绩效指标的管理。因为，实际工作中的考核指标会随着工作重点的变化而不断变化，需要通过指标库对这些信息进行管理。指标库是当期考核指标的备选库。企业不能在每个周期考核的时候才制定指标，而下个周期修改后旧指标就丢弃不要了。应该对指标进行持续管理，追踪指标的变化情况和实际完成的业绩。

1-2　建立业绩指标库的步骤

业绩指标库的建立步骤如下图所示：

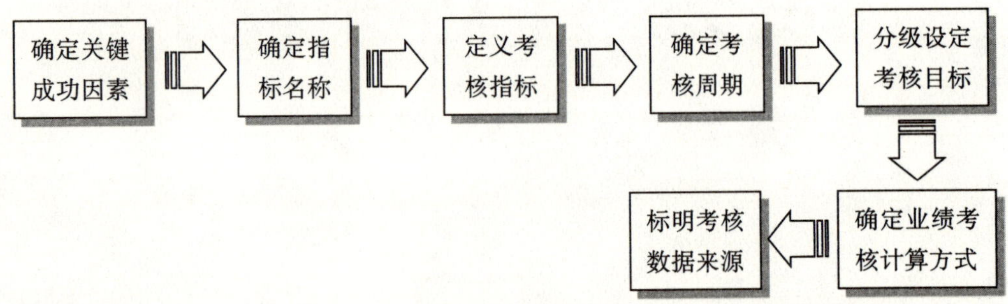

业绩指标库的建立步骤

（一）确定关键成功因素

在制定绩效指标前，应明确为什么要考核这个指标，因此，应该先找到关键业绩领域或关键成功因素，可以通过平衡计分卡分解战略或者通过岗位职责分解得到。

选择关键业绩领域和关键成功因素的标准通常是，对公司利润影响较大的，或该领域工作业绩波动较大的，或该业绩领域改善潜力较大的，或与同行业或同级部门相比绩效差距较大的。主要工作职责是关键业绩领域的主要来源，因此，确定关键成功因素时，应从该岗位的主要职责出发。

（二）确定指标名称

在找到关键领域或关键成功因素后，就可以使用格利·波特四分法来编写指标名称，也就是从“时间、数量、质量、成本”四个角度编写业绩指标名称（如下图所示）：

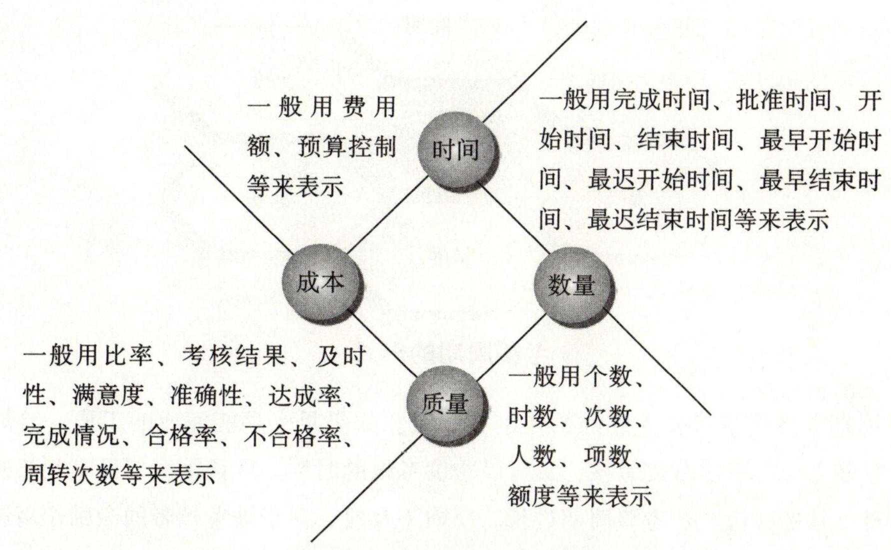

四个角度绩效指标的提炼

对于这四个角度分别可以列出很多的指标，例如，对于企业效果进行考核，在质量方面可以有“考试及格率”、“考试优秀率”、“考试不及格人数”等几个考核指标，这里面最容易完成的是“考试及格率”，最容易考核和计算的是“考试不及格人数”。当“考试不及格人数”已经不能满足考核要求，需要提升考核难度的时候，就会考虑采用“考试优秀率”等指标，从而达到提升培训绩效的目的。

（三）定义考核指标

指标的名称与定义互相关联，但不可混淆。如某一指标的名称是“完成时间与计划相差天数”，而该指标定义为“完成日期－计划日期”。定量的指标要描述公式；而定性指标，则要描述具体考核的行为标准。如下表所示：

具体考核的行为标准示例

指标名称	指标定义	备注
平均回款天数	各客户实际回款时间的加权平均天数	
制度建设成效性	对公司制度建立、宣导、推行及优化的有效程度	

（四）确定考核周期

考核周期的形式如下图所示：

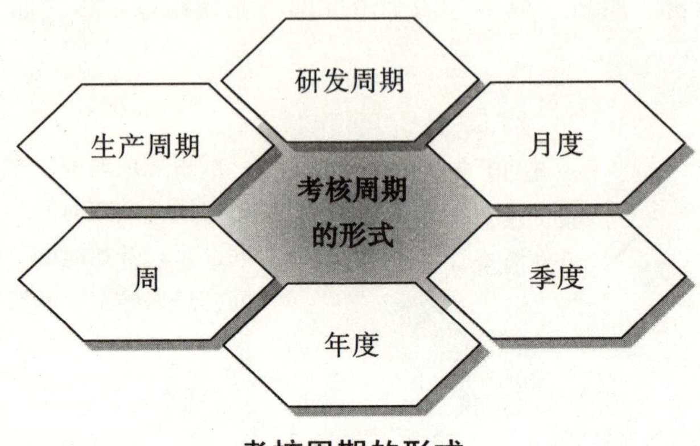

考核周期的形式

考核周期要视需要考核工作的具体内容而定。如果是一项能完成的工作，自然要按季度考核；有些工作既可以月度考核，又可以季度考核的时候，应该把握以最有利于被考核者的原则。对于基层岗位，若考核周期过长，反馈不及时，对于被考核者的激励作用就会明显削弱；而对于高层岗位，由于其形成工作成果需要较长的周期，则考核周期要长一些。

区分考核周期的方式如下表所示：

区分考核周期的方式

序号	方式	说　明
1	每期考核	一般以一个月为标准。适用于 （1）一年内每期的目标计划相对比较平衡、波动比较小、内部可控的项目 （2）绩效数据跨期比较少的项目
2	滚动考核	在对下期目标进行考核时，同时将上期的数据进行平均处理，一般以季度或者半年为滚动期。适用于 （1）考核项目跨度较长的项目 （2）制订计划时不确定因素较多的项目
3	叠加考核	是对滚动考核方式的延伸，一般以年为考核周期，以避免计划不准确导致的误差。将全年的数据进行叠加，计算最后的目标达成情况

（五）分级设定考核目标

1.目标的分级

（1）最低目标的设立。最低目标是组织的最低期望，出现这个数值时组织绩效将会受到较大的损害，当绩效考核结果低于这个数据时，该项考核得分为0。

（2）最高目标的设立。最高目标是现实中有可能实现的目标，但难度非常大，当绩效结果高于这个数据时，该项考核得分为配分的 120% 或 150%。

（3）考核指标的设立。考核指标是组织的正常期望，并且 70% 的人通过正常努力可以达到的指标，当绩效考核结果等于这个数据时，可以得到该项目配分的 100%。

2. 确定项目目标方法

（1）内部历史数据法。

（2）外部竞争数据法。

（3）假设求证法。

3. 需要考虑的因素

（1）分解公司目标数据。

（2）同行数据。

（3）国家标准或法律法规。

（4）公司目前所处的现状。

（5）顾客的要求。

（6）公司的现有资源情况。

绩效考核目标值示例如下表所示：

绩效考核目标值示例

指标名称	目标值	备注
销售目标达成率	≥90%	
产品熟悉度	≥90分	
应收款账逾期率	≤10%	

（六）确定业绩考核计算方式

接下来要确定业绩考核的计算方式，计算的方式如下表所示：

计算方式

方法	要点描述	优点	不足	适用情景
倒扣型	不需要考虑太多的其他因素，发现一次扣一次	• 操作简便 • 数据来源直观	• 偶然性大 • 增分的可能性小，易挫伤积极性	• 重大、禁止发生的项目 • 发生较小或统计成本太高的项目

（续表）

方法	要点描述	优点	不足	适用情景
统计型	·将结果统计，形成一个数值 ·绩效目标与计算结果往往是一个数值	列出数据收集范围与统计方式即可，易操作	不易体现实际达成与目标之间的比例关系	·绝对值比相对值更有考核价值的项目 ·运用比例型和数据收集难的项目
比例型	·实际达成值与预计期值之比 ·绩效目标与计算结果往往是一个百分比值	·通过公式计算，结果比较精确 ·强调实绩与目标的比例，更能体现责任者的达成程度	·公式不易列准确 ·分子、分母数据收集难度大	·数据性较强的项目 ·数据来源稳定的项目 ·强调达成率的项目 ·数值绝对值较大的项目

（七）标明考核数据来源

最后一个环节，需要每个指标均标明数据来源部门和文件，以便于考核时向对口部门索取数据。解决数据来源问题，注意以下四点：

（1）避免绩效数据来源与考核对象为同一人或同一部门，防止考核数据做假。

（2）分子、分母的每一个数据都应有具体的来源，便于及时发现存在的问题，进而采取针对性的措施进行改善。

（3）数据来源于多个岗位或部门要甄别。

（4）多个部门相互提供绩效数据要验证。

数据来源的标记样式如下表所示：

数据来源的标记样式

指标名称	数据来源		备注
	信息统计人	数据提供人	
销售目标达成率	销售统计员	财务部应收会计	
产品熟悉度	直属上级	人力资源部	
应收账款逾期率	财务部应收会计	财务部应收会计	

关键点二　酒店业绩KPI指标

KPI（Key Performance Indication）即关键业绩指标，来自美国哈佛商学院教授罗伯·柯普朗(Robert S. Kaplan)和管理大师戴维·诺顿(David P. Norton)的“平衡计分卡”（Balanced Scorecard）体系。具体主要是对各部门（流程）的工作绩效特征的分析，提炼出最能代表绩效的若干关键指标体系。以下就酒店业各个管理模块提供一些常见业绩KPI指标，酒店管理者可以结合本酒店的实际情况选择应用。

2-1　前厅部业绩KPI指标

前厅部业绩KPI指标如下表所示：

前厅部业绩KPI指标

序号	考核指标	数据提供	指标说明
1	客房营业额	财务部	考核期内酒店中客房营业额总计
2	对客结账差错率	财务部	$\frac{\text{对客结账出现差错次数}}{\text{当期所有结账次数}} \times 100\%$
3	预订信息差错率	前厅部	$\frac{\text{预订信息出现差错次数}}{\text{当期所有预订次数}} \times 100\%$
4	分房准确率	前厅部	$\frac{\text{准确分房数}}{\text{分房总数}} \times 100\%$
5	迎送工作	质检部	确保以规定标准为客人服务，并且热情、周到、到位
6	行李运送与保管差错率	前厅部	$\frac{\text{客人行李运送与保管出现差错次数}}{\text{当期行李运送与保管总次数}} \times 100\%$
7	行李搬运准确率	质检部	$\frac{\text{搬运行李总数} - \text{损坏、丢失件数}}{\text{行李总数}} \times 100\%$
8	行李寄存服务准确率	质检部	$\frac{\text{寄存行李总数} - \text{损坏、丢失件数}}{\text{行李总数}} \times 100\%$
9	客人有效投诉数	前厅部	考核期内客人对前厅工作有效投诉数量

（续表）

序号	考核指标	数据提供	指标说明
10	紧急事件处理速度	前厅部	$\frac{\text{考核期内紧急事件处理总时间}}{\text{考核期内解决的紧急事件总数}} \times 100\%$
11	金钥匙服务	前厅部	按客人的要求为客人提供金钥匙服务的响应速度和态度
12	叫醒服务准确率	前厅部	$\frac{\text{正确叫醒次数}}{\text{总叫醒次数}} \times 100\%$
13	叫醒服务完成率	前厅部	$\frac{\text{实际叫醒电话}}{\text{应叫醒电话}} \times 100\%$
14	电话开线、关线完成率	前厅部	$\frac{\text{实际开关电话}}{\text{应开关电话}} \times 100\%$
15	电话开线、关线准确率	前厅部	$\frac{\text{正确开关电话}}{\text{总开关电话}} \times 100\%$
16	工作记录完整率	前厅部	$\frac{\text{实际记录项数}}{\text{应记录项数}} \times 100\%$
17	接转电话正确率	前厅部	$\frac{\text{接转电话正确数}}{\text{接转总数}} \times 100\%$
18	前厅工作记录差错率	前厅部	$\frac{\text{前厅工作记录出现差错次数}}{\text{前厅工作记录总次数}} \times 100\%$
19	受理客人意见处理率	前厅部	$\frac{\text{实际处理件数}}{\text{受理客人意见总数}} \times 100\%$
20	宾客满意率	前厅部	$\frac{\text{非常满意} \times 100\% + \text{满意} \times 90\% + \text{基本满意} \times 70\% + \text{不满意} \times 50\%}{\text{被调查总数}} \times 100\%$

2-2 客房部业绩KPI指标

客房部业绩KPI指标如下表所示：

客房部业绩KPI指标

序号	考核指标	数据提供	指标说明
1	客房营业额	财务部	考核期内客房营业额总计
2	部门GOP值	财务部	部门营业收入－部门营业支出

（续表）

序号	考核指标	数据提供	指标说明
3	部门GOP率	财务部	$\frac{营业利润}{营业收入}\times100\%$
4	经营成本节约率	财务部	$\frac{经营成本节省额}{经营成本预算额}\times100\%$
5	对客服务设备设施完好率	工程部	$\frac{完好设备设施总数}{设备设施总数}\times100\%$
6	客人满意度	客房部	接受随机调查的客人对服务满意度评分的算术平均值
7	投诉解决率	客房部	$\frac{解决的投诉事件数}{投诉总数}\times100\%$
8	卫生服务达标率	总经办	$\frac{当期检查中存在卫生死角的次数}{对客房卫生检查的总次数}\times100\%$
9	衣物收发准确率	客房部	$\frac{应收发件数-遗漏及破损未发现件数}{应收发衣物总件数}\times100\%$
10	洗涤合格率	客房部	$\frac{应洗涤总件数-未洗净、损坏件数}{应洗涤总件数}\times100\%$
11	布草收发准确率	客房部	$\frac{定额收发量-遗漏量}{定额收发量}\times100\%$
12	物品发放失误率	客房部	$\frac{发放失误量}{发放总量}\times100\%$
13	废旧布草利用率	客房部	$\frac{废旧布草再利用价值}{领用废旧布草价值}\times100\%$
14	布草收发准确率	客房部	$\frac{定额收发量-遗漏量}{定额收发量}\times100\%$
15	布草收发及时性	客房部	在（　）小时之内完成布草收发
16	布草收发漏检率	客房部	$\frac{布草收发不合格量}{布草收发总量}\times100\%$
17	布草分类放置率	客房部	$\frac{实际分类放置件数}{应分类放置件数}\times100\%$
18	布草洗涤分类率	客房部	$\frac{实际分类洗涤件数}{应分类洗涤件数}\times100\%$

（续表）

序号	考核指标	数据提供	指标说明
19	洗涤合格率	客房部	$\frac{\text{洗涤总件数}-\text{未洗净、损坏件数}}{\text{洗涤总件数}}\times 100\%$
20	加急洗衣	客房部	确保加急洗衣服务在规定时间内准时完成
21	客人洗衣投诉率	客房部	$\frac{\text{投诉次数}}{\text{客衣洗衣人数}}\times 100\%$

2-3 餐饮部业绩KPI指标

餐饮部业绩KPI指标如下表所示：

餐饮部业绩KPI指标

序号	考核指标	数据提供	指标说明
1	餐饮营业额	财务部	考核期内餐饮部所辖各餐厅营业额之和
2	部门GOP值	财务部	部门营业收入–部门营业支出
3	部门GOP率	财务部	$\frac{\text{营业利润}}{\text{营业收入}}\times 100\%$
4	经营成本节约率	财务部	$\frac{\text{经营成本节省额}}{\text{经营成本预算额}}\times 100\%$
5	菜品出新率	餐饮部	$\frac{\text{实际新菜品每月收入}}{\text{计划新菜品每月收入}}\times 100\%$
6	客人有效投诉件数	总经办	客人有效投诉总数
7	餐厅卫生清洁达标率	总经办	$\frac{\text{当期检查中存在卫生死角的次数}}{\text{对客房卫生检查的总次数}}\times 100\%$
8	退菜发生率	餐饮部	$\frac{\text{考核期内退菜发生次数}}{\text{考核期内卖出菜品总次数}}\times 100\%$
9	菜点质量（色、香、味、形）合格率	餐饮部	$\frac{\text{菜点合格数}}{\text{菜点检查数}}\times 100\%$
10	餐、茶、酒具化验合格率	总经办	$\frac{\text{化验合格数}}{\text{餐、茶、酒具化验数}}\times 100\%$

（续表）

序号	考核指标	数据提供	指标说明
11	餐、茶、酒具破损率	餐饮部	$\frac{\text{破损餐具数}}{\text{餐具总数}}\times 100\%$
12	食品化验合格率	总经办	$\frac{\text{化验合格数}}{\text{食品化验数}}\times 100\%$
13	上座率、开台率、翻台率	餐饮部	$\frac{\text{来店人数}}{\text{总餐位数}}\times 100\%$
14	月平均上座率	餐饮部	$\frac{\text{月来店人数}}{\text{总餐位数}\times 2\text{餐}\times 30\text{日}}\times 100\%$
15	开台数	餐饮部	餐桌使用次数
16	开台率	餐饮部	$\frac{\text{餐桌使用次数}}{\text{总台位数}}\times 100\%$
17	月平均开台率	餐饮部	$\frac{\text{月餐桌使用次数}}{\text{总台位数}\times 2\text{餐}\times 30\text{日}}\times 100\%$
18	每日餐位翻台率	餐饮部	$\frac{\text{餐桌使用次数}-\text{总台位数}}{\text{总台位数}}\times 100\%$
19	月平均翻台率	餐饮部	$\frac{[\text{月餐桌使用次数}-(\text{总台位数}\times 2\text{餐}\times 30\text{日})]\times 100\%}{\text{总台位数}\times 2\text{餐}\times 30\text{日}}$
20	宾客满意率	总经办	$\frac{\text{非常满意}\times 100\%+\text{满意}\times 90\%+\text{基本满意}\times 70\%+\text{不满意}\times 50\%}{\text{被调查总数}}\times 100\%$

2-4　康乐部业绩KPI指标

康乐部业绩KPI指标如下表所示：

康乐部业绩KPI指标

序号	考核指标	数据提供	指标说明
1	康体娱乐业务营业额	财务部	考核期内康乐部所辖各营业场所营业额之和
2	部门GOP值	财务部	部门营业收入－部门营业支出
3	部门GOP率	财务部	$\frac{\text{营业利润}}{\text{营业收入}}\times 100\%$

（续表）

序号	考核指标	数据提供	指标说明
4	经营成本节约率	财务部	$\frac{\text{经营成本节省额}}{\text{经营成本预算额}} \times 100\%$
5	客人稳定率	康乐部	$\frac{\text{考核期内固定客人(会员)数}}{\text{考核期内客人总数}} \times 100\%$
6	客人有效投诉件数	康乐部	客人有效投诉总数
7	宾客投诉率	康乐部	$\frac{\text{投诉总量}}{\text{客户总量}} \times 100\%$
8	节目翻新情况	康乐部	确保每月有新的节目出现来吸引客人
9	宾客满意率	康乐部	$\frac{\text{非常满意} \times 100\%+\text{满意} \times 90\%+\text{基本满意} \times 70\%+\text{不满意} \times 50\%}{\text{被调查总数}} \times 100\%$

2-5　工程部业绩KPI指标

工程部业绩KPI指标如下表所示：

工程部业绩KPI指标

序号	考核指标	数据提供	指标说明
1	设备完好率	工程部	$\frac{\text{技术性能完好设备台数}}{\text{全部设备}} \times 100\%$
4	计划维修的完成率	工程部	$\frac{\text{已完成的维修数}}{\text{计划维修数}} \times 100\%$
5	客房巡查检修次数	工程部	按计划巡查检修，保证客房设备完好，不影响出租
6	日常维修的到位率（维修任务单）	相关部门	$\frac{\text{到位维修数}}{\text{维修任务数}} \times 100\%$
7	监控接收天线工作状态达到清晰度	相关部门	确保客房电视的清晰度
8	闭路电视录像节目更换	工程部	确保及时更换闭路电视录像节目
9	闭路电视录像节目播放时间准确率	工程部	$\frac{\text{实际准时播放次数}}{\text{应准时播放次数}} \times 100\%$

（续表）

序号	考核指标	数据提供	指标说明
10	背景音乐音量、内容、音色的合格率	工程部	$\frac{实际合格次数}{应合格次数}\times 100\%$
11	临时会场音响设备的合格率	工程部	$\frac{临时会场音响设备实际合格次数}{总的临时会场音响设备使用次数}\times 100\%$
12	电梯安全运行率	工程部	$\frac{安全运行天数}{运行天数}\times 100\%$
13	冷热水供应	工程部	确保及时地、稳定地供应冷热水
14	客人对设备的投诉不超过___次	工程部	保证各项设备完好，不影响客人使用
15	备品备件的账物相符率	工程部	$\frac{账物相符笔数}{储存备品备件总笔数}\times 100\%$
17	备品备件的库存量低于___元	工程部	保证不会有太多的库存积压资金
18	客房设备的巡检率	客房部	$\frac{实际巡检次数}{计划巡检次数}\times 100\%$
19	设备建档率	总经办	$\frac{已建档的设备数}{应建档的设备总数}\times 100\%$
20	房间监测指标、水箱化验合格率	工程部	$\frac{房间监测指标、水箱化验合格数}{房间监测指标、水箱化验总数}\times 100\%$
21	计量检测合格率	工程部	$\frac{计量设备检测合格数}{计量设备检测总数}\times 100\%$

2-6 销售部业绩KPI指标

销售部业绩KPI指标如下表所示：

销售部业绩KPI指标

序号	考核指标	数据提供	指标说明
1	销售总收入	财务部	即总的营业收入
2	部门GOP值	财务部	部门营业收入－部门营业支出
3	部门GOP率	财务部	$\frac{营业利润}{营业收入}\times 100\%$
4	销售收入定额完成率	财务部	$\frac{销售收入实际完成数}{定额完成数}\times 100\%$

（续表）

序号	考核指标	数据提供	指标说明
5	预订房间数字	财务部	以是否达到预订目标来考核业绩
6	销售任务	财务部	确保达到酒店拟订的客房出租指标
7	客房出租率	财务部	$\frac{\text{已出租客房数}}{\text{可出租客房数}}\times 100\%$
8	客房出租收入	财务部	指客房产品的出租收入
9	餐饮收入	财务部	指餐饮产品的销售收入
10	会议收入	财务部	指会议服务方面的收入
11	应收账款回款率	财务部	$\frac{\text{赊销收入净额}}{\text{应收账款平均余额}}\times 100\%$
12	销售金额增长率	财务部	(本月实际销售额－去年同期销售额)×100%
13	销售目标达成率	销售部	$\frac{\text{实际销售额}}{\text{目标销售额}}\times 100\%$
14	销售增长率	销售部	$\frac{\text{本月实际销售额}-\text{去年同期销售额}}{\text{去年同期销售额}}\times 100\%$
15	品牌认知度	市场部或调查机构	$\frac{\text{受访的认知人数}}{\text{受访总人数}}\times 100\%$
16	应收账款周转天数	财务部	$\frac{\text{当月销售金额}}{\text{当月平均应收账款}}$ $\frac{\text{当月天数}}{\text{应收账款周转率}}$
17	销售费用控制率	财务部	$\frac{\text{销售费用总额}}{\text{收入总额}}\times 100\%$

2-7 财务部业绩KPI指标

财务部业绩KPI指标如下页表所示：

财务部业绩KPI指标

序号	考核指标	数据提供	指标说明
1	结算延迟天数	财务部、相关部门	考核财务部门财务结算时效和日常单据处理的能力，结算延迟天数以规定的结算完成日计算
2	支出审核失误率	审计	$\frac{\text{不当支出金额}}{\text{支出总额}}\times 100\%$
3	资金调度达成率	财务部	$\frac{\text{资金调度完成金额}}{\text{经核准的资金需求总额}}\times 100\%$
4	财务数据及时、准确反馈率	财务部	$\frac{\text{及时、准确反馈数据次数}}{\text{反馈总次数}}\times 100\%$
5	财务分析报告完成率	财务部	$\frac{\text{已完成报告的数量}}{\text{每季度应完成的报告数量}}\times 100\%$
6	会计业务电子化率	财务部	$\frac{\text{已用的电子化会计业务种类}}{\text{会计业务种类之和}}\times 100\%$
7	计划预算控制完成率	财务部、各部门	$1-\frac{\text{计划预算超支部门数}}{\text{部门总数}}\times 100\%$
8	资金筹措落实到位及时率	财务部	$\frac{\text{根据规定制度和流程资金按时到位的次数}}{\text{根据规定制度和流程资金应按时到位的总次数}}\times 100\%$
9	收款计划完成率（应收账款降低率）	财务部	$1-\frac{\text{考核期应收账款余额}}{\text{期初应收账款余额}}\times 100\%$
10	现金净流量完成率（库存资金降低率）	财务部	$\frac{\text{全年营运资金总流入}-\text{全年营运资金总流出}}{\text{年度利润总额}}\times 100\%$
11	提供财务数据和分析报告	财务部	要及时、准确、完整地提供
12	费用预算计划控制率	财务部	$\frac{\text{报告期实际费用支出}}{\text{报告期计划费用额}}\times 100\%$
13	报表的及时率	财务部	报表汇总
14	月成本统计准确率	财务部	$\frac{\text{统计出错次数}}{\text{统计总次数}}\times 100\%$

2-8 保安部业绩KPI指标

保安部业绩KPI指标如下表所示：

保安部业绩KPI指标

序号	考核指标	数据提供	指标说明
1	接受上级安全检查合格率	保安部、总经办	$\frac{\text{上级安全检查合格数}}{\text{安全检查总次数}} \times 100\%$
2	安全设备完好率	工程部	$\frac{\text{安全设备完好数}}{\text{安全设备总数}} \times 100\%$
3	消防报警系统完好率	工程部	$\frac{\text{消防报警系统完好数}}{\text{消防报警系统总数}} \times 100\%$
4	保证安全通道畅通	保安部	及时巡逻，保证安全通道没有任何障碍物
5	安全门完好率	保安部	$\frac{\text{安全门完好数}}{\text{总的安全门数}} \times 100\%$
6	客房门锁安全完好率	保安部、客房部	$\frac{\text{客房门锁安全完好数}}{\text{总的客房门锁数}} \times 100\%$
7	对入店人员（访客门、员工门）的控制合格率	保安部	$\frac{\text{符合规定的入店人员数}}{\text{总的入店人员数}} \times 100\%$
8	24小时巡逻的到位率	保安部	$\frac{\text{巡逻的到位数}}{\text{总的巡逻次数}} \times 100\%$
9	重点部位巡查次数达到1次／天	保安部	确保重点部位的安全
10	店内秩序管理状况	保安部	确保酒店财产和客人的财产安全，维护酒店治安秩序
11	突发事件处理及时率	保安部	$\frac{\text{突发事件处理及时数}}{\text{突发事件总数}} \times 100\%$
12	案件侦破率	保安部	$\frac{\text{确保配合公安机关侦破发生在酒店内的各类案件，案件侦破数}}{\text{总的案件数}} \times 100\%$
13	重大活动意外事件发生率	保安部	$\frac{\text{意外事件发生次数}}{\text{总的重大活动数}} \times 100\%$
14	治安档案完整率	保安部	$\frac{\text{治安档案完整数}}{\text{总的治安档案数}} \times 100\%$

（续表）

序号	考核指标	数据提供	指标说明
15	店内保安人员资格证持有率	人力资源部	$\frac{\text{持有资格证的保安人员数}}{\text{总的保安人员数}} \times 100\%$
16	保安人员业务技能达标率	人力资源部	$\frac{\text{业务技能达标的保安人员数}}{\text{总的保安人员数}} \times 100\%$

2-9 总经理办公室业绩KPI指标

总经理办公室业绩KPI指标如下表所示：

总经理办公室业绩KPI指标

序号	考核指标	数据提供	指标说明
1	公文写作及时准确率	总经办	$\frac{\text{及时写作的公文数}}{\text{应写作的公文总数}} \times 100\%$
2	材料打印合格率	总经办	$\frac{\text{打印合格的材料数}}{\text{已打印的材料总数}} \times 100\%$
3	材料打印满意程度	总经办	$\frac{\text{打印满意的材料数}}{\text{已打印的材料总数}} \times 100\%$
4	打印材料的及时率	总经办	$\frac{\text{及时打印的材料数}}{\text{应打印的材料总数}} \times 100\%$
5	文件立卷、归档达标率	总经办	$\frac{\text{立卷、归档的文件数}}{\text{应立卷、归档的文件总数}} \times 100\%$
6	材料收发及时率	总经办、相关部门	$\frac{\text{收发及时的材料数}}{\text{应收发的材料总数}} \times 100\%$
7	办理酒店有关证照及时性	总经办、相关部门	保证各种证照及时办理，不影响营运
8	各类会议组织安排的效率	总经办、相关部门	保证会议高效，不浪费会议时间
9	督导检查会议落实情况及时性	总经办、相关部门	保证及时检查，将工作落到实处
10	接待公务来访	总经办、相关部门	保证符合酒店接待规格及费用要求
11	行政车辆管理	总经办、相关部门	保证合理地安排行政车辆，不浪费人力、物力

2-10　人力资源部业绩KPI指标

人力资源部业绩KPI指标如下表所示：

人力资源部业绩KPI指标

序号	考核指标	数据提供	指标说明
1	员工自然流动率	人力资源部、各部门	$\frac{\text{离职人数}}{\text{在编的平均人数}}\times 100\%$
2	人员需求达成率	人力资源部、各部门	$\frac{\text{经试用合格人数}}{\text{需求人数}}\times 100\%$
3	培训计划达成率	人力资源部、各部门	$\frac{\text{培训计划执行总时数}}{\text{培训计划总时数}}\times 100\%$
4	员工内部流动率	人力资源部	$\frac{\text{实际流动的内部职工人数}}{\text{计划流动人数}}\times 100\%$
5	要职要员考察计划完成率	人力资源部	$\frac{\text{已考核要员数}}{\text{计划考核数}}\times 100\%$
6	员工职业生涯规划完成率	人力资源部	$\frac{\text{已设计的职业生涯的员工数量}}{\text{计划需进行职业生涯规划的员工总数}}\times 100\%$
7	薪资总量预算安排达成率	人力资源部	$\frac{\text{实际发生成本}}{\text{计划成本}}\times 100\%$
8	招聘费用预算达成率	人力资源部	$\frac{\text{实际发生招聘费用}}{\text{计划招聘费用}}\times 100\%$
9	培训费用预算达成率	人力资源部	$\frac{\text{实际发生培训费用}}{\text{计划培训费用}}\times 100\%$
10	员工工资出错率	人力资源部	$\frac{\text{错误发放的工资次数}}{\text{发放的工资次数}}\times 100\%$ $\frac{\text{错误发放的人数}}{\text{发放的工资人数}}\times 100\%$
11	员工绩效计划的按时完成率	人力资源部	$\frac{\text{按时完成的绩效考核数}}{\text{绩效考核总数}}\times 100\%$
12	员工绩效考核申诉处理及时性	人力资源部	$\frac{\text{按时完成的考核申诉}}{\text{考核申诉的总数}}\times 100\%$
13	招聘空缺职位所需的平均天数	人力资源部	$\frac{\text{空缺职位总数}}{\text{招聘空缺职位所用的总天数}}$

（续表）

序号	考核指标	数据提供	指标说明
14	人员编制控制率	人力资源部	$\frac{实际人数}{计划编制人数}\times100\%$
15	员工四险一金办理的及时性和计算出错率	人力资源部	$\frac{错误办理的福利次数}{办理的福利次数}\times100\%$ $\frac{错误办理的人数}{办理的工资人数}\times100\%$ $\frac{按时完成的人数}{应办理的总人数}\times100\%$
16	公司员工培训完成率	人力资源部	$\frac{按时完成的培训数量}{培训计划总量}\times100\%$
17	员工对培训的满意度	人力资源部	对员工进行培训满意度调查的算术平均值
18	劳动合同的管理	人力资源部	员工劳动合同签订时间－按规定签订时间(未签订劳动合同的员工÷应签订劳动合同的员工)×100%
19	员工入职、离职手续的办理	人力资源部	员工实际办理入（离）职时间－员工应按规定办理入（离）职时间
20	人才档案的完整性及数据更新的及时性	人力资源部	$\frac{已归档人数}{应归档人数}\times100\%$
21	部门培训完成率	人力资源部	$\frac{部门培训实际完成情况}{计划完成量}\times100\%$
22	部门员工培训参加率	人力资源部	$\frac{实际参加培训数量}{应参加培训总量}\times100\%$

2-11　部门通用业绩KPI指标

部门通用业绩KPI指标如下表所示：

部门通用业绩KPI指标

序号	考核指标	数据提供	指标说明
1	环境卫生合格率	总经办	$\frac{定额清洁区域－检查不合格区域量}{定额清洁区域}\times100\%$
2	仪容仪表检查合格率	总经办	$\frac{员工仪容仪表检查合格次数}{员工仪容仪表检查总次数}\times100\%$

（续表）

序号	考核指标	数据提供	指标说明
3	员工出勤率	人力资源部	$\frac{\Sigma\text{全体员工的实际出勤天数}}{\Sigma\text{全体员工的应出勤天数}}\times100\%$
4	员工流失率	人力资源部	$\frac{\text{一定时期内(通常为一年)离开的员工人数}}{\text{同一时期平均的员工人数}}\times100\%$
5	部门协作满意度	总经办	对各业务部门之间的协作、配合程度通过发放“部门满意度评分表”进行考核，计算满意度评分的算术平均值
6	部门费用节约率	财务部	$\frac{\text{管理费用}-\text{实际管理费用}}{\text{管理费用}}\times100\%$
7	部门文件保存完整率	总经办	$\frac{\text{实际保存份数}}{\text{应保存份数}}\times100\%$
8	各类报告准确率	总经办	$\frac{\text{文件总份数}-\text{错误文件份数}}{\text{文件总份数}}\times100\%$
9	部门培训计划完成率	人力资源部	$\frac{\text{实际完成数}}{\text{计划数}}\times100\%$
10	部门设施设备完好率	工程部	$\frac{\text{完好设施设备总台数}}{\text{设施设备总台数}}\times100\%$

第三部分

绩效管理制度

引言：

对于员工的迟到、早退、旷工这些行为，管理者往往表现得很敏感，一旦发现立即追究，丝毫都不马虎。为什么？因为不能迟到、早退是企业制度的规定，谁也不能违反！要想使绩效管理像考勤一样被管理者重视，被管理者时刻记在心上，付诸于行动，企业就必须像抓考勤那样抓绩效管理，把绩效管理制度化，从制度上解决问题。

范本一　酒店综合绩效管理制度

1-1　酒店管理目标考核办法

酒店管理目标考核办法

1.目的

为了加强对酒店各部门的管理，为酒店挖掘和合理使用人才提供可靠依据，以鼓励先进、鞭策后进、充分调动工作积极性，使各部门的工作效率、管理水平、成本控制、队伍建设等方面得到全方位的加强与提高，特制定本办法。

2.适用范围

适用于对酒店各部门各项工作及能力进行综合考核。

3.考核的对象与内容

3.1 管理目标考核的对象。

本办法主要是考核各部门，其中包括：总经理办公室、财务部、营销部、餐饮部、前厅部、康乐部、工程部、保安部、客房部、采购部共10个部门。

3.2 管理目标考核的内容。

3.2.1 总经理办公室。

(1) 起草、拟发各类公文的水平、质量和时效，各类文书及人事档案管理情况。

(2) 主持酒店的会务工作质量如何，负责总经理召集的各种会议的组织安排情况。

(3) 负责酒店各类行政事务工作情况。

(4) 协助酒店经营部门收集与旅游市场有关的信息资料和负责总经理交办的各类专题调查工作情况。

(5) 协助总经理协调酒店内外关系情况。

(6) 酒店人力资源的开发、管理和培训工作情况。

(7) 综合经营部门的管理工作情况。

(8) 员工的队伍建设及日常工作效率情况。

(9) 负责总经理交办的其他工作及本部门的节能降耗工作开展情况。

3.2.2 财务部。

(1) 根据财务活动的历史资料，结合现实状况及要求，进行财务预测情况。

（2）依据财务预测，对资金的筹集与配置进行财务决策情况。

（3）在财务预测的基础上，对酒店各类经济活动（销售成本、费用、利润、现金等）编制各种财务预算情况。

（4）以财务预算指标和各项定额为依据，对资金的运作进行财务控制情况。

（5）依据会计核算的各类资料开展财务分析情况。

（6）以会计核算资料为依据，对酒店各类经济活动和财务收支的合理性、合法性及有效性进行审计情况。

（7）编制呈送各类财务报表情况。

（8）本部门开展的节能降耗工作情况。

（9）队伍建设和日常工作效率情况。

3.2.3 营销部。

（1）根据历史资料结合市场现状及酒店经营要求，对目标市场的细分及选择情况。

（2）整个酒店营销活动的组织、控制及开展情况。

（3）通过营销的运作，所取得销售业绩情况。

（4）部门员工队伍的建设情况。

（5）本部门节能降耗工作的开展情况。

3.2.4 餐饮部。

（1）酒店的餐饮销售业绩及经营状况。

（2）是否对客人提供了优质服务，客人对服务、饮食的满意度如何，有无投诉现象发生。

（3）各类鲜货、餐饮及饮品的供应是否到位，库存物资有无发霉、变质及其各种损耗。

（4）有无按照食品卫生法规定，严格执行卫生管理制度，保持整个餐饮部卫生的清洁，保证客人的饮食安全，餐厅布置是否整齐、清洁、美观。

（5）餐饮成本控制及各类节能降耗工作的开展情况。

（6）部门培训工作的开展及员工队伍建设情况。

3.2.5 前厅部。

（1）在营销部的指导下，对酒店客房散客的销售情况。

（2）是否熟悉酒店各个房间的状况，能随时提供每个房间的详细信息，做到准确无误。

（3）是否向客人提供优质的订房、登记、邮件、问讯、电话、商务、留言、行李、委托代办、换房、钥匙、退房等服务，有无投诉现象发生。

（4）有无建立客史档案。

(5) 对各类业务资料有无进行整理、分析及预测，并向有关部门提供一手的市场信息。

(6) 本部门员工队伍建设及节能降耗开展情况。

3.2.6 康乐部。

(1) 酒店的康体收入以及商场的经营状况。

(2) 是否为客人提供了优质服务及客人的满意度如何，有无投诉现象发生。

(3) 服务项目、娱乐设施是否完善。

(4) 各类物品的供应情况及库存物资有无发霉、腐烂、变质及其各类损耗的产生。

(5) 各类娱乐设施设备的日常保养情况。

(6) 员工队伍建设情况及节能降耗工作的开展情况。

3.2.7 工程部。

(1) 酒店所有设备设施的配置、设计、安装工作情况，酒店的系统设施保全情况。

(2) 保证酒店各类设备设施的正常运转和使用情况。

(3) 负责酒店一定规模的土建以及设施改造和保养情况。

(4) 负责酒店电、水、气、冷暖气的供应情况。

(5) 负责节日装饰组织施工的工作，其施工效果如何。

(6) 负责整个酒店的节能降耗工作及其完成情况。

(7) 队伍建设和日常工作效率情况。

3.2.8 保安部。

(1) 在酒店总经理的领导下，在公安机关的指导下，对酒店内部的治安管理工作进行管理、检查、督促、落实情况。

(2) 酒店内部公共场所的治安管理，维护内部治安秩序情况。

(3) 配合有关部门做好消防、交通管理、防止火灾和其他灾害性事故发生。

(4) 对酒店内部员工的轻微违法行为进行教育帮助，严肃查处各种治安案件。

(5) 酒店质检工作的执行与开展情况。

(6) 本部门的节能降耗工作开展情况。

(7) 严格控制酒店物品不外流情况。

(8) 保安队伍建设及工作作风情况。

3.2.9 客房部。

(1) 客房、公共场所的卫生与保养工作情况。

(2) 保证客房用品的供应及客房用品的控制情况。

(3) 编制各类报表并呈送至有关部门的准确性、时效性。

(4) 酒店的绿化工作开展及日常养护情况。

(5) 本部门员工的培训与督导工作及队伍建设情况。

(6) 本部门的节能降耗工作开展情况。

(7) 洗衣服务及洗衣质量情况。

3.2.10 采购部。

(1) 在总经理授权的范围内，根据采购计划、采购申请表，采购各类审批物品的完成情况。

(2) 按时、按质、按量并以合理有利的价格进行物品采购，对采购成本的控制情况。

(3) 搜集、分析物品使用的反馈信息，有没有提出改进物品使用和管理的措施。

(4) 本部门的节能降耗工作开展情况。

(5) 队伍建设、工作作风及日常工作效率情况。

3.3 管理目标的考核标准。

以“德”“能”“勤”“绩”为内容，结合实际情况，制定以下考核标准。

3.3.1 工作计划指令完成程度的标准。

(1) 各部门每周、每月的工作计划要及时上交，不耽搁、不推后。

(2) 落实领导交办的各类指令性计划，专项课题要不折不扣地执行，并且要紧密跟踪、落到实处，直至取得显著的效果。

(3) 在特殊情况下，不能按时完成的工作，至少要提前24小时向领导汇报，并解释清楚原因及应急措施。

3.3.2 劳动纪律的标准。

劳动纪律的标准

序号	项目	标准
1	仪容仪表	(1) 头发要梳理整齐，不得留奇异发型或染发（黑色除外），男员工不得烫发、留胡须；女员工烫发要自然，发长不得过肩，不得披头散发 (2) 指甲应修剪整齐、保持干净、不得留长指甲和涂抹有色指甲油 (3) 制服应干净整洁、配套，需穿皮鞋上班的岗位，应穿黑色皮鞋并擦拭亮洁，要穿深色袜子 (4) 穿制服时应佩戴工号牌，不得佩戴首饰和饰物（结婚戒指除外） (5) 坐、立、行的姿势要大方得体
2	考勤	(1) 上下班必须打考勤卡，严禁代人打卡或委托他人打卡 (2) 如因公差、加班、病事假等原因未打卡者，应事先向上一级负责人报告，并备有病事假条 (3) 如卡机出现故障，必须经员工通道岗保安员签到、签名和登记

（续表）

序号	项目	标准
3	工作纪律	（1）按时上下班，不迟到、不早退、不旷工，严格交接班制度 （2）上班前不得饮酒和吃有异味的食物，当班时间不准抽烟、吃零食 （3）上班时间不准做私活、不准闲聊和玩耍、不准串岗、严禁当班打盹、睡觉 （4）未经许可，员工不得擅自使用酒店营业设备设施，不得在酒店玩电脑游戏，下班时不得将任何物品带出酒店 （5）上班期间要爱护酒店的公共财产，节约用电、用水及各类办公用品

3.3.3 卫生的标准。

卫生的标准

序号	项目	标准
1	室内卫生	（1）物品摆放要整齐，规划要合理，办公桌面要整洁，严禁乱扔乱放 （2）保持地面整洁，清除卫生死角，墙角房顶不能存在蜘蛛网 （3）室内各种设施设备要每日进行清洁保养，不能存在灰层
2	室外卫生	（1）绿化植物无枯枝败叶，修剪要整齐，规划要合理 （2）地面要清洁，无垃圾、无杂物、无油渍等污渍

3.3.4 成本控制的标准。

（1）以节能小组下达的具体节能指标和财务部核定的节支指标为准。

（2）杜绝日常工作中的“跑、冒、滴、漏”现象，日常节控措施要明确，具体落到实处。

（3）在一般情况下，不能超出节能小组以及财务部下达的各类指标。

3.3.5 安全工作的标准。

安全工作的标准

序号	项目	标准
1	人身及财产安全	（1）保障住店客人的人身财产安全，全年无重大案件发生，小宗案件全年不能超过两起，破案率要达到100% （2）保证员工在店的人身财产安全，全年无治安案件发生 （3）各部门加强安全教育，树立安全意识，做好安全防范工作，全年无各类案件发生 （4）加强管理，严加控制，杜绝酒店财产外流

（续表）

序号	项目	标准
2	消防管理安全	（1）办公室、库房、档案室、公共区域、配电房、各类机房、洗衣房等每日进行安全检查，无乱接电器、乱拉电线情况，线路规划合理，发现隐患，及时解决，保证全年无消防案件发生 （2）配电房、各类机房、洗衣房、库房等重要区域要制作日检表，每日对各部位进行详细检查并分别记录在案 （3）各重要区域要分别配备灭火器，配备数量按区域大小而定 （4）保安部要保证酒店各类消防设施设备正常使用 （5）每半年保安部组织所有员工进行一次消防培训 （6）各部门加强对员工的消防教育与学习，每位员工必须会使用各类灭火器，并且具备基本的灭火知识

3.3.6 员工满意度的标准。

（1）本部门员工对部门管理的满意度达到90%以上，员工的投诉次数不超过本员工人数的10%。

（2）每月至少开展一次员工沟通交流会，并且每月至少找1/3以上的员工谈心一次，每半年要求全部员工进行一次述职。

（3）让员工明显感觉到部门领导关心自己的工作、学习、生活及家庭困难。

3.3.7 其他方面的标准。

无客人投诉现象发生，部门负责人责任心强、思想品德好、素质高，其他部门负责人对其评价要在中等以上，在各项工作中要起到带头作用等。

3.4 管理目标考核人员的组成。

酒店成立管理目标考核小组，主要由总经理×××、副总经理×××，部门负责人×××、×××、×××、×××、×××共七人组成。

组　长：略。

副组长：略。

组　员：略。

4.管理目标考核办法及操作程序

4.1 管理目标考核办法实行奖惩制，由部门负责人承担考核所带来的相关处罚和奖励。

4.2 一个月为一小考核期，一季度为一中考核期，一年为一大考核期，考核结果向全店通报。

4.3 考核成绩分设四个考核等级：优、良、一般、差。每季度考核一次，每季度考核成绩以前三个月的考核成绩为依据；四个季度后年度考核一次，年度考核成绩以前四个季度的考核成绩为依据。

4.4 季度考核成绩的评定。

（1）优：三个月连续获得四类奖励以上。

（2）良：至少获得两次四类奖励以上，并且没有任何过失处罚。

（3）一般：A. 没有受到任何奖励或处罚。

B. 只有一次奖励或处罚。

C. 有两次奖励同时有一次处罚。

（4）差：连续获得两次以上的过失处罚。

4.5 年度考核成绩的评定。

（1）优：四个季度的成绩为“良”以上。

（2）良：三个季度的成绩为“良”以上。

（3）一般：“优”“良”“差”以外的各种情况。

（4）差：连续三个季度被评为“差”。

4.6 考核成绩评定的依据：

4.6.1 卫生小组每次检查的情况记录在案，分清责任，并上报总经办备案，作为考评依据之一。

4.6.2 节能小组将每次检查的情况记录，将节能较好和超支的情况，报总经办备案，作为考评依据之一。

4.6.3 质检部将每周检查的服务质量各项情况进行全面统计记录，报总经办备案，作为考评依据之一。

4.6.4 安全小组对各部门安全管理进行检查，记录报总经办备案，作为考评依据之一。

4.6.5 人力资源部对各部门安全管理情况进行检查，记录报总经办备案，作为考评依据之一。

4.6.6 由总经办负责综合统计每次的卫生、安全、服务质量、违规违纪、节能降耗及工作效率检查情况，以此作为考核的主要依据。

4.6.7 由总经办负责编制民意调查表，每月月底发与考核部门员工，各部门员工认真填写后自己投至员工通道的意见箱（可匿名），总经办收集后对部门的员工满意度、投诉情况及各种建议要求进行调查统计，统计结果将作为员工满意度考核的依据，此依据作为考核部门及负责人的参考依据。

4.6.8 每个月的月初，由总经理在总经办召开管理目标考核小组会议，小组成员根据总经办提供的各类资料、管理目标考核的内容、日常工作中主客观观察的情况，对各部门给予合理、公正、公平的评价，由总经办将考核结果记录在案并向全店通报。

5.奖励与处罚

5.1 处罚。

5.1.1 一类过失。

有下列情况之一者，部门负责人将受到罚款50元的处分，同时进行全店通报：

(1) 无故耽搁和推后各类工作计划或未能完成但没有给酒店造成损失。

(2) 违反劳动纪律总次数在2次以上。

(3) 卫生检查小组发现卫生问题在2次以上。

(4) 超出节能小组及财务部下达的各类指标5%以上。

(5) 违反安全工作考核标准中任意1项。

(6) 本部门员工对部门管理的满意度未达到90%以上或员工的投诉次数超过本部门员工人数的10%。

(7) 与其他部门配合不力从而给酒店造成一定的经济损失，并经查明原因负有主要的责任。

5.1.2 二类过失。

有下列情形之一者，部门负责人将受到罚款100元的处分，同时进行书面警告：

(1) 无故耽搁和推后各类工作计划或未能完成但同时给酒店造成一定损失。

(2) 违反劳动纪律总次数在5次以上。

(3) 卫生检查小组发现卫生问题在5次以上。

(4) 超出节能小组及财务部下达的各类指标10%以上。

(5) 发生小宗治安案件同时未能破获或发生小宗消防案件但未给酒店造成一定损失。

(6) 本部门员工对部门管理的满意度未达到85%以上或员工的投诉次数超过本部门员工人数的15%。

(7) 与其他部门配合不力从而给酒店造成一定的经济损失，并经查明原因负有主要责任。

5.1.3 三类过失。

有下列情形之一者，部门负责人将受到罚款200元的处分，同时进行留店察看，情节特别严重的给予劝退、辞退、开除处分：

(1) 无故耽搁和推后各类工作计划或未能完成但同时给酒店造成重大经济损失。

(2) 违反劳动纪律总次数在10次以上。

(3) 卫生检查小组发现卫生问题在10次以上。

(4) 超出节能小组及财务部下达的各类指标20%以上。

(5) 发生小宗治安案件同时未能破获或发生小宗消防案件但未给酒店造成较大损失。

(6) 本部门员工对部门管理的满意度未达到70%以上或员工的投诉次数超过本部门

员工人数的 30 %。

(7) 与其他部门配合不力从而给酒店造成一定的经济损失，并经查明原因负有主要责任。

(8) 在年度考核中成绩为“差”。

(9) 在季度考核中如果连续两个季度成绩为“差”，则给予部门负责人降一级工资的处分。

(10) 在年度考核中如果有三个季度以上（包括三个季度）的成绩为“差”，则给予部门负责人免职处分。

5.2 奖励。

5.2.1 一类奖励。如果在年度考核中成绩为“优”，则给予部门负责人500元的奖励或者晋级一级工资，同时进行书面表扬。

5.2.2 二类奖励。如果在季度考核中成绩为“优”，则给予部门负责人200元的奖励，同时进行书面表扬。

5.2.3 三类奖励。每月符合下列情况，部门负责人将得到100元的奖励，同时进行全店通报表扬：

(1) 各类工作计划指令都能按时完成。

(2) 无违反劳动纪律现象。

(3) 卫生检查小组检查未发现卫生问题。

(4) 节能小组及财务部下达的各类指标均未超出，并且节约 20 %以上。

(5) 安全工作全部符合安全工作考核标准。

(6) 本部门员工对部门管理的满意度达到 100 %和无员工投诉的现象。

(7) 与其他部门配合得力，协调顺利，无工作脱节现象，无客人投诉现象。

5.2.4 四类奖励。每月符合下列情况，部门负责人将得到50元的奖励，同时进行全店通报表扬：

(1) 各类工作计划指令都能按时完成。

(2) 无违反劳动纪律现象。

(3) 卫生检查小组检查未发现卫生问题。

(4) 节能小组及财务部下达的各类指标均未超出，同时节约 10 %。

(5) 安全工作全部符合安全工作考核标准。

(6) 本部门员工对部门管理的满意度达到 90 %以上和无员工投诉的现象。

(7) 与其他部门配合得力，协调顺利，无工作脱节现象，无客人投诉现象。

5.2.5 经综合考评，各项考核成绩优秀、名列前茅的部门，自然为先进部门，部门负责人为优秀部门经理。

1-2 酒店部门总监/经理绩效管理办法

酒店部门总监/经理绩效管理办法

1.目的

为了更好地把绩效管理与酒店战略和总体营运计划紧密联系起来，充分调动各方面的积极性和责任感，形成科学合理、与薪酬挂钩的绩效考核机制，通过提高员工业绩，推动酒店整体业绩的提升，从而实现酒店的总体营运计划。

通过本办法的运用，帮助公司所属酒店实现其营运目标。

（1）把酒店的经营目标转化为详尽的、可测量的标准。

（2）把酒店宏观的营运目标细化到员工的具体工作职责中。

（3）用量化的指标追踪跨部门的、跨时段的绩效变化。

（4）及时发现问题，分析实际绩效表现达不到预期目标的原因。

（5）对酒店的关键能力和不足之处提供分析依据。

（6）为酒店的经营决策和执行结果的有效性提供有效支持信息。

（7）鼓励团队合作精神。

（8）为制定和执行员工激励机制提供依据。

2.适用范围

适用于酒店中高层管理人员，部门总监/经理级别。

3.考核的基本原则

3.1 采用酒店总体战略目标逐层分解，强化目标一致性。

3.2 采用关键绩效指标和基本目标值设定相结合，强化关键绩效导向。

3.3 采用考核与指导、反馈相结合，加强双向沟通、增强考核效果原则。

3.4 坚持客观、公正、公开、实事求是的原则。

3.5 以财务性数据为主，定量和定性相结合。

4.考核实施流程（绩效管理循环）

4.1 绩效考核只是绩效管理的一个环节，它不是独立的，应该与其他环节组成一个管理循环，才能充分发挥其作用。绩效管理循环主要包括以下几个部分：

4.1.1 绩效计划的制订。从上到下逐层分解酒店经营目标，制定个人绩效考核指标，下发绩效考核表。

4.1.2 绩效辅导与培训。

4.1.3 绩效考核实施与执行。

4.1.4 绩效沟通。

4.1.5 绩效考核结果的运用。

4.2 绩效管理的流程和步骤：

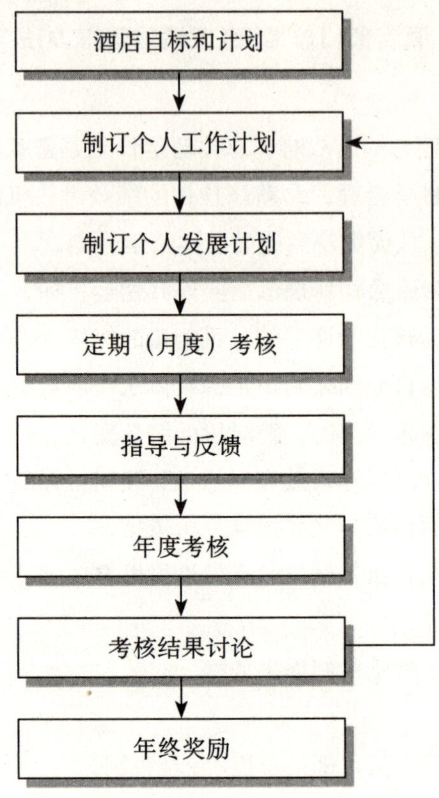

绩效管理的流程和步骤

5.酒店绩效考核体系

5.1 酒店绩效考核体系。

建立一套科学的考核体系，是酒店高层管理者的重要工作目标。

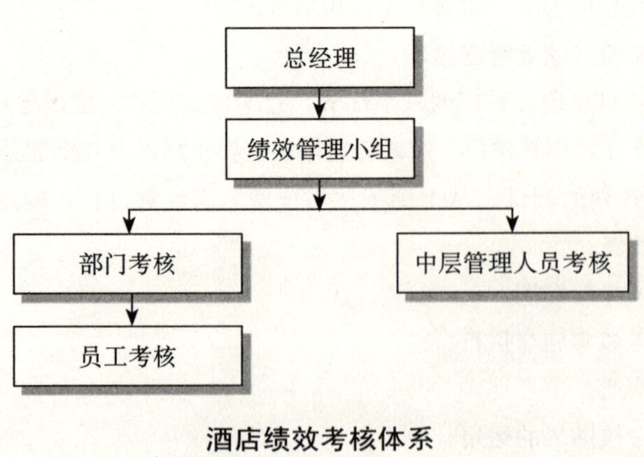

酒店绩效考核体系

5.2 明确层级考核关系。

依据由上一级考核下一级的原则：

（1）管理公司考核所属各酒店总经理室成员。

（2）各单位总经理及驻店经理考核其分管部门总监及经理。

（3）各部门总监（经理）考核该部门下设岗位人员。

6.酒店绩效管理组织

6.1 绩效管理组织机构：

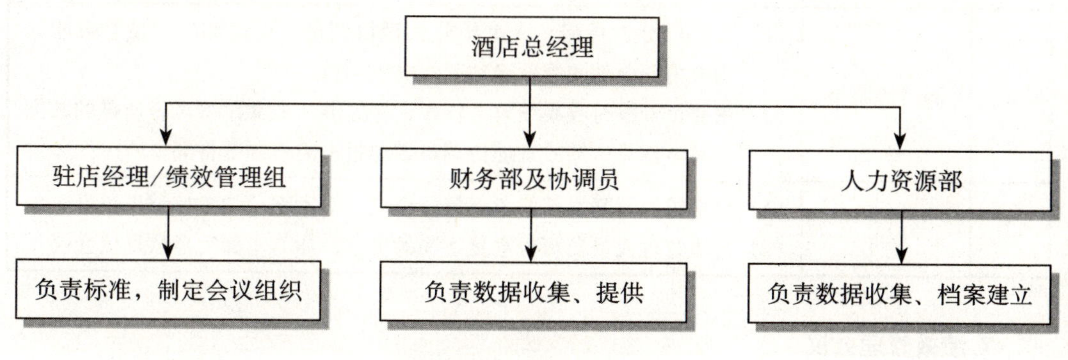

绩效管理组织机构

6.2 酒店绩效管理小组。

为能真正有效地抓好绩效管理工作，发挥绩效考核的作用。各酒店可以成立绩效管理小组。

6.2.1 绩效管理小组主要成员：

（1）由酒店总经理、驻店经理（副总总助）、绩效考核主管（兼）及财务部一名人员组成。

（2）总经理担任组长。

（3）驻店经理（副总总助）负责具体的考核工作。

（4）各酒店在人力资源部设置一名绩效考核主管（由行政主管兼任）具体负责数据收集、日常行为记录和绩效考核档案管理工作。

6.2.2 绩效管理小组主要职能：

（1）负责组织召开考核会议。

（2）对整个酒店的考核结果负责，并具有最终考核权。

（3）负责平衡各部门绩效分数。

（4）确定各绩效等级的薪酬系数。

（5）对被考核者的行为及结果进行测定，并确认。

(6) 负责考核工作的布置、实施、培训和检查指导。

6.2.3 绩效角色分配。

绩效角色分配如下表所示：

绩效角色分配

序号	部门/人员	角色及职责
1	人力资源部	(1) 人力资源部下属绩效管理岗负责落实绩效管理的具体工作 (2) 运用绩效管理结果，制订人力资源开发计划
2	部门协调员	(1) 各部门分别指派一人为绩效管理协调员（可由部门文员等兼职），为人力资源部的绩效管理工作提供支持 (2) 主要负责按时收集绩效考核表，并提供／收集绩效考核所需的数据和参考意见。绩效管理协调员名单报人力资源部备案
3	部门总监	(1) 负责组织召开本部门考评复核会议，对本部门的考核结果负责 (2) 各级管理人员负责对直接下属的考核，参与本部门考核复核会议

7.绩效管理会议

7.1 绩效管理月度例会指南。

7.1.1 每月召集一次绩效检讨会议（地点由会议召集人决定），会议召集人为绩效管理负责人。

7.1.2 会议参加人员：酒店部门总监/经理、绩效考核主管。视会议内容，不定期邀请总经理参加。

7.1.3 会议由绩效考核主管记录。会议纪要报总经理。

7.1.4 月度会议要讨论的主要事项：

(1) 汇总本部门的绩效记录。

(2) 检讨绩效业绩。

(3) 研究下月绩效指标实现的可靠性。

(4) 确认绩效考核的结果。

(5) 如有争议，提交上级。

(6) 结果呈交总经理，同时人力资源部储存备案。

7.2 绩效管理半年度/年度会议指南。

7.2.1 每半年度/年度召集一次绩效检讨会议（地点由会议召集人决定），会议召集人为酒店总经理。

7.2.2 会议参加人员：驻店经理/总经理助理、酒店部门总监/经理、绩效考核主管。

7.2.3 会议由绩效考核主管记录。

7.2.4 半年度/年度会议主要讨论事项：

(1) 检讨年度绩效表现。

(2) 确认年度绩效达成结果。

(3) 下一年度的绩效指标确定。

(4) 结果交管理公司人力资源部，同时酒店人力资源部备案储存。

(5) 总经理将根据绩效成绩展开绩效面谈。

7.3 会议召开的主要步骤：

步骤1：部门总监/经理完成绩效考核自我检讨，并上交至绩效管理小组组长。

步骤2：部门总监/经理与上一级领导一起对考核业绩加以审视(月度会议或单独)。

步骤3：直接领导与部门总监/经理座谈并提供反馈。

步骤4：部门总监/经理提出意见并在考核表上签字。

步骤5：复印绩效考核表及结果交人力资源部，半年度及年度结果上交管理公司人力资源部。

步骤6：管理公司人力资源部与公司部门总监职务领域对员工业绩加以审视。

步骤7：管理公司人力资源部和公司领导跟踪员工发展/接班人的职业进程。

注释：半年度/年度程序相同。

8.绩效考核的实施

8.1 建立考核目标。

8.1.1 考核期初(一般在下一考核周期的前一个月度，酒店下一年度工作目标确立之后)，由考核者与被考核者进行沟通，制定双方认可的考核目标。

8.1.2 要遵循的原则是：

(1) 部门总监 / 经理级的考核指标要尽可能突出战略规划、年度工作计划的重点，体现集团共性和基础性的管理要求，并不追求面面俱到。

(2) 与总经理考核指标保持基本一致，只需要作相应的分解。

(3) 考核内容范畴和权重根据各部门特性而有所不同。

(4) 可以量化，有明确的衡量标准，具有相当的客观性，有时间限制。

8.2 酒店经营目标的分解流程。

8.2.1 部门总监/经理的考核指标是通过分解酒店经营总目标而来的。

8.2.2 目标分解和酒店绩效考核表制定是绩效管理的基础工作。是上下级双向沟通，并由上级领导进行确认的过程，以达到对酒店战略目标进行逐层分解的目的。

8.2.3 经营目标分解流程。

（1）酒店每年在管理公司下达的工作目标和综合计划的基础上，编制并下达各酒店年度综合经营计划，作为酒店本考核期内的经营目标。

（2）总经理室成员与其分管部门总监／经理根据酒店下达给部门的经营目标以及部门的年度工作目标和综合计划，提出并确认部门经理的工作重点，确定考核期内部门经理的关键绩效指标和基本目标值及相应权重，填写部门经理绩效考核表。

（3）所有部门的年度关键绩效指标及关键工作计划的总和应大于或等于酒店总目标，这样才能保证酒店整体目标的实现。

8.3 确立关键绩效指标（KPI）。

8.3.1 对部门总监/经理的考核以关键绩效指标来体现。

8.3.2 关键绩效指标是用来衡量工作绩效表现的量化指标，是对工作完成效果的最直接衡量方式，是对考核目标的具体描述。

8.3.3 设立原则：关键成功因素是酒店实现战略目标的关键领域。对关键目标进行评价的一个原则就是看该目标是否有助于酒店战略目标的实现。

（1）关键绩效指标基于公司的整体业务战略而设定。

（2）与酒店当年的经营目标相关，反映了酒店所期望达到的目标。

（3）将酒店的战略目标转化为明确的行动内容。

（4）关键绩效指标应该是被考核者岗位职责直接相关的工作成果，是被考核者通过自己的努力可以对指标的结果产生影响。每一个关键绩效指标都是某一个关键成功因素的最佳指示器，同时每一个关键成功因素必须至少有一个关键绩效指标来描述。

（5）关键绩效指标将被考核者工作成果进行量化，使得对被考核者的工作成果的衡量更加客观。

（6）关键绩效指标应该体现各岗位工作的重点，不宜过多。

（7）关键绩效指标应该确保可以衡量。

8.3.4 关键绩效指标类别。关键绩效指标主要分为四类：

（1）财务类指标。

（2）客户类指标。

（3）营运／执行类指标。

（4）学习与成长类指标。

8.4 绩效考核指标对不同部门的不同意义。

同样的指标，对不同的部门总监/经理而言，其具体内容、权重设置、涉及范畴都有可能是不同的。

8.4.1 具体内容不同。如“成本控制”对人力资源总监/经理而言，主要可以是指劳动力成本；对工程部经理而言，主要可以是能耗成本或维修成本；对市场总监而言，可以是指销售费用成本。

8.4.2 权重不同。如对人力资源总监/经理而言，其员工考核指标部分可以作为最核心的考核部分；而对经营性部门而言，财务绩效、营运考核两大部分指标应作为重要的部分。

8.4.3 范畴不同。如“员工满意度”指标，对人力资源总监/经理而言，是指酒店整体的员工满意度；对市场总监而言，是指市场部（包括销售部、公关部）的员工满意度；对销售部经理而言，指销售部员工的满意度。

8.5 设立基本目标值。

基本目标值是指刚好完成酒店对岗位某项工作的期望时应达到的绩效指标完成标准，通常反映部门总监/经理在正常情况下应达到的绩效表现(如要求员工满意度达到80%)。

8.5.1 设立的原则：基本目标值的确定，可根据批准的年度计划、财务预算及岗位工作计划，由相关部门提出，总经理和酒店绩效管理小组最终审核确定。

基本目标值的设定，侧重考虑可达到性，如完成则意味着岗位工作达到酒店期望的水平。

（1）价值驱动原则：要与提升酒店价值和追求利润回报最大化的宗旨相一致，突出以价值创造为核心的企业文化。

（2）一致性原则：与酒店发展战略和年度经营计划相一致，一定要紧紧围绕酒店的发展目标，自上而下逐层进行分解、设计和选择。应结合酒店战略侧重点，服务于酒店关键经营目标的实现。

（3）突出重点原则：在选择 KPI 和确定基本目标值时，要选择那些与酒店价值、与岗位职责结合更紧密的绩效指标和基本目标值。

（4）可行性原则：考核目标一定是可以控制的，同时确定的目标要有挑战性，有一定难度，但又可以实现。

（5）共同参与原则：在考核表的设计过程中，管理者和管理层都要参与。

（6）客观公正原则：要实施坦率、公平、跨越组织等级的绩效审核和沟通，保持绩效透明性，做到系统、客观地评估绩效。

（7）综合平衡原则：通过合理分配 KPI 和基本目标值的权重，实现对岗位全部重要职责的合理衡量。

（8）岗位特色原则：考核表内容的选择、目标的设定，要充分考虑到不同业务、不同部门中类似岗位各自不同的特色和共性。

可参考过去相类似指标在相同市场环境下完成的平均水平，并根据情况的变化予以调整。

可参照一些行业指标、技术指标、监管指标、国际指标，确定合理的水平。

8.5.2 权重分配：

（1）在做目标值权重分配时，对公司和酒店战略重要性高的指标权重高。

（2）被考核者影响直接且显著的指标权重高。

（3）综合性强的指标权重高。

（4）权重分配在同级别、同类型岗位之间应具有一致性，又兼顾每个岗位的独特性，因此具有一定的浮动范围。

（5）目标值分配要注意典型通用指标在各部门所占权重均保持统一，以体现一致性。

（6）每一项的权重一般不小于5%、不大于50%，以免对综合绩效的影响太弱或太烈。

（7）分配步骤为先确定四大类关键绩效指标权重，然后再确定各类关键绩效指标中具体指标的权重。

（8）权重分配的建议：

权重分配的建议

部门	关键绩效指标	权重分配
经营性部门	财务类指标	40%～60%
	客户类指标	20%～30%
	营运/执行类指标	20%
	学习与成长类指标	10%
非经营性部门	财务类指标	20%～40%
	客户类指标	10%
	营运/执行类指标	30%～60%
	学习与成长类指标	10%～20%

8.6 制定绩效考核表格。

8.6.1 当绩效指标和权重确定后，即可制定绩效考核表。

8.6.2 绩效考核表由酒店和考核方签字后，由人力资源部绩效考核主管备案。

8.7 开展考核。

8.7.1 人力资源部将绩效合同/绩效考核表分发至相应部门；也可制作统一表格张

贴在行政人员会议室。

8.7.2 每月考核者根据相关资料及被考核者考核期内表现填写被考核者KPI的实际完成情况，由各部门绩效协调员及人力资源部绩效考核主管汇总绩效考核表，计算绩效分数。

8.7.3 考核者确定被考核者的绩效结果，并由被考核者签字确认，统一报备人力资源部。

8.7.4 处理争议，由绩效管理小组裁定。

8.7.5 考核领导小组按照正态分布原则确定绩效等级的分布。

8.7.6 资料存档。

8.7.7 绩效管理工作领导小组确定绩效结果的运用。

8.8 考核结果的应用。

8.8.1 相关政策：年度的绩效考核结果要求上报管理公司人力资源部。

8.8.2 绩效考核的结果将作为酒店在经营管理决策中的重要参考依据。其结果将运用于：

（1）作为管理公司总经理和酒店总经理审批酒店各部门总监／经理年度奖金的参考依据。

（2）作为酒店聘任／管理公司审批酒店总监（经理）职位晋升的重要参考依据。

（3）作为评选年度部门经理级管理人员劳动模范的参考依据。

（4）作为对酒店总监（经理）进行提高培训的依据。

（5）作为寻找经营管理短板、实施管理改进的依据。

（6）用于工资调整和用于奖金分配。

（7）用于晋升调配和用于职位置换。

（8）用于培训教育。

（9）用于个人发展计划。

8.9 绩效沟通与反馈。

8.9.1 相关政策：要求每周期绩效考核分数得出后，考核者与被考核者要进行一次绩效沟通。

8.9.2 沟通要安排在下一周期绩效考核之前。

8.9.3 会谈时间确定后，应提前告知被考核者。

8.9.4 沟通建议在封闭的会议室进行，并准备茶水等。每次沟通不少于一小时。

8.9.5 会谈讨论被考核者在上一考核期的工作中所存在的优缺点，并针对发现的缺点设计改进方案，并规划个人下一考核期的初步发展计划。

8.9.6 被考核者对考核结果进行确认。

8.10 绩效考核周期。

8.10.1 根据指标评估的时间性，对部门总监/经理的考核主要有月度考核和年度考核。

（1）月度考核：酒店对部门经理／总监级的过程性考核指标，逐月考核，年末汇总。如营业收入、GOP、员工投诉、顾客投诉、员工面谈、成本控制、质量检查等。

（2）年度考核：管理公司统一考核的将按年度考核实行。一般这些指标将按年度考核，如员工满意度、顾客满意度、核心员工保留、安全／卫生及产品最低标准等。

8.10.2 考核周期：年度考核周期从每年的1月1日开始至12月31日结束。

8.11 其他：岗位变动时的绩效管理。

8.11.1 考核期内发生岗位异动、工作交接时，在原岗位工作3个月以上的进行原岗位绩效考核，经过考核、复核和反馈达成意见一致后，报人力资源部备案。考核期内发生岗位异动，形成两份或两份以上、工作时间超过3个月的绩效考核结果时，以加权平均值为参考值，最终结果由考核领导小组确认。

8.11.2 产业内调动，调动前的考核结果将纳入年度考核成绩。

8.12 绩效指标的调整。

8.12.1 由于受酒店业务发展计划的变更，组织结构的调整，市场外部环境的重大变化，或一些不可抗拒因素等非个人主观可控因素的影响，绩效考核表可以在执行过程中进行修改。

8.12.2 对绩效考核表进行修改以前，原绩效考核表仍然有效。

9.酒店部门总监/经理考核的关键绩效指标

9.1 部门总监/经理考核指标的设立。

9.1.1 对酒店部门总监/经理的考核将分为管理公司年度统一评估考核（年度）和酒店自行考核（月度）。

9.1.2 酒店部门总监/经理的关键绩效指标共分两大部分：

（1）管理公司年度统一评估的基础考核指标。

（2）管理公司建议酒店自行评估的基础考核指标（仅供酒店参考）。

9.2 管理公司年度统一评估考核的指标。

9.2.1 营业指标：酒店有预算的目标。

9.2.2 客户忠诚度（含暗访）：管理公司开展的每年一度的宾客意见调查和暗访。

9.2.3 员工忠诚度：管理公司开展的每年一度的员工意见调查。

9.2.4 关键员工流失率：人力资源部年终统计结果。

9.2.5 消防/安全/卫生/标准：按管理公司制定的最低标准进行检查。

9.2.6 民意测评：按酒店管理公司统一下发的测评表，各酒店组织实施。

9.3 酒店实施过程评估的基础考核指标。

酒店实施过程评估的基础考核指标如下表所示：

酒店实施过程评估的基础考核指标

序号	类别	指标说明
1	财务类指标	财务类指标是体现酒店价值创造成果的最直接的效益指标。可显示出酒店和部门的战略及其实施和执行是否正在为最终经营结果(如利润)的改善作出贡献。经营性部门与非经营性部门选择财务类指标不同。主要考核的指标： ·营收指标：保证酒店年度经营目标的实现 ·GOP 指标：满足酒店盈利性要求 ·成本率执行：加强成本控制 ·人均劳动效率：提高生产效率和经营效率 ·应收账款：保证合理的现金流量，防止出现财务危机 ·存货额度 ·能耗
2	客户类（顾客和员工）指标	客户类指标是检视满足核心客户的关键方面，酒店应以目标客户和目标市场为方向，关注于是否满足核心顾客需求。主要考核的指标： ·顾客满意度：酒店定期调查 ·客户管理 ·目标市场占有率：相对竞争对手 ·员工满意度：酒店定期调查 ·员工流失率／核心员工流失率 ·人才培养与输送（接班人计划执行） ·客户投诉 ·市场信息 ·员工投诉 ·客户维系／流失 ·客户开拓 ·离职面谈／五必谈／员工定期面谈

（续表）

序号	类别	指标说明
3	营运/执行类指标	(1) 营运／执行类指标是衡量为实现酒店价值增长的重要营运操作控制活动的效果，是紧密结合不同岗位特色，体现其直接工作效果的指标。营运／执行类指标应该反映该岗位独特的工作成果。营运绩效考核应以对客户满意度和实现财务目标影响最大的业务流程为核心 (2) 营运指标既包括短期的现有业务的改善，又涉及长远的产品和服务的革新。注意不要选择两个相似的指标考核同一项具体工作。选择的指标应该体现出整个部门的主要年度目标，同时应该注意指标数量不应太多，一般不要超过5个。选择营运类指标要特别考虑确定目标值的设定以及数据收集的途径，确保可实施性 主要考核的指标： ·计划制订及完成 ·质量主题活动策划、执行 ·责任事故/安全生产 ·营销主题活动策划、执行 ·核心员工流失：保证酒店人才的稳定性，大专以上学历人员、中级以上职称人员、领班职务以上人员流失计算 ·设施设备保养计划、执行
4	学习与成长类指标	(1) 学习与成长类指标用来评估员工管理、员工激励与职业发展等保持酒店长期稳定发展的能力 (2) 为其他三个方面的目标提供了基础架构，是驱动前述三个方面获得卓越成果的动力 (3) 学习成长类指标在同级岗位上的设置必须保持一致性 (4) 削减对企业学习和成长能力的投资虽然能在短期内增加财务收入，但由此造成的不利影响将在未来对企业带来沉重的打击 (4) 主要考核指标涉及员工的能力、信息系统的能力、激励、授权与相互配合： ·培训计划执行 ·培训满意度 ·人均受训时间 ·部门协作（信息传递） ·员工技能抽查合格率

1-3 酒店绩效考核方案

酒店绩效考核方案

1.目的

为了保证酒店总体目标的实现，建立有效的监督激励机制，加强部门之间的配合协作能力，提高酒店经营管理机制，特制定本方案。

2.适用范围

适用于酒店各部门。

3.考核原则

为充分发挥绩效考核对公司各阶段工作的经营管理状况的诊断作用，以及对各部门工作的指引作用，绩效考核遵循以下原则：公开公平原则。考评内容、考核标准、评分细则、考评程序和考评结果透明公开，对酒店各部门形成正确指导，在酒店内部形成良性竞争的机制。

4.考核内容与方式

4.1 考核期：以月份为期限，具体时间段为：上月21日至本月20日。

4.2 根据财务部对酒店经营情况核算，对经营部门制定经营指标绩效奖金，后勤部门按照一定比例提取奖金。

4.3 部门考核方式：综合评估的方式。

4.4 考核内容。

4.4.1 考核评分标准。

考核评分标准如下表所示：

考核评分标准

序号	考核项目	考核内容	分值
（一）公共部分			
1	执行能力（20分）	能按时完成各项目标任务，准确、及时传达酒店各项规定，部门员工100%了解	16～20
		基本按时完成各项目标任务，偶尔一次不能及时传达酒店各项规定，部门员工90%以上了解	15～10
		延后完成各项目标任务，在推行酒店各项规定中，部门执行略有偏差，经上级指导后基本完成	4～9
		未完成各项目标任务，在推行酒店各项规定中，执行过程有重大失误，给此工作的推行带来了负面效应	0～3

（续表）

序号	考核项目	考核内容	分值
2	部门配合（10分）	能积极配合相关部门工作，并及时完成与之相应的工作	9～10
		就部门之间配合作出适当的配合，在规定时间内完成与之相应的工作	5～8
		基本配合相关部门工作，基本完成或超过完成与之相应的工作	1～4
		不能与其他部门合作，工作相互推诿	0
3	培训工作（15分）	能有效、准时地做好本部门的培训工作，培训效果良好	11～15
		能完成本部门的培训工作，培训效果一般	5～10
		能完成培训，但培训效果达不到目的	1～4
		未进行任何形式的培训工作	0
4	员工稳定（5分）	重视员工队伍建设，积极与员工沟通，部门员工流动率控制合理	5
		较为重视员工队伍建设，能与员工沟通，部门员工流动率基本正常	3～4
		不重视与员工沟通及稳定员工队伍，部门员工流动率较大	1～2
		与员工沟通不良、员工抱怨较多，未能有效稳定员工队伍，员工流动频繁	0
5	工作效率（10分）	工作一贯主动，提前完成任务	9～10
		工作较主动且平稳，不需上级催促	5～8
		很少采取主动，需上级催促才能完成	1～4
		工作极不主动，且在上级催促下仍不能完成工作	0
6	礼仪礼貌、行为规范、规章制度执行情况（5分）	根据对部门员工纪律情况的了解进行相应扣分，如员工出现违反“员工手册”中惩罚条例第（一）、第（二）违纪情况，扣1分/次；出现“员工手册”中惩罚条例第（三）违纪情况，扣2分/次；出现“员工手册”中惩罚条例第（四）、第（五）违纪情况，扣3分/次。此项分值扣完为止，不计负分	5

（续表）

序号	考核项目	考核内容	分值
7	卫生质量、服务质量、设施设备的维护保养（10分）	卫生、服务、设施设备维护较好，质检过程中未出现被开罚单	9～10
		卫生、服务、设施设备维护基本合格，质检过程中被开罚单1～2次	5～8
		卫生、服务、设施设备维护勉强合格，质检过程中被开罚单3～5次	1～4
		卫生、服务、设施设备维护不合格，质检过程中被开罚单5次以上	0
8	劳动纪律出勤率（5分）	根据考勤、出勤情况以及部门劳动纪律情况进行综合评分，如有迟到、早退，扣1分/次；旷工1天，扣2分/次，此分值扣完为止	5
（二）部门专业考核部分			
9	财务部：采购、库房保障、收银员技能技巧（20分）	能在部门要求时间内及时采购回物资、物品，采购质量达到要求，库房对物品的管理井井有条，收银员专业技能高，无任何出错及投诉	16～20
		基本能在部门要求时间内完成采购，采购质量达到要求，库房对物品的管理能力达到部门要求，收银员专业技能好，出现1次错误或投诉	11～15
		能在部门要求时间内及时采购回物资、物品，采购质量差，库房对物品的管理基本能达到部门要求，收银专业技能一般，出现2次错误或投诉	6～10
		超时完成部门采购，库房管理不到位，收银员专业技能一般，出现3次以上错误或投诉	1～5
		完成采购情况严重不到位	0
10	总经办：人员招聘及后勤保障（20分）	总是能提供符合素质标准的备选人才，根据部门需求及时将人员补充到位，后勤保障方面及时到位	16～20
		经常能提供符合素质标准的备选人才，根据部门员工类型需求，人员补充在一个星期至15天之内补充到位，后勤保障方面基本能满足要求	11～15
		基本能提供符合素质标准的备选人才，缺员一般在30天之内到位，后勤保障方面一般	6～10
		不能提供符合素质标准的备选人才，缺勤人员补充困难，缺员在30天之后才能补充到位，后勤无保障	1～5

（续表）

序号	考核项目	考核内容	分值
11	保安部：安全工作（20分）	具有高度防火、防盗意识，无火灾、盗窃隐患	16～20
		重视安全防范工作，发现火灾、盗窃隐患及时整改	11～15
		较重视安全防范工作，发现火灾、盗窃隐患及时整改	6～10
		不重视安全防范工作，发现火灾、盗窃隐患未整改，出现了重大安全隐患，经多次督促方进行整改	1～5
12	工程部：设备维保和工程专业技能（20分）	根据使用部门需求，提前在规定时间内对报修进行维护，维修效果达到部门要求，定期对设施设备进行清洁保养，延长使用寿命，维修方面专业技能水平高	16～20
		根据使用部门需求，对各部门报修能在规定日期内完成，维修效果达到要求，定期对设施设备进行清洁保养，保证设备正常使用，维修方面专业技能水平一般，出现1～2次维修达不到部门要求	11～15
		根据使用部门需求，对设施设备进行维修不及时，延期对设施设备进行清洁保养，基本保证设备使用正常，维修方面专业技能水平一般，出现3～5次维修达不到部门要求	6～10
		根据使用部门需求，延后对设施设备的维修，设备保养方面由于使用和维护保养不当，出现重大设备损毁事故，给酒店造成重大损失，维修方面出现5次以上达不到部门要求	1～5
13	前厅销售部：市场开发和客户管理（20分）	有齐全的客户档案，定期的客户意见收集不少于30家，新签约客户45家以上，及时反馈销售预订给相关部门（包括签单人等），并及时反馈投诉信息	16～20
		有齐全的客户档案，定期的客户意见收集不少于20家，新签约客户30家以上，1次未及时反馈销售预订给相关部门（包括签单人等）	11～15
		有80%～90%的客户档案，客户意见收集不少于15家，新签约客户20家以上，2次未及时反馈销售预订给相关部门（包括签单人等）	6～10
		客户档案不到70%，客户意见收集低于10家，新签约客户15家以上，3次及以上未及时反馈销售预订给相关部门(包括签单人等)	1～5

（续表）

序号	考核项目	考核内容	分值
14	专业技能技巧（20分）	部门员工专业技能技巧好，整体服务水平高，受客人好评，无因技能技巧引起的投诉	16～20
		部门员工专业技能技巧好，整体服务水平高，出现因技能技巧引起客人投诉1～2次	11～15
		部门员工专业技能技巧好，整体服务水平一般，出现因技能技巧引起客人投诉3～4次	6～10
		部门员工专业技能技巧好，整体服务水平一般，出现因技能技巧引起客人投诉5次以上	1～5

4.4.2 各部门的考核内容。

各部门的考核内容如下表所列：

各部门的考核内容

部门	考核项目	备注
茶艺部	1～8项、14项	总分合计100分
餐饮部	1～8项、14项	总分合计100分
客房部	1～8项、14项	总分合计100分
康乐部	1～8项、14项	总分合计100分
前厅销售部	1～8项、13项	总分合计100分
总经办	1～8项、10项	总分合计100分
财务部	1～8项、9项	总分合计100分
工程部	1～8项、12项	总分合计100分
保安部	1～8项、11项	总分合计100分

5.考核程序与方法

5.1 各绩效考核人的组成：由部门第一负责人、执行总经理、总经理组成。

5.2 各考核人的职责：负责对被考核对象进行评分。

5.3 评分规则。

5.3.1 各部门总分为100分。

5.3.2 各考核人根据评分标准进行综合评分，最后取平均分。

5.3.3 部门奖金计算方式：部门奖金=综合得分÷100×奖金。

5.3.4 总经办于每月21日将综合评估表下发到各部门及评分人，各部门于每月24日之前完成综合评估并上交于总经办，总经办于每月25日之前完成综合评估汇总，于26日交于财务部。

5.4 综合得分95分（含95分）以上，视为100分。

6.资料的整理与存档

每月考核结束后，总经办对所有资料进行整理存档。

部门综合绩效考核评分表

月份：

考核人／考核项目	被评分部门										
	茶艺部	餐饮部	客房部	康乐部	财务部	前厅销售部	保安部	工程部	总经办	执行总经理	总经理
第1项（20分）											
第2项（10分）											
第3项（15分）											
第4项（5分）											
第5项（10分）											
第6项（5分）											
第7项（10分）											
第8项（5分）											
专业项（20分）											
总分合计											

1-4 酒店部门业绩考核标准

酒店部门业绩考核标准

1.目的

为确定本酒店各部门的业绩考核标准，使考核工作有标准可依，也使员工有自己努力的目标，从而提升整个工作效率，特制定本考核标准。

2.适用范围

适用于本酒店集团下属各门店的各部门。

3.业绩考核标准

3.1 市场营销部业绩考核标准。

市场营销部业绩考核标准

考核项目		标准	考核项目		标准
1	营业指标的完成	__万元	18	录音、录像、图片资料档案(年归档)	1次/年
2	协助单位的建立	__万元	19	名人题词档案(年归档)	1次/年
3	客房出租率	__万元	20	公关资料档案(年归档)	1次/年
4	客房出租收入	__万元	21	对外活动档案(年归档)	1次/年
5	餐饮收入	__万元	22	新闻宣传档案(年归档)	1次/年
6	会议收入	__万元	23	广告档案(年归档)	1次/年
7	其他收入	__万元	24	大型活动亲自组织安排	1次/年
8	免费宣传广告	6次/年	25	部门出勤率	100%
9	酒店内宣传广告(包括大堂、客房)	1次/周	26	卫生检查合格率	100%
10	新闻报道(报刊、广播、电视、杂志)	6次/年	27	执行酒店规章制度	100%
11	向新闻机构发送文章	4篇/年	28	工作小结	1次/月
12	印刷制作合格率	98%	29	公共关系讲座	4次/年
13	节日环境布置合格率	98%	30	销售任务：达到酒店拟订的客房出租指标	90%
14	录制酒店资料片	2次/年	31	销售预测	6次/年

（续表）

考核项目		标准	考核项目		标准
15	对客宣传品合格率	100%	32	年度客源市场分析	4次/年
16	公共场所宣传品摆放	12次/年	33	提供竞争对象情况	1~2次/月
17	酒店纪念品制作合格率	100%	34	部门辖区各员工被投诉情况	＜1次/月

3.2 前厅部业绩考核标准。

前厅部业绩考核标准

考核项目		标准	考核项目		标准
1	年客房营业收入	达标	21	为宾客代办事项完好率	100%
2	年客房平均出租率	81%	22	邮件处理准确率	100%
3	年客房平均房价	15%	23	商务中心打印材料合格率	100%
4	年平均房价增长率	5%±	24	商务中心复印传真合格率	100%
5	接待散客比例	%	25	总机应答不超过	铃响3声
6	接待团队比例	%	26	总机叫早服务完成率	100%
7	接待外宾比例	%	27	总机留言服务完成率	100%
8	年客房平均销售指数		28	总机挂长途合格率	100%
9	销售指数增长率	45%	29	建立客房档案	100%
10	客源市场分析	4次/年	30	建立VIP客人档案	100%
11	商务中心营业收入	4次/年	31	宾客投诉率	0.04%
12	大堂副理24小时值班到位率	100%	32	上岗员工外语合格率	80%
13	VIP房间检查	1次/6天	33	员工出勤率	100%
14	房间钥匙分发	无差错	34	环境卫生检查合格率	80%
15	入住登记手续合格率	100%	35	员工培训	2小时/周
16	客房营业日报表	1次/日	36	部门例会	2小时/周
17	落实预订房间准确率	100%	37	班组例会	1次/天
18	行李运送准确率	100%	38	部门辖区和员工被投诉情况	＜1次/月
19	行李寄存无差错率	100%	39		
20	报纸分发准确率	100%	40		

3.3 客房部业绩考核标准。

客房部业绩考核标准

考核项目		标准	考核项目		标准
1	营业指标	__万元/月	18	统计检查客用酒水	1次/月
2	客房平均间/天消耗	___万元/天	19	地毯无污迹及地毯洗涤达标	100%
3	客用棉织品报损件数	件	20	洗涤沙帘	2次/年
4	卫生合格率	100%	21	洗涤防火遮光帘	1次/年
5	员工培训率	100%	22	卫生检查	2次/周
6	外语合格率	85%	23	洗涤床盖	1次/年
7	员工上岗达标合格率	100%	24	灯罩无污迹合格率	100%
8	各种器皿消毒合格率	100%	25	擦洗楼门窗玻璃	4次/年
9	各种器皿报损件数	0.03%	26	家具打蜡	2次/年
10	安全合格率	100%	27	地板打蜡	4次/年
11	客人投诉率	0.04%	28	卫生洁具消毒合格率	100%
12	员工出勤率	100%	29	召开领班业务会	1次/周
13	遵守各项规章制度合格率	98%	30	安全课	1次/季度
14	主管碰头会	1次/天	31	消防知识培训	2次/年
15	检查巡视	2次/天	32	部门辖区和员工被投诉情况	<1次/月
16	每日检查房间	20间	33		
17	员工培训	2小时/周	34		

3.4 管家部业绩考核标准。

管家部业绩考核标准

考核项目		标准	考核项目		标准
1	营业指标	___万元/年	18	客衣快件洗涤时间	3小时
2	低值易耗品费用指标	____元	19	客衣慢件洗涤时间	12小时
3	公用棉织品报损件数	____件	20	工服洗涤时间	24小时
4	员工工服洗涤件数	____件	21	公用棉织品洗涤时间	24小时
5	客衣洗涤件数	____件	22	员工上岗达标合格率	100%
6	客衣赔偿金额	____元	23	员工出勤率	100%
7	客衣收发差错率	0%	24	卫生合格率	100%
8	工服收发差错率	0%	25	员工培训	4次/年
9	公用棉织品收发差错率	0%	26	有效劳动工时利用率	100%
10	工服报损率	%	27	员工工服换季	2次/年
11	工服修补	____元	28	遵守各项规章制度	100%
12	公用棉织品报损率	0.5%	29	员工仪容仪表着装	100%
13	客衣缝补数量	0.3‰	30	与其他部门之间工作协调	不脱节
14	客人洗衣投诉	<1次/月	31	机械设备完好	100%
15	客衣洗涤达标	100%	32	部门辖区和员工被投诉情况	<1次/月
16	工服洗涤达标	100%	33		
17	公用棉织品洗涤达标	100%	34		

3.5 餐饮部业绩考核标准。

餐饮部业绩考核标准

考核项目		标准	考核项目		标准
1	经营计划指标	___万元/年	19	菜点翻新花样率	30%
2	毛利额	___元	20	菜单更换次数	4次/年
3	毛利率	___%	21	美食节	1次/2个月
4	部门效益	___元	22	餐厅员工上岗前例会	1次/日
5	员工平均年收入（全员劳动指标）	___元	23	出勤率	100%
6	每餐位年创收	___元	24	执行酒店规章制度	100%
7	费用指标（节约%）	___%	25	员工培训	2小时/周
8	每周用餐人数	___个	26	岗位外语合格率	85%
9	零点客人进餐人数均消费标准	___元	27	开餐时部门经理巡视	4小时/天
10	每周宴会次数及人次	___次/人	28	重要活动现场组织与指挥	1次/季
11	宴会平均标准	___元	29	宾客表扬意见	360条/年
12	酒吧人均消费标准	___元	30	宾客满意率	100%
13	菜点质量（色、香、味、形）合格率	100%	31	宾客投诉率	0.1‰
14	餐、茶、酒具化验合格率	100%	32	食品库存资金周转天数	30天
15	食品化验合格率	100%	33	每天餐位翻台率	2次/天
16	环境卫生检查合格率	100%	34	每周效益分析及就餐客人预测报表	1份/周
17	全面卫生	1次/周	35	部门辖区和员工被投诉情况	<1次/月
18	餐、茶、酒具破损率	3‰	36		

3.6 西餐部业绩考核标准。

西餐部业绩考核标准

考核项目		标准	考核项目		标准
1	经营计划指标	___万元/年	19	菜点翻新花样率	30%
2	毛利额	____万元	20	菜单更换次数	4次/年
3	毛利率	____%	21	美食节	1次/2个月
4	部门效益	____万元	22	餐厅员工上岗前例会	1次/天
5	员工平均年收入（全员劳动指标）	____元	23	出勤率	100%
6	每餐位年创收	____元	24	执行酒店规章制度	100%
7	费用指标（节约%）	%	25	员工培训	2小时/周
8	每周用餐人数	____人	26	岗位外语合格率	85%
9	零点客人进餐人均消费标准	____元	27	开餐时部门经理巡视	4小时/天
10	每周宴会次数及人次	____次/人	28	重要活动现场组织与指挥	1次/季
11	宴会平均标准	____元	29	宾客表扬意见	360条/年
12	酒吧人均消费标准	____元	30	宾客满意率	100%
13	菜点质量（色、香、味形)合格率	100%	31	宾客投诉率	0.05‰
14	餐、茶、酒具化验合格率	100%	32	食品库存资金周转天数	30天
15	食品化验合格率	100%	33	每天餐位翻台率（咖啡厅）	2次/天
16	环境卫生检查合格率	100%	34	每周效益分析及就餐客人预测报表	1份/周
17	全面卫生	1次/周	35	部门辖区和员工被投诉情况	<1次/月
18	餐、茶、酒具破损率	3‰	36		

3.7 人力资源部业绩考核标准。

人力资源部业绩考核标准

考核项目		标准	考核项目		标准
1	人员流动率	5%	17	劳动保护用品发放的准确率	100%
2	员工招聘合格率	100%	18	全年培训计划的完成率	100%
3	工资总额的核准	2次/年	19	完成全年培训预算	培训到位费用不超
4	劳动定额的核准	1次/年	20	培训费用指标	元/年
5	劳动定员的核定	2次/年	21	建立员工培训档案	100%
6	全员出勤情况的考核率	100%	22	培训的形式不少于	4种/年
7	全店考核制度的补充与完善	2次/年	23	外语培训的语种不少于	2种
8	对部门考核工作的考评	1次/年	24	入职培训	1次/周
9	对员工工作表现的考评	1次/年	25	专题培训	4次/年
10	员工人事档案调转准确率	100%	26	基础培训	4次/年
11	人事、工资编制统计准确率	100%	27	对各部门培训工作的追踪评估考	2次/年
12	其他各类报表准确率	100%	28	对各部门培训效果的检查验收	4次/年
13	奖金核算的准确率	100%	29	对各部门的每周业务培训的抽查	1次/周
14	名牌的配备率	100%	30	对各部门外语培训效果的抽查	1次/月
15	劳动保护制度的完善率	100%	31	对员工考勤情况的抽查	1次/周
16	劳动保护的宣传教育	12次/年	32	部门辖区和员工被投诉情况	<1次/月

3.8 财务部业绩考核标准。

财务部业绩考核标准

考核项目		标准	考核项目		标准
一、总体要求			二、会计		
1	无违反财经制度	100%	17	日报表准确率	100%
2	资金周转天数不超过	30天	18	月报表准确率	100%
3	应收账款指标平均不超过	万元	19	月报表每月2日前完成	及时
4	财务分析	1次/月	20	按时向总公司缴纳税费等	及时
5	经营情况及费用指标的预测	2次/年	21	原始凭证的存档	3年
6	出勤率	100%	22	查阅原始凭证符合审批手续	100%
7	执行酒店规章制度	100%	23	接受上级财务检查的合格率	100%
8	前台岗位外语合格率	80%	三、出纳		
9	前台岗位员工被投诉率	%	24	月收付款差错率不能超过	0.3%
10	员工培训	2次/月	25	奖金、福利指标下达后3天内下发	及时
11	员工上岗前例会	10分钟/天	26	鉴别、拒收假钞率	100%
12	部门经理每日巡视	2小时/天	27	核发工资不超过每月__日	及时
13	财务安全达标率	100%	28	工资核发的准确率	100%
14	财务设施设备完好率	100%	29	部门辖区和员工被投诉情况	<1次/月
15	环境卫生检查合格率	100%	30		
16	全面卫生	1次/周	31		

3.9 康乐部业绩考核标准。

康乐部业绩考核标准

考核项目		标准	考核项目		标准
1	经营计划指标	__万元/年	12	员工出勤率	100%
2	利润指标	____万元	13	设施设备完好率	100%
3	成本费用指标	____万元	14	执行酒店规章制度	100%
4	设备维修保养	100%	15	环境卫生合格率	100%
5	检查经营情况	1次/天	16	员工仪容仪表合格率	100%
6	宾客满意率	95%	17	消防知识培训	2次/年
7	宾客投诉率	0.03‰	18	总经理例会	3次/周
8	经济效益分析服务情况总结	1次/月	19	卫生检查	1次/周
9	节目翻新率	____%	20	安全检查	1次/月
10	员工培训	2小时/周	21	员工流动率	5%～10%
11	外语合格率	____%	22	部门辖区和员工被投诉情况	＜1次/月

3.10 采购部业绩考核标准。

采购部业绩考核标准

考核项目		标准
1	计划物资保证随领随有	
2	无特殊情况领用物品等候时间不超过	5分钟
3	工作服质量合格率	100%
4	工作服发放到位率	100%
5	采购物品合格率	100%
6	计划外物资符合审批手续	完全符合
7	采购工作效率	100%
8	仓库管理完好率	100%
9	仓库管理卫生情况	符合规定要求
10	员工出勤率	100%

3.11 工程部业绩考核标准。

工程部业绩考核标准

考核项目		标准	考核项目		标准
1	设备完好率	98%	32	员工培训	2小时/周
2	能源费指标不超过营业额	5.2%~5.7%	33	上岗前例会	1次/天
3	安全运行率	100%	34	执行制度	100%
4	计划维修的完成率	100%	35	安全达标率	100%
5	未超过使用期限的设备报率不超过	1%	36	全面卫生检查	1次/周
6	维修房不超过	1间/天	37	环境卫生检查合格率	100%
7	日常维修的到位率（维修任务单）	100%	38	出勤率	100%
8	客房巡查检修	1次/月	39	部门经理巡视	2次/日
9	控制供电指标不超过	瓦/月	40	重要活动现场组织与指挥	1次/年
10	控制供水指标不超过	吨/年	41	联络检查	1次/月
11	室内空调温度不高于	24℃	42	房间监测指标、水箱化验合格率	100%
12	供暖室内温度不低于	22℃	43	计量检测合格率	100%
13	供暖厅温度不低于	22℃	44	各种泵检查保养	1次/月
14	冷热水供应	不间断	45	厨房设备巡检	1次/月
15	跑、冒、滴、漏	无	46	制冷设备巡检	2次/月
16	排水系统畅通	100%	47	煤气设备巡检	1次/月
17	断电不超过	3秒	48	电梯设备巡检	1次/月
18	监控接收天线工作状态达到清晰度	100%	49	洗涤设备巡检	1~2次/月
19	闭路电视录像节目更换	4次/月	50	供电设备巡检	1次/季度
20	闭路电视录像节目播放时间准确率	100%	51	音响设备巡检	1次/季度

（续表）

考核项目		标准	考核项目		标准
21	背景音乐音量、内容、音色的合格率	100%	52	水暖设备巡检	1次/季度
22	临时会场音响设备的合格率	100%	53	闭路电视检查保养	1次/季度
23	电梯安全运行率	100%	54	卫星转播检查保养	1次/季度
24	电梯速度的合格率100%	2.5米/秒	55	各类风机检查保养	1次/半年
25	宾客对设备的投诉不超过	0.3‰	56	锅炉房设备检查保养	1次/半年
26	备品备件的账物相符率	100%	57	中央空调设备检查保养	1次/半年
27	备品备件的库存量低于	5%	58	自控系统检查保养	1次/年
28	交接班记录	健全	59	高压电缆检查保养	1次/年
29	事故记录	健全	60	安全工具检查保养	1次/年
30	设备建档率	100%	61	部门辖区和员工被投诉情况	＜1次/月
31	合格人员上岗率	100%	62		

3.12 保安部业绩考核标准。

保安部业绩考核标准

考核项目		标准	考核项目		标准
1	接受上级安全检查合格率	100%	26	门卫对入店人员的控制合格率	100%
2	安全无责任事故率	100%	27	后门对入店人员的控制合格率	100%
3	安全设备完好率	100%	28	出租车辆高度疏导的合格率	100%
4	消防报警系统完好率	100%	29	坚持对员工查包验包，不定期检查	4次/周
5	保证安全通道畅通	畅通	30	店内秩序管理合格率	100%
6	安全达标完好率	100%	31	车辆管理合格率	100%
7	安全门完好率	100%	32	自行车存放合格率	100%

（续表）

考核项目		标准	考核项目		标准
8	客房门锁安全完好率	100%	33	员工自行车存放合格率	100%
9	客户磁卡万能钥匙管理	1次/天	34	烟感器的清洗	1次/年
10	检查各部门安全责任心落实情况	4次/年	35	安全设备的测试	1次/年
11	对各部门的安全考核	6次/年	36	消防报警信号的处理在	____分钟之内
12	给各部门上安全培训课	6次/年	37	烟感报警后	5分钟赶到现场
13	全店会使用消防器材的员工占	100%	38	自动防火门的有效无误	100%
14	消防演习	1次/年	39	电视监控的监视效果	100%
15	组织义务消防队活动	1次/年	40	重要活动现场组织指挥	经理在场
16	应急措施	健全	41	岗位人员培训率	100%
17	安全制度	健全	42	出勤率	100%
18	交接班记录	健全	43	环境卫生检查合格率	100%
19	动火档案记录	健全	44	部门经理每日巡视	4次/天（2小时）
20	安全事故档案记录	健全	45	安全工作小结	1次/月
21	住店宾客档案记录	健全	46	遵守各项制度	100%
22	重大活动安全保障记录	健全	47	文明执法情况	严格、公平、公正
23	案件侦破率	95%	48	部门辖区和员工被投诉情况	<1次/月
24	24小时巡逻的到位率	100%	49		
25	重点部位的巡查	4次/天	50		

3.13 总经理办公室业绩考核标准。

总经理办公室业绩考核标准

考核项目		标准	考核项目		标准
1	公文写作及时准确	100%	13	值班到位情况	100%
2	材料打印合格率	100%	14	出勤率	100%
3	材料打印满意程度	100%	15	总经理交办事项	不漏不误
4	打印材料文件速度	准时	16	执行店规店纪合格率	100%
5	档案立卷、建立达标率	100%	17	卫生检查合格率	100%
6	按时收发材料	准确、快捷	18	档案立卷建立达标率	100%
7	按时办理酒店有关证明	准确、快捷	19	按时收发文件	及时准确
8	每日收缴日志	及时	20	查档手续健全	序号 不漏不缺
9	组织安排各类会议	准确到位	21	档案分项管理合格率	100%
10	督导检查会议落实情况	认真无漏洞	22	文件管理合格率	100%
11	接待公务来访	热情周到 细致	23	保密工作合格率	100%
12	行政车辆管理		24	文印室管理	节能、保密、 专人负责

1–5 酒店员工绩效考核办法

酒店员工绩效考核办法

1.目的

按照公司经营战略及未来发展方向，结合本酒店工作实际，为切实搞好绩效管理，有效开展对各级人员的绩效考核，依据经营指标、岗位职责确定工作目标，以目标为导向激励和促进业绩增长，从而实现公司的共同愿景，特制定本办法。

2.基本原则

2.1 突出业绩。按照公司整体绩效、组织绩效、个人绩效进行层层分解，以工作业绩为重点，以责任目标为导向，实行过程监督，注重对工作表现和工作业绩的考核与分析。

2.2 逐级考核。依据管理幅度和职责权限，实行自下而上逐级负责，以及自上而下的逐级考核。在考核过程中，注重落实责任，用数据说话，不讲客观；对于未完成责任目标的，进行责任追究。

2.3 指标量化。对于所有纳入绩效考核的指标均尽可能实行量化，确定量化指标，进行量化考核。

2.4 客观公正。对于指标体系的确定、指标值的核定、绩效的评价以及考核的来源依据、考核结果的使用等均采取客观、公正、公开、科学、合理的方式，达到公平。

3.适用范围

适用于公司中层管理人员：部门经理、副经理；基层管理人员：主管、领班以及普通员工。

4.考核流程与权重配比

4.1 中层管理人员（经理、副经理），考核部门提供考核依据、数据→被考核者自我评价→分管副总初评→常务副总或总经理复评。

4.2 自我评价占10%、分管副总初评占60%、常务副总或总经理复评占30%，三项合计为最终评定，总经理有权作出最终裁定。

5.绩效考核与绩效工资领导小组

5.1 人员组成。

（1）组长：常务总经理，副组长：副总经理。

（2）成员：各部门经理。

5.2 职责。

5.2.1 审批公司绩效考核制度及绩效工资的计算原则。

5.2.2 实施绩效考核及对绩效考核工作进行评估。

5.2.3 提供考核依据、数据，确保准确、公平，对绩效考核工资计算过程中出现的争议问题作最后裁决。

6.考核内容、方法

考核主要是以绩效指标为考核依据，从方法上是以目标管理为基础，从时间上是以月度为考核周期，采取日常跟踪、月度考评方式，以便及时进行监督、提示、调整、评价。

6.1 部门经理级管理人员考核内容。

6.1.1 经营指标（权重30%）：体现公司的经营状况，主要考核公司整体经营业绩（属公共考核项）与各部门工作成效有密切关系。重点包括：餐饮营业收入、客房营业收入、成本费用、应收账款回款率、利润等。

6.1.2 管理指标（权重50%）：体现各部门管理水平，主要考核管理者的工作业绩。重点包括：客户评价、内部运营管理、服务品质管理、成本管理、自主管理、管理达标等企业管理指标（依据部门职责、工作目标）。

6.1.3 日常考核（权重10%）：体现各部门在日常工作中各项管理制度的执行力以及工作开展的落实情况。主要是将管理达标日常检查考核扣分、工作差错、失误考核扣分和工作责任追究考核扣分；在执行上人力资源部将根据总经办下达安排工作落实情况予以记录、评定。

6.1.4 评议指标（权重10%）：体现各部门负责人思想作风、廉政建设、遵章守纪情况以及民主意识、领导品质、管理水平等。主要考核各部门负责人整体功能的发挥、员工满意度及目标管理的总体效果。

（说明：年度可将各月度实际完成情况累计计算，全年完成指标的视同完成，可将以前扣罚额度补齐。）

6.2 基层管理人员及普通员工考核内容。

6.2.1 关键绩效考核指标（权重85%）：此指标主要结合该岗位工作职责、不同阶段重点工作及专项工作进行设定。

6.2.2 公共考核指标（权重15%）：此指标主要结合该岗位日常遵守公司各项管理规章制度、工作责任心、工作态度、服务意识、团队协作、工作执行能力及工作效率与时间管理能力等方面进行设定。

7.考核分析、评价

7.1 按照上述考核流程，逐级打分后，次月初5日前，各部门将考核表汇总后上报人力资源部，最终由人力资源部根据三项分值按比例确定最终评定，并公布评定结果。

7.2 结果评定标准。

7.2.1 综合考核得分在96分以上的，被考核者为优秀。

7.2.2 综合考核得分在91～95分的，被考核者为良好。

7.2.3 综合考核得分在86～90分的，被考核者为称职。

7.2.4 综合考核得分在81～85分的，被考核者为基本称职。

7.2.5 综合考核得分在76～80分的，被考核者为基本不称职。

7.2.6 综合考核得分在75分以下的，被考核者为不称职。

8.考核结果的使用

8.1 对综合考核得分在75分以下的，给予黄牌警告或调整岗位，月度绩效工资为0。

8.2 对综合考核得分在76～80分的，给予谈话、诫勉或调整岗位，月度绩效工资按70%发放。

8.3 对综合考核得分在81～85分的，月度绩效工资按80%发放。

8.4 对综合考核得分在86～90分的，月度绩效工资按90%发放。

8.5 对综合考核得分在91～95分的，月度绩效工资按100%发放。

8.6 对综合考核得分在96分以上的，月度绩效工资按120%发放。

8.7 中层管理岗位人员若连续两次被评价为基本不称职的，其职位可重新考虑人选。

8.8 普通员工综合考核得分连续三次在75分以下被评为不称职的，作辞退处理，同时扣罚全部绩效工资。

8.9 对综合考核得分连续三次被评为优秀的，将其作为职级薪金或岗位晋升的主要依据之一，同时考核结果也将作为评选优秀员工、月度之星的主要条件之一。

9.考核评价表

具体实施考核依据考核表，分中层管理者考核表及普通员工考核表。

1–6 酒店员工考核规范

酒店员工考核规范

1.目的

通过对员工工作态度、工作能力、工作质量、工作成绩等方面的综合考核，以此作为转正定级、发放浮动工资、评选先进、发放年终奖、职务晋升等的依据。

2.考核对象

部门经理以下员工。

3.考核管理程序

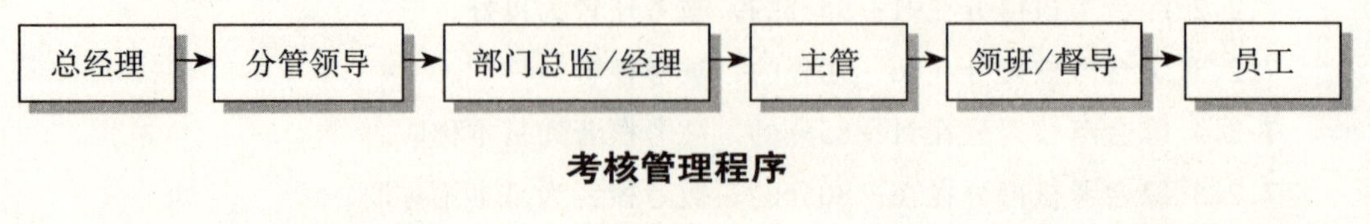

考核管理程序

4.考核工资的考核办法

4.1 员工工资 =（岗位工资）80% +（考核工资）20%。

4.2 考核项目。

4.2.1 考核项目包括：出勤、劳动纪律、工作质量、服务态度、着装仪表、清洁卫生、爱护公物、安全纪律、代办事项、工作量等10项。

4.2.2 出勤对等级的影响按照本酒店的请假制度执行。

4.2.3 劳动纪律不包括出勤情况，主要指是否理解并遵守酒店内部的各项规章制度，以及是否服从上级安排等。

4.2.4 工作质量包括完成任务的情况，工作效率的高低，联系与汇报工作是否及时、准确、充分、妥当，以及其工作（服务）对象的满意程度。

4.2.5 服务态度指是否遵守服务规则（标准），是否态度认真，是否服务周到，是否具有超前服务意识，对工作是否任劳任怨、竭尽所能完成工作。

4.2.6 安全纪律指能否遵守酒店的安全、消防和保密制度，具有强烈的安全意识。

4.3 考核方式和程序。

4.3.1 考核分为日考核、月考核、半年度考核和年度考核四种。

4.3.2 凡当日考核：D等以下的须在当月班后会上宣布，D等须于当日报主管签字，E等和F等的须于当日或次日报部门总监/经理审核。

4.3.3 月考核程序：当月月底，主管将各位员工的日考表交部门，由部门汇总并复核每位员工的等级，经部门总监/经理综合评定，质检部可以向部门提出意见、建议，须有充分、恰当的事实、理由，最后报人力资源部。

4.3.4 半年度考核由部门总监/经理评定结果，报人力资源部审核。

4.3.5 年度考核由人力资源部评定，质检部可以提出意见、建议，须有充分、恰当的事实和理由。

4.3.6 月考核、半年度考核均须人力资源部审查，质检部可以提出意见、建议，须有充分、恰当的事实和理由，人力资源部可以进行调整，但应当有充分、恰当的理由。

4.3.7 被考核者及考核人员对考核结果有异议，可逐级反映，进行复查，若无满意结果可直接向质量仲裁委员会申诉，最后裁决权。

4.4 考核等级及其对每月浮动工资的影响。

考核等级分为A、B、C、D、E、F六级，其中：

A级为优，得效益、质量工资的110%；

B级为良，得效益、质量工资的100%；

C级为中，得效益、质量工资的80%；

D级为及格，得效益、质量工资的60%；

E级为差，扣发全部效益、质量工资（当月累计罚分50分以上或出现严重过失者）；

F级为极差，除扣发当月全部效益、质量工资外，还扣发20%基本工资（当月累计罚分100分以上或出现重大过失者）。

4.5 考核原则。

4.5.1 当日考核中，三项A等可以与一项C等相抵消，六项A等可以与一项D等相抵消，E等、F等不得抵消。在相互抵消之后，按以下原则评定当日等级：

（1）A 等少于四项或有一项 C 等时，该日等级不得高于 B 等。

（2）有一项 D 等或有二至三项 C 等时，该日等级不能高出 C 等。

（3）有三项以上 E 等或二至三项 D 等时，该日等级不得高出 D 等。

（4）有三项以上 F 等或一项 E 等者，该日等级不能高出 E 等。

（5）有两项 E 等或一项 F 等者，该日等级只能是 F 等。

4.5.2 当月日考核中，有五个A等可以与一个C等相抵消，十个A等可以与一个D等相抵消，E等、F等不得抵消。在相互抵消之后再按以下原则评定当月等级：

（1）当月日考核中的 A 等个数在七个以下或当月日考核中有一个 C 等的，当月等级不能高出 B 等。

（2）当月日考核中有一个 D 等或当月日考核中有二至三个 C 等者，当月等级不能高出 C 等。

（3）当月日考核中有一个以上 C 等或二至三个 D 等者，当月等级不能高出 D 等。

（4）当月日考核有三个以上 D 等或一个 E 等者，当月等级不能高出 E 等，并予以书面警告。

（5）当月日考核有两个 E 等或有一个 F 等者，当月等级只能是 F 等，并予以最后警告。

4.5.3 半年度考核分上半年和下半年两次。在每半年的月考核中，两个A等可以与一个C等相抵消，四个A等可以与一个D等相抵消，F等、E等不得抵消。在抵消之后，按以下原则评定半年度等级：

（1）A 等少于三个或有一个 C 等的，该半年度的等级不得高出 B 等。

（2）有两个 C 等或有一个 D 等的，该半年度的等级不得高出 C 等。

（3）有以下情形之一者，该半年度的等级不得高出 D 等：

①有三个C等。

②有一个D等、两个C等。

③有两个D等。

（4）有以下情形之一者，该半年度的等级不得高出 E 等：

①有四个C等。

②有三个C等、一个D等。

③有两个C等、两个D等。

④有三个D等。

(5) 有以下情形之一的，该半年度的等级为F等：

①有五个C等及C等以下的等级。

②有两个D等及D等以下的等级。

③有两个E等。

④有一个F等。

(6) 有下列情形之一者，予以辞退：

①有三个及三个以上E等。

②有两个F等。

4.5.4 年度考核的等级根据半年度的等级，按以下原则评定：

(1) 有两个A等的，年度考核为A等。

(2) 有一个A等和一个B等的，年度考核不低于B等。

(3) 一个为A等，另一个为C等或D等、E等或F等的，年度考核等级对应为B等、C等、D等、E等。

(4) 有两个B等的，年度考核为B等。

(5) 有一个B等，另一个为C等、D等、E等或F等的，年度考核为其中较低的等级。

(6) 半年度考核为两个C等的，年度考核为D等。

(7) 有一个为C等，另一个为D等或E等的，年度考核对应为E等或F等。

(8) 有两个D等的，年度考核为E等。

(9) 其中一个为D等、E等或F等，另一个为E等或F等的，予以辞退。

4.5.5 考核等级。

(1) 评估项目用“A、B、C、D、E、F”表示。

(2) A代表优秀，如：各项工作符合或超过酒店及部门要求，得到客人、同事或管理人员的赞扬等。

(3) B代表合格，如：各项工作均达到酒店及部门的要求。

(4) C代表轻微过失，如：15分钟内的迟到、早退、脱岗，着装不规范，违反酒店及部门的制度，未造成损失及影响等。

(5) D代表较为严重过失，如：30分钟内的迟到、早退、脱岗，偷吃食品、饮料，不执行上级的工作安排，工作中引起客人或酒店内部投诉，违反酒店及部门的制度，造成轻微损失及影响等。

(6) E代表严重过失，如30～60分钟内的迟到、早退、脱岗，不执行上级的工作安排，顶撞上级，因工作失误引起客人或酒店内部严重投诉，造成较大损失，违反酒店及部门的制度，造成较大损失及影响等。

(7) F代表重大过失，如：旷工半天至一天，做影响部门团结的事或散布此类信息，违反酒店及部门的制度，造成重大损失及影响等。

4.5.6 凡员工生病，需要本人持市级以上医院开的病情证明（急诊例外），经部门负责人批准后方可休病假，每休一天病假，扣减当月质量效益工资的20%，全月病假只发基本的生活费，凡有弄虚作假的，一经查出，按照《员工手则》作严肃处理。

4.5.7 申请事假，需要本人提前一天书面申请，管理人员根据经营情况考虑，其批准权限：领班半天，主管一天，部门经理三天。超出三天的由行政部报酒店总经理批准。请事假的，将被扣减当日基本工资，同时还要扣减当月质量效益工资的20%，如员工未获批准不到岗（离岗），酒店将对其按旷工处理。

4.6 考核纪律。

4.6.1 日考核表必须于当日填写，考核者的上级或行政部可随时抽查。

4.6.2 考核者必须严格按规定项目考核。

4.6.3 考核者必须做到严肃认真、大公无私、不被个人感情所左右。

4.6.4 对未填写或填写不认真、不客观、不公正的，可处50分以内的罚分。

4.6.5 不论该部门人数多少和员工表现如何，根据相对比较的原则，在每次考核中，各级部门A等不得超过8%，B等不得超过60%，作为准则，特殊情况可上报总经理室批准。

4.6.6 对考核中出现的严重事故或特殊贡献行为，部门总监/经理应及时向上报告，不报告者将按《质量奖惩条例》追究部门总监/经理和相关人员责任。

4.6.7 凡查出问题，责令相关人员及时处理，处理结果须在次日上报和通告。

4.7 注意事项。

4.7.1 浮动工资由计财部根据人力资源部审核后的考核等级发放。

4.7.2 借调员工的考核等级由借调后的部门评定。

4.7.3 日考核表和月考核表于次月2日前报行政部（如遇节假日等特殊情况，按当时的通知执行），半年度的考核表分别于7月10日和次年1月10日前报行政部。

4.7.4 日考核表的保存期为一年，月考核表的保存期为两年。

1-7 酒店绩效考核方案（质量方面）

酒店绩效考核方案（质量方面）

1.目的

为了提升酒店的管理质量，特将质量考核（区域卫生、仪容仪表、服务或工作质量、员工考勤、礼貌礼节等）等纳入绩效考核的重要范围，为确保质量考核有据可查，特制定本方案。

2.适用范围

本方案适用于酒店各部门全体工作人员。

3.考核原则

为充分发挥考核对酒店各阶段质量管理状况的诊断作用，以及对各部门工作的质量指引作用，考核遵循公开、公平原则。

4.质量考核工作的安排

4.1 质量检查是酒店对各部门的一种考核与监督，旨在找出各部门存在的问题，提高酒店的服务质量，是酒店管理的一项重要内容之一，各部门要认真履行各自的职责，全力配合酒店质检工作，不得以任何借口拒绝配合。

4.2 酒店质量检查管理由人力资源部统一管理，各部门协助管理。

4.3 人力资源部设质检员一名，对酒店各部门进行质量检查，并填写质检报告表，每日上交总经理审阅。

4.4 酒店每周行政例会前首先由人力资源部通报前一周质量检查情况，会后，由总经办牵头组织各部门经理，统一对各部门进行检查。

4.5 质检报告表将作为考核部门经理绩效的依据之一。

4.6 质检员职责及权限。

4.6.1 认真履行质检制度，实事求是填写质检报告表。

4.6.2 按质检工作流程，定期或不定期对各部门进行检查。

4.6.3 对部门出现的问题，当按照第一次警告、第二次处罚的原则进行处理，并责令部门限期整改；对部门的优秀表现，应当给予奖励。

4.6.4 质检员有权随时抽查部门中任何一名员工的业务知识掌握情况，考核员工的技能技巧。

4.6.5 对于部门员工出现的违纪行为，质检员有权在了解清楚事实及找到责任人后，当场进行处理，无须与部门沟通，并追究部门管理人员的管理责任。

4.6.6 当部门扣分达到一定的数量，质量检查员有权对部门经理作出罚款处理。

4.6.7 质检员应随时解答员工就质检报告提出的疑问。

4.6.8 认真完成上级交给的其他任务。

5.考核方式

质检员协同质检组成员每天巡查和抽查及每周全面检查。将检查结果记录在案，发现问题当即处理，并每周发出质量检查通报。每季度进行汇总，根据问题发生率评选出最佳部门，对该部门给予奖励；对于问题发生最多的部门予以处罚。

6.质检内容及范围

6.1 质检内容包括：仪容仪表、卫生（个人卫生、宿舍卫生和工作区域卫生）、工作流程、服务质量、礼貌礼节、工作态度、考勤、值班记录、能源使用及各部门所有工作行为等。

6.2 质检员工作流程。

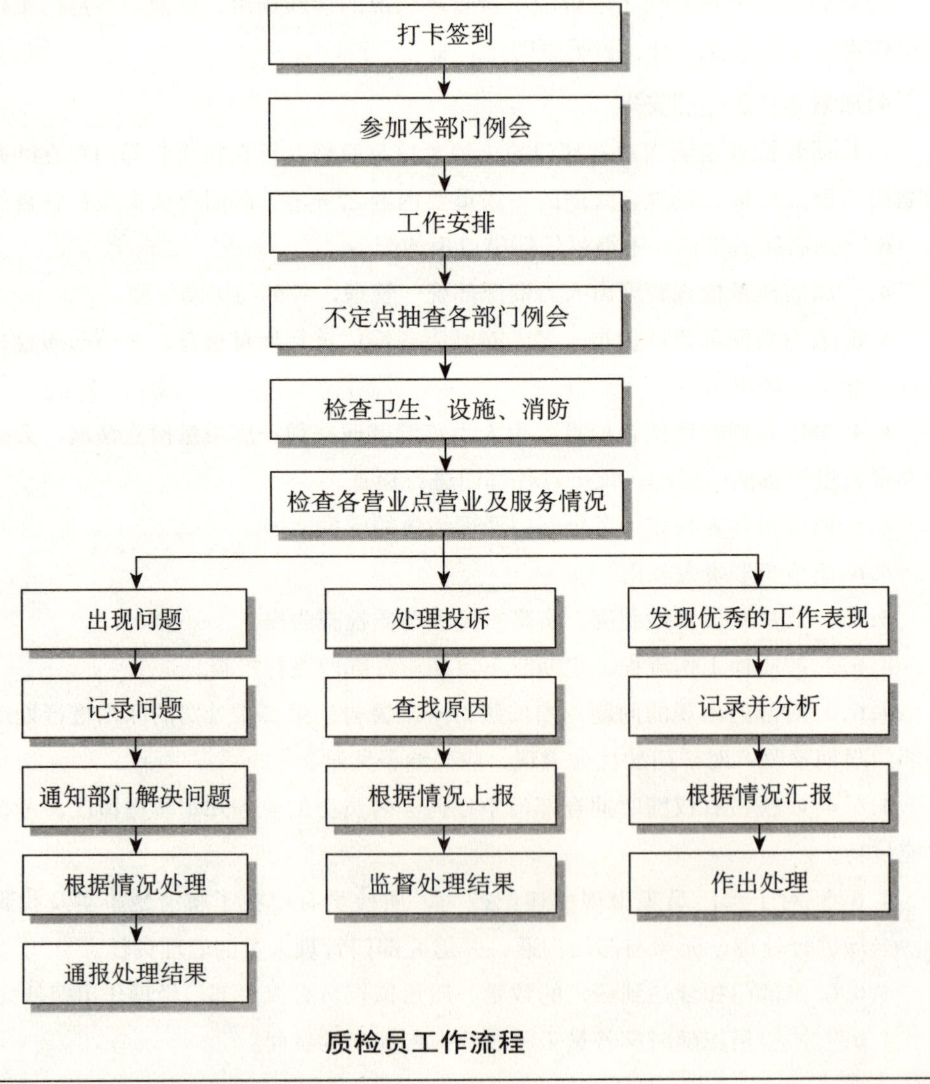

质检员工作流程

6.3 质检项目明细表。

质检项目明细表如下表所示：

质检项目明细表

检查项目	具体明细
公共卫生、设施等	(1) 检查走道、楼梯、屋顶、地毯、窗、窗帘 (2) 检查公共卫生间地面、墙面、窗、门、洁具、台面、镜面
公共卫生、设施等	(3) 检查大堂地面、天花板、大门、工作台、沙发、茶几、花卉摆放、行李车、例牌等 (4) 检查公共区域的灯、热水炉、仓库 (5) 检查灭火器、水带、消防水龙头
环境卫生	(1) 检查花坛、道路、沟道、车坪 (2) 检查 PA 工作实施情况 (3) 对卫生清扫不到位的，给予提醒，并监督重做 (4) 对没做大扫除的部门予以处罚
检查餐饮	(1) 抽查厨房、餐厅晨会情况 (2) 抽查工作流程执行情况 (3) 抽查进货情况 (4) 检查员工仪容仪表 (5) 检查卫生状况 (6) 抽查菜品质量、出菜速度、装盘等 (7) 检查服务质量 (8) 检查礼貌礼节 (9) 检查设备的使用状况 (10) 检查消防登记和消防设施设备 (11) 检查能源的使用情况
处理投诉	(1) 仔细了解投诉情况 (2) 做好投诉记录 (3) 查找造成投诉的原因 (4) 根据情况上报 (5) 监督投诉处理结果 (6) 反馈信息

（续表）

检查项目	具体明细
检查客房	（1）抽查晨会情况 （2）检查工作程序 （3）抽查清洁卫生 （4）检查礼貌礼节 （5）检查仪容仪表 （6）检查消防治安 （7）检查能源使用情况
检查其他	（1）抽查财务、营销、工程、办公室等部门的晨会 （2）抽查各部门月培训计划的实施 （3）检查设施设备的运转 （4）检查各岗位工作流程实施情况
检查休闲	（1）员工仪容仪表、礼貌礼节、服务质量等 （2）检查顾客反馈意见 （3）检查服务流程 （4）检查环境卫生情况

6.4 质检方式：质检员可以通过电话询问、岗位跟踪、面谈、实地巡查、员工抽查、值班记录查阅等方式进行质量检查。

6.5 质量检查处理办法。

6.5.1 酒店质量检查以部门为单位，当部门的任何一个员工出现违纪现象时，整个部门都将扣分；反之，则部门加分。

6.5.2 具体细则如下：

质量检查处理具体细则

出现问题	次数	个人处理标准	部门处理标准
员工犯一般过失	初次	2分以下给予警告只按标准扣分；2分以上，扣5元/分	部门员工集体累计扣5分，部门扣1分
	第二次	除扣分、记过另罚款20～50元	每人每次扣部门5分
	第三次	除扣分、记过另降薪一级	每人每次扣部门10分
	第四次	辞退	每人每次扣部门15分

（续表）

出现问题	次数	个人处理标准	部门处理标准
员工犯严重过失	初次	给予警告并罚款50～100元	每人每次扣部门15分
	第二次	辞退	每人每次扣部门20分
员工犯C类过失		即时开除或除名，并罚款100元以上	每人每次扣部门30分
员工受口头表扬	一次	个人加1分	部门员工集体累计加5分，部门加1分
受通报表扬	一次	个人加2分	部门员工集体累计加5分，部门加1分
受奖金	一次	个人加5分	部门加2分
加薪晋级	一次	个人加10分	部门加5分
酒店员工当月内加分累计达10分以上，奖励10元			
备注： 1.部门加分可与扣分相互抵消 2.当月内部门抵消后累计−30（含）分以上，处以部门经理罚款30元/次，处以部门主管罚款20元/次；当月内部门抵消后累计+30（含）分以上，给予部门经理奖励15元/次，给予部门主管奖励10元/次；当抽查到员工业务知识不熟悉或技能技巧不熟练（试用期员工除外），酒店将首先追究部门经理的责任，质量检查部门有权请示总经理后对部门经理及该员工采取80/20的处罚（即部门经理承担80%的责任，员工承担20%的责任）			

6.6 质量检查管理细则。

6.6.1 质量标准及扣分规则：

质量标准及扣分规则

序号	内容	质量标准及扣分规则
1	仪容仪表规范	（1）头发：黑色，不得染发，前不过眉，侧不遮耳，后不达领；女员工头发长度不超过肩部，若留长发不得披散，要盘发，违反者，每一项扣 1 分 （2）服装：按酒店规定的服装穿着，整洁、无污迹，不能出现皱折，纽扣扣整齐，口袋内不允许放置过多的东西，皮鞋光亮，不得私自更改制服的搭配，违反者，每一项扣 1 分

（续表）

序号	内容	质量标准及扣分规则
1	仪容仪表规范	(3) 工牌：按照酒店规定一律佩戴在左胸口，位置不正确者，扣 1 分 / 次；没带工牌者，扣 2 分 / 次 (4) 面容：男员工不留胡须，面容整洁；女员工化淡妆，不得浓妆艳抹，否则，扣 1 分 / 次 (5) 口腔：上岗前和当班期间不得吃有异味的食物，不得饮酒，常刷牙，无烟味、异味等，违者扣 1 分 / 次 (6) 指甲：不得留长指甲，不得涂有色指甲油，违者扣 1 分 / 次 (7) 饰品：员工上班期间只允许佩戴一枚结婚戒指（但严禁豪华、夸张型）。除总经理批准外，其他员工上班一律不得佩戴其他首饰和装饰物，违者扣 1 分 / 次
2	工作态度	(1) 礼貌礼节 A.见到客人、上司、同事主动问好，否则，扣1分/次 B.工作中坚持站立服务，面带微笑，使用规范的礼貌用语，否则，扣2分/次 C.不得使用粗言秽语，否则，扣5分/次 D.在任何情况之下，不得与客人、上司、同事争吵，否则，扣10分/次 E.与客人、上司、同事沟通，要语调适中，不可恶言恶语，否则，扣10分/次 (2) 服从 A.各部门必须积极配合酒店质量检查部门工作，不得以任何理由拒绝，否则质检部门对部门经理实行10元/次罚款。再不配合者加倍处罚 B.不得顶撞上司，否则扣10分/次，并处50元罚款 C.按时按量执行上司分配的任务，不得无故拖延、拒绝或终止工作，否则，扣10分/次，并处50元罚款 D.倘若遇疑难或不满，应首先按时完成任务，再找适当的时间向直属上司反映，不得当众顶撞或拒绝，否则，扣10分/次，并处50元罚款 E.除特殊情况之外，不得越级反映情况，否则，扣5分/次 (3) 微笑：在工作中要始终保持微笑对待客人，否则，扣 2 分 / 次 (4) 效益：为客人提供快捷的服务，客人提出的要求，要尽快完成，否则，扣 5 分 / 次 (5) 团结：员工之间应团结一心，不得搬弄是非，传播闲言闲语，违者扣 20 分 / 次，并处 100 元罚款 (6) 行为举止 A.按时上班，不迟到，不早退，工作时间不擅离职守，否则，扣2分/次

（续表）

序号	内容	质量标准及扣分规则
2	工作态度	B.工作时间不得处理个人事务或做与工作无关的事情，不准打私人电话，否则，扣3分/次 C.上班时间不准在酒店内会见亲友，非工作需要不得部门之间串访，否则，扣3分/次 D.上、下班必须走员工通道，服从并主动接受保安员的检查，否则，扣2分/次 E.上班时，只准在工作所需要的范围内活动，未经批准，不得在酒店内随意走动；下班后，未经批准，不得进入酒店餐厅、酒吧及其他公共客用设施（有实际消费者除外），否则，扣3分/次 F.三楼以下（除运载货物外）不得使用员工电梯，否则，扣1分/次 G.在工作场所要保持礼貌待客，不得倚靠墙壁或家具，不得高声谈话或闲聊，避免有当着客人的面整理头发、触摸自己的面部、挖鼻孔或抓头、掏耳等不雅观的行为，否则，扣2分/次·项 H.工作时间或在公共场所不得高声喧哗、不得唱歌、哼小调、吹口哨等，否则，扣1分/次 I.接听电话迅速，电话铃响不得超过3次，超过3次要致歉，否则，扣2分/次 J.保持办公桌整洁，办公桌上不得存放额外物品，否则，扣1分/次 K.客人或上级进入办公室应立即起身迎接并问候，客人或领导离开时应起身相送，否则，扣1分/次 L.严禁在公共场所、厨房、仓库等地方吸烟，否则，扣3分/次 M.工作时间不得穿工作制服外出购物、吃东西等，否则，扣1分/次 N.严禁在员工食堂以外进餐，不得拿取或收藏招待客人的食品和饮料，否则，扣2分/次 O.不得用手指指他人或自己，要使用正确的指引姿势，否则，扣1分/次 P.下班后不得随意出入大堂或其他经营区域，否则，扣2分/次 Q.见到地面杂物不主动捡起来者，扣1分/次；管理人员除了处以10元罚款之外，还需扣5分/次 R.见到酒店水龙头未关紧或该关的灯未关掉，而不主动关掉者，扣1分/次；管理人员除了处以10元罚款之外，还需扣5分/次 S.员工必须遵守宿舍管理制度，违反者根据宿舍管理规定，进行处罚，并每处5元罚款，扣1分 （7）卫生规范 A.各部门卫生：必须执行每天例行清扫，一周安排一次大扫除，否则，将扣部门5分；责令整改后仍不执行者，扣部门10分，并处部门经理20元的罚款

（续表）

序号	内容	质量标准及扣分规则
2	工作态度	B.地面：地毯必须保持干净，要求无杂物、纸屑等，否则，扣1分/处·次；大理石地面必须保持光亮，无油渍、无污迹等，否则，扣1分/处·次 C.家私：保持干净、整洁，不得有灰尘、蜘蛛网，不得放置私人物品等，否则，扣1分/次 D.工作台：保持干净整洁，及时整理，保持美观，不得在工作台上乱堆乱放，更不得有灰尘等，否则，扣2分/次 E.垃圾桶：外观必须随时保持干净，里面的垃圾不得超过1/3，否则，扣部门2分/次 F.环境卫生：玻璃必须保持光亮，无污迹；走道必须随时保持干净、整洁；停车场必须保持干净整洁，有杂物立即清扫，否则，扣1分/次·处 G.个人卫生：仪容整洁，无头皮屑，衣服干净整洁，皮鞋光亮，常洗手等，否则，扣1分/次 H.餐具卫生：餐具必须保持洁白，无油渍、无污点、无指纹印痕等；按酒店规定的程序对餐具进行消毒，否则，扣2分/次；造成客人投诉，扣10分/次，并处20元罚款 I.设施设备：保持整洁、干净、无灰尘等，否则，扣1分/次 （8）工作程序：各部门必须按照本部门既定的工作程序、操作程序、操作规范进行工作，否则，扣 2 分 / 程序 · 次 （9）服务质量 A.服务规范达不到要求的，扣2分/次 B.因服务造成投诉的，扣10分/次 （10）部门经理未按照酒店规定的要求完成工作任务者，将由酒店办公室提出过失处罚，经请示总经理后直接从工资中扣除，如事实确凿，部门经理拒签者，则处罚自动升级
3	餐饮部	（1）摆台规范、标准统一，不缺项，台面餐具不得有缺口，违者，每项扣 1 分 （2）熟悉当日菜品情况，不允许点出已沽清菜品，违者，每项扣 2 分 / 次 （3）掌握当日预订情况，了解预订单位、经办人、姓名、时间、标准、联系电话，违者，扣 2 分 / 次 · 项 （4）热情待客，迎送到位，违者，扣 1 分 / 次 （5）与宾客、上司对立行走不主动让道、问好，违者，每项扣 2 分 / 次 （6）客人到达时，按先宾后主的原则，为宾客拉椅让座，违者，扣 1 分 / 次

（续表）

序号	内容	质量标准及扣分规则
3	餐饮部	（7）点菜时，根据客人的多少，提醒客人控制点菜的数量，违者扣1分／次；造成客人投诉的，扣5分／次 （8）一般情况下5分钟内上酒水、凉菜，15分钟内上热菜，违者，每项扣3分／次 （9）主动为客人点烟，将脱下的衣服挂好等细节服务，违者，每项扣1～4分／次 （10）严格按照服务操作规程进行操作，不得擅自取消服务环节，违者，每项扣1～4分／次 （11）正常情况下送餐服务应在接单后15分钟内完成，违者，每项扣1分／次；造成客人投诉的，扣10分／次 （12）严禁携带私人物品进入营业场所，违者，扣1分／次 （13）厨房菜品必须按照酒店规定的分量标准、装盘标准、制作标准进行加工，否则，视情节扣2～10分／次 （14）保证出菜速度，接单后必须在5分钟以内上凉菜，15分钟内上热菜，否则，扣2～10分／次 （15）菜品因色泽或味道或分量等被客人投诉，视情节扣2～10分／次
4	客房部	（1）客房用品按规定摆放，不缺项，违者，每项扣1分／项 （2）严格按照岗位程序进行操作，不得擅自取消某个环节，违者，每项扣1分 （3）熟悉各楼层房间价格和房态，违者，扣1分／次 （4）熟悉房间设施设备情况，能正确使用，违者，扣1分／次 （5）及时、准确地填写各种报表，违者，每项扣1分／次 （6）库房工作车、物品（工具）分类摆放整齐，违者，每项扣1分／次 （7）一般情况下整理房间在30分钟内完成，违者，扣1～3分／次 （8）不得挪用客用品或将客用品带出酒店，违者，扣20～100分／次 （9）严格执行钥匙管理制度，违者，扣5分／次 （10）客人退房后，查房迅速、准确不遗漏，按程序操作，应在2分钟内完成，违者，扣1～3分／次 （11）严格遵守《客房管理制度》，违者，扣1～3分
5	前厅部	（1）熟悉酒店各部门营业时间、服务项目及价目，违者，扣1分／次 （2）准确记录客人的预定要求，正确填好交班本，违者，扣1～3分／次 （3）严格按照服务操作规程进行接待服务，不得擅自取消某一环节，违者，每项扣2～5分 （4）客人到达酒店后，礼宾员应主动为其开门、问好、热情接待，严禁冷漠、不理睬，违者，扣2～5分／次

（续表）

序号	内容	质量标准及扣分规则
5	前厅部	（5）客人到达前厅后，接待员应主动问好、热情接待，根据客人要求做准确而详细的介绍，严禁冷漠、不理睬，违者，扣 2 ～ 5 分 / 次 （6）团队接待，做好前期准备工作及跟踪服务，起到协调各相关部门的作用，违者，扣 1 ～ 3 分 / 次 （7）网络部负责定期进行电脑储存、设备清理杀毒，保证计算机无毒运行，违者，扣 1 ～ 2 分 / 次 （8）客人到达总台，应在 2 分钟内完成入住登记，违者，扣 1 分 / 次 （9）严格遵守《前厅销售管理制度》，违者，扣 1 分
6	保安部	（1）忠于职守，警觉性高，违者，扣 1 分 （2）停车场保证进出车辆的畅通，指挥车辆停放有序，做好车辆登记工作，发放停车证，保护车辆安全，违者，扣 1 ～ 10 分 / 次 （3）禁止小商贩进入酒店区域，违者，扣 1 分 / 次 （4）搬运物品出停车场时，必须凭出门条，做好记录，违者，扣 2 ～ 5 分 / 次，情节严重者另行处理 （5）自行车、摩托车停放时，按规定区域内停车，不得随意乱放，违者，扣 1 分 / 次 （6）每日每周开展安全巡查，及时发现安全隐患，违者，扣 1 ～ 2 分 / 次 （7）定期对消防设施设备进行检测，其是否有效，是否能正常使用，违者，扣 2 ～ 5 分 / 次 （8）每月集中义务消防训练 1 次以上，进行业务学习和实地灭火演练，违者，扣 5 分 / 次 （9）紧急事件，需保安部协助应在 3 分钟赶到现场，违者，扣 2 分 / 次 （10）严格遵守《保安管理制度》，违反按管理制度进行奖罚
7	工程部	（1）未经工程部经理批准，外来人员严禁出入配电房等重地，违者，扣 1 ～ 2 分 / 次 （2）每月对客房设施设备进行检修、保养，违者，扣 2 分 / 次 （3）遵守工程部门的设备操作规程，不得擅自取消操作规程，违者，每项扣 1 ～ 3 分 / 次 （4）一般维修从接到“维修通知单”或电话通知报修修复不超过 5 个工作小时，若不能修复，回复不超过 30 分钟，违者，扣 1 ～ 5 分 / 次 （5）加急维修，在 3 分钟内赶到现场解决，对不能修复，回复时间必须在 20 分钟内，违者，扣 1 分 / 次 （6）值班人员有高度责任心，及时发现故障，并做好记录，对不能修复事项，应立即通知上级，违者，扣 2 分 / 次 （7）严格遵守《工程管理制度》，违反者，按相关制度执行

（续表）

序号	内容	质量标准及扣分规则
8	硬件设施维护与保养	（1）图文、信息标志正规、完整、无褪色、无变形，违者，扣 2 分 / 次 （2）花木、盆景无枯枝败叶、修剪效果好，违者，扣 1 分 / 次 （3）照明灯具完好、有效，违者，扣 1 分 / 次 （4）地面平整、无破损，违者，扣 1 分 / 次 （5）门窗无破损、完好有效，违者，扣 1 分 / 次 （6）天花板无破损、无变形、无脱落，违者，扣 1 分 / 次 （7）墙面、墙纸无破损、无裂痕、无脱落，违者，扣 1 分 / 次 （8）扶梯无脱落、无破损，违者，扣 1 分 / 次 （9）柱子无破损、无脱落、无划痕，违者，扣 1 分 / 次 （10）回门器无故障、完好使用，违者，扣 1 分 / 次 （11）家具稳固、完好，无变形、无胶漆、无破损，违者，扣 2 分 / 次 （12）电视、电话等电器设备完好、有效无破损，违者，扣 1 分 / 次 （13）窗帘挂整齐、无破损、无脱钩，违者，扣 1 分 / 次 （14）印刷品完好、正规、字迹图案清晰，无皱者、无涂抹，违者，扣 1 分 / 次 （15）文件夹平整、无划痕，违者，扣 1 分 / 次 （16）布草完好、无破损，违者，扣 1 分 / 次 （17）各种单据完整、无缺损，违者，扣 1 分 / 次 （18）面盆、马桶、浴室等无堵塞，违者，扣 1 分 / 次 （19）不锈钢制品、器具光亮、不变形，定期保养，违者，扣 1 分 / 次 （20）玻璃器具无裂痕、完好，违者，扣 1 分 / 次 （21）地毯平整，无破损、无卷边、无变形，违者，扣 1 分 / 次 （22）瓷器无缺口、无裂痕、完好，违者，扣 1 分 / 次 （23）灭火箱等消防设备齐全、定期检查，违者，扣 1 分 / 次

6.6.2 奖励。

（1）对酒店管理、服务作出重大贡献者，特别是在对重要顾客的服务中获得口头表扬、书面表扬的，应给予重奖，视成绩大小奖 3 ~ 20 分。

（2）对服务质量高，取得明显经济效益者，奖励 2 ~ 5 分。

（3）对严格控制成本，有明显经济效益者，奖励 2 ~ 10 分。

（4）对及时、妥善处理突发事件，使酒店免受损失者，奖励 2 ~ 50 分。

（5）对服务周到、热情，忠于职守，并经常得到顾客口头表扬、书面表扬者，奖励1~5分。

（6）对拾金不昧者，奖励 2 ~ 10 分。

（7）对举报跑单、多收顾客的钱财或其他有损酒店利益的行为并查有实据者，奖励

1 ~ 10 分。

（8）对酒店经营出谋划策，提出有价值建议或使酒店取得明显效益者，奖励 2 ~ 10 分。

（9）对保护宾客、员工财产安全，见义勇为、有特殊功劳者，奖励 2 ~ 10 分。

（10）对在顾客有误会或受到宾客无理取闹、打骂的情况下，仍尽心尽力工作，打不还手、骂不还口者，设忠诚工作奖，奖励 2 ~ 10 分。

（11）部门工作突出，每月所受质检扣分最少，被评选为优秀部门，可酌情加部门质效分（3 ~ 10 分）。

（12）对员工举报违规、违纪行为（除向其保密外），奖 2 ~ 50 分。

（13）对注重酒店形象，维护酒店声誉受到酒店领导表扬者，奖 2 ~ 10 分 / 次。

（14）对服务态度好，处处为宾客着想，帮助顾客解决困难，妥善处理顾客病、伤，受到宾客书面表扬者，奖 2 ~ 10 分。

（15）对清洁卫生检查优，能长期保持者，奖 2 ~ 10 分。

（16）对见义勇为、维护酒店利益，发现、排除重大隐患事故者，奖 5 ~ 20 分。

（17）对员工当月无不良记录，被评为先进工作者，奖 5 ~ 20 分。

（18）对技术革新，为酒店节能降耗作出贡献者，奖 10 ~ 50 分。

（19）对代表酒店参加各种比赛获得奖励及名次者，奖 20 ~ 50 分。

（20）对服务创新、经营创新、管理创新、菜品创新，带来可观经济效益者，奖 10 ~ 100 分。

（21）对月满勤者（无迟到、早退、旷工、请假等现象），奖励 1 分。

（22）对在工作中，能随时随地地爱护酒店环境卫生，见到地上的杂物能主动将其捡到垃圾桶内者，奖励 1 分 / 次。

（23）对发扬开源节流的精神，随时注意酒店、水、电等的开关情况，主动关掉酒店多余灯光或未关紧的水源者，奖励 2 分 / 次。

（24）对组织的各种活动中，获得荣誉者，除了物质奖励之外，另奖励 2 分 / 次。

（25）对酒店组织的各种技能或知识比赛中成绩优异者，奖励 2 分 / 次。

（26）对在酒店组织的各种培训活动中，表现优异，考核成绩优秀者，奖励 2 分。

（27）对被酒店评为优秀员工者，奖励 5 分。

（28）对酒店员工永远以主人翁的态度在酒店工作，将酒店当成自己的家，注意酒店的经营状况，积极地对酒店的经营管理等提出意见，如被采纳经实施有显著成效者，除给予物质上的奖励之外，另视情节轻重给予 2 ~ 10 分的奖励。

（29）其他参照酒店颁发的“员工手册”给予相应的奖励。

6.6.3 质量检查的相关标准是按照酒店正式颁发的“员工手册”，各部门制定的服务质量标准、工作标准、工作程序及其他相关规章制度执行。

范本二　部门绩效管理制度

2-1　客房部经营指标考核方案

客房部经营指标考核方案

根据本酒店总经理与客房部签订的经营管理目标责任书方案，结合酒店的实际经营情况，制定客房部经营指标考核方案，具体如下：

1.责任人：客房部经理、前厅部经理、管家部经理

2.责任期限：2011年1～12月

3.经营毛利润指标

2011年客房部全年实现经营毛利润（GOP）目标1200万元。

经营期	GOP指标分解
第一季度	230万元
第二季度	300万元
第三季度	320万元
第四季度	350万元
合计	1200万元

4.具体考核奖惩方案

4.1 关键指标考核体系。

经营毛利润为客房部季度经营责任考核的核心指标，季度及年终奖惩考核主要以经营毛利润的实现状况作为奖惩基数。

4.2 部门考核奖励提成方案。

4.2.1 在完成季度经营责任指标的前提下，客房部将发放______元固定奖励工资。

4.2.2 超额完成季度经营毛利润经营责任指标。

在超额完成季度经营责任指标的前提下，客房部按照实际超额完成经营责任指标部分按照5%的比例提取奖励工资，具体规定如下：

（1）按照实际超额完成季度经营责任指标部分的5%提取奖励工资的70%用于客房

部季度考核奖励工资的分配与发放。

(2) 按照实际超额完成季度经营责任指标部分的5%提取奖金的30%留存用于年度内调剂奖励工资的分配与发放。

(3) 具体的分配比例原则上按照以下比例执行：经营考核责任人奖励工资的分配总额占总金额30%的比例，部门员工奖励工资的分配总额占总金额70%的比例，在具体实施奖励工资的分配时，客房部经理可根据员工绩效考核状况进行调整。

4.3 部门考核惩罚方案。

4.3.1 在未完成季度经营责任指标的前提下，客房部可在下季度对未完成季度经营责任指标部分采取递延追加完成的方式（下季度经营责任指标为“本季度经营责任指标+上季度未完成追加部分”）。但总经理将根据实际未完成比例进行责任人绩效考核中“经营业绩”考核分值的扣减（最终将影响到责任人绩效考核工资的发放）。

4.3.2 如未完成的经营责任指标在下季度追加完成，可按照合并经营季度经营责任指标（本季度经营责任指标+上季度未完成追加部分）超额完成部分提取奖金，总经理也将根据实际完成状况进行绩效考核中“经营业绩”考核分值的增加（最终将全额发放责任人绩效工资部分并进行奖励工资的发放）。

4.3.3 在对未完成季度经营责任指标部分采取递延追加完成的方式下，如客房部最终未能完成全年经营责任指标，将取消原超额提取30%部分的年度内调剂奖励工资的发放，总经理并在年度绩效考核中对经营责任人“是否称职”进行考评，最终可能会产生经营责任人的调整与部门职能重组。

4.4 各项辅助指标考核体系。

各项辅助指标纳入客房部绩效考核体系，总经理牵头成立考核组对经营责任人进行非量化指标的季度绩效考核。若全酒店完成全年经营责任指标，根据非量化指标考核结果发放部门全年超额提取的30%部分奖励工资，非量化指标考核方案由人力资源部另行拟订。

4.4.1 重大消防安全事故与住客人身严重伤害与财产重大损失发生率为0。

重大消防安全事故指因发生重大火灾安全隐患或发生重大火灾灾情，导致消防安全行政管理部门调查，影响到酒店的正常经营业务活动，并造成酒店重大经济利益赔偿损失。

住客人身严重伤害与财产重大损失指因客房设施设备硬件与服务软件（包括人身安全的保卫措施等）等内部管理缺失而造成的住客人身伤害与财产重大损失，导致酒店品牌造成重大影响，干扰酒店正常经营业务活动，并造成酒店重大经济利益赔偿损失。

4.4.2 年度内发生重大消防安全事故与住客人身伤害与财产重大损失，影响到酒店正常经营业务活动，并造成酒店经济利益赔偿损失者，将全额扣除考核季度内C级以上人员绩效考核工资部分；如有提取奖励工资发放，将停止奖励工资的发放，直到整顿后杜绝此类安全事故的发生。

4.4.3 客人满意度达到90%以上。

（1）客人满意度达到 90% 以上量化的计算方式为：

客人满意度 = 当月客人消费有效投诉个案数量 ÷ 当月客人入住总人数

（2）有效投诉的判断标准：

A.服务质量

确实由于酒店服务作业流程未按照行业规范与内部标准进行流程化作业，对顾客的现场投诉未进行紧急投诉预案处理，造成住客重大不满意甚至越级投诉或造成重大利益损失者（拒绝结账或损失赔偿）。

B.硬件设施设备

确实由于硬件设施设备维修、维护、保养不及时，住客对客房入住环境与舒适度现场投诉，对住客的现场投诉未进行紧急投诉预案处理，造成顾客重大不满意甚至越级投诉或造成重大利益损失者（拒绝结账或损失赔偿）。

C.重复性投诉

住客进行投诉并进行了紧急投诉预案处理后，重复性地发生相同的投诉个案两次（包括两次）以上，视同有效投诉。

D.所有有效投诉个案的争议将以质检组的调查意见为判断标准，酒店服务质量委员会为服务质量管理核心组织。

4.4.4 在完成经营责任指标的前提下，各项辅助考核指标的完成将作为奖励工资提取的调整系数。如重大消防安全事故与住客人身严重伤害与财产重大损失，将停止奖励工资的发放，直到整顿后杜绝此类安全事故的发生。住客满意度未达到90%以上部分，将按照住客满意度比例作为奖金发放的调整系数，具体参照如下：

A.未达到90%处于80%～90%区间内，将套算90%～100%（达到90%以上）作为调整系数。

B.未达到80%处于70%～80%区间内，将套算80%～90%（达到80%以上）作为调整系数。

C.其他以此类推。

4.4.5 在未完成经营责任指标的前提下，各项辅助考核指标将作为经营责任人绩效考核中“服务质量”考核分值的扣减（最终将影响到经营责任人绩效考核工资的发放）。

5.奖励工资分配与发放的实施流程

5.1 季度经营期完结后，人事行政部根据财务经营数据进行奖励工资分配方案的编制。

5.2 人力资源部编制奖励工资发放表，经财务部进行审核，审核完毕后，报送财务经理、财务总监、业主方代表、总经理审批后由财务部负责发放。

5.3 每季度首月10日为奖励工资的发放日。

5.4 奖励工资的发放支付至员工工资卡中，个人所得税缴纳将按照国家税法规定据实扣除申报。

6.附则

6.1 本考核方案为年度经营业绩考核试行方案，如出现重大调整事项由总经理委托财务总监进行充分的解释并经过双方认可后，可以附件的形式补充，附件执行效力等同于本试行方案。

6.2 本考核方案的最终由财务总监负责解释。

2-2 前厅服务人员绩效考核办法

前厅服务人员绩效考核办法

1.目的

为规范前厅工作管理，提高前厅服务接待水平，激发员工工作积极性，特制定本办法。

2.适用范围

适用于前厅部各岗位的工作人员。

3.考核内容

主要对前厅各岗位服务质量、操作规范、对客态度、服务意识等方面进行考核。

4.考核指标与评分标准

根据前厅各岗位工作特点，分别设置相应绩效考核指标。

4.1 收银处评分标准。

收银处评分标准

序号	KPI指标	权重	评分标准
1	收银差错率	25%	（1）合格管理人员绩效考核达标要求：管辖范围下的员工整体差错率每月不超过3次（总台累计错误率小于5次），或者低于10%，并且年出错率不超过8%，所管辖范围内的所有新老员工全部整体的操作失误总和，其出错率不超过50次

（续表）

序号	KPI指标	权重	评分标准
1	收银差错率	25%	（2）收银主管月度出错率累计起来，全体员工一共不超过10次(包含所有非正常操作，以计财部打回的单据为准，进行绩效核算的参考数据) （3）任何一笔较严重的操作不当，如：空滚房费；Double Check In；客人信息资料登记不合标准；外宾证件登记错误；给客人兑换的外币未在24小时内及时上交财务与银行进行及时兑换者；收取客人外币做押金者、刷卡错误者、未写正确封包的日期；封包上名字未签的、单据丢失未果者、发票丢失或者开错、存根联丢失、卡单丢失、餐券多发、应收未收、未经确认入账等情形
2	收银速度	15%	（1）每个考核时期总台收银人员的平均收银速度达到公司要求，散客正常入住手续必须在 5 分钟内，80% 以上员工能达标者 （2）退房手续加上客房部查房等原因必须在保证不出差错的同时每办理一个正常散客（非团队）结账均不超过 10 分钟，有 75% 的员工达到此标准者 （3）每 100 张发票中开错和作废少于 5 张者 （4）员工参加班前会和部门培训的出勤率高于 90% 且一个月内 85% 的班前会和培训达到满勤的情况 （5）自己带领的员工非必要情况下能保证工作质量的同时，提高效率，尽量不要加班，特殊情况下，上级领导要求加班者不计入此内（主管 AM 和领班不计入此内） （6）部门员工能够按时上下班，按时参加每次部门会议，按时签到签退 （7）遵守酒店和部门的各项规定，不违反任何规章制度；有较好的服务意识和执行力佳者
3	收银任务达成率	30%	（1）考核期内收银任务达成率达 80%，即能够保证每人轮岗至收银的班次和接待的班次的比值配比不低于 4 ∶ 5 （2）积极完成上级委派的任务者，有上下级的级别概念，逐级汇报，从未发生越级汇报，只对直接上级负责，有更高层的领导的命令，向直接上级请示，由上级来下达任务者，可以得到此分值，违者一次扣 10 分 （3）违反部门规章制度，对上级命令拒不执行者，对企业过多抱怨、对工作缺乏热情和责任心者，3 次以上降至试用期工资，仍屡教不改者降职调薪，仍无悔改者一律退回人力资源部，拒聘入本部门 （4）分部员工连续 3 个月无员工离职现象者，加分或者是 1 个月一个分部有 3 个以上（含 3 个员工离职）者，直接领导扣除 10 分并作出合理的解说

（续表）

序号	KPI指标	权重	评分标准
4	客户满意度	10%	考核期内客户满意度月投诉不超过3次，所主要负责部门的全体员工均属于考核范围内的人员，包括新进员工和试用期员工
5	收银机操作	10%	（1）收银人员能熟练操作三台收银机，保证75%以上总台员工能做到月度工作中不出现任何一起错误，即不出现错刷（预授权刷成消费、金额刷错等）、漏刷、少刷、多刷等基础错误的，以及刷卡的卡单未及时给予客人签名确认或者单据联给错，存根联丢失等情况，均属于此列 （2）对计财部日审／夜审以及MOD等相关领导进行部门管理人员工作评估的问卷调查，得分员工为月度出错不足一次，相关错误未出现两次者
6	服务技能	5%	（1）总台接待收银服务技能良好，未投错封包，少投、错投、漏投封包以及封包日期或者单据日期写错等情况，月度考核期内出现少于一次者 （2）应收款漏收、错转等除了自己赔偿所有产生损失外每笔扣5分，金额特别大、影响特别严重的每笔扣10～20分不等
7	员工技能培训与管理	5%	（1）考核期内每位员工业绩均完成部门人均值（全价房45间夜）者 （2）部门业绩完成而全价房未完成部门人均保底值者，扣除该员工全价房奖金外，扣除10分，每月业绩未完成则部门主管以上含主管级人员，每人扣除5分 （3）员工连续3个月未完成者降为试用期，在转为试用期时完成月度均值连续两个月以上或者月销售全价房超过100间夜者，直接由试用期调回，并赋予最佳销售能力奖，另外加5分；若降回试用期内，仍然无缘由的连续3个月未完成均值业绩的员工，则给予转岗调岗、或者换部门甚至退回人力资源部处理

4.2 礼宾部行李员和门童评分标准。

礼宾部行李员和门童评分标准

序号	绩效指标	评分标准
1	行李运送和工具的管理	以下情况每班次抽查，由礼宾部领班AM每天每个班次必须严格要求，FOM将不定期检查，每出现1次，扣2分 （1）行李车随便借出，未经过上级领导批准者

（续表）

序号	绩效指标	评分标准
1	行李运送和工具的管理	（2）行李寄存单等设备用品未准备齐全、所有物品在对客营业场所摆放位置未得当者 （3）设施设备未保存完好也未及时上报维修或报损者 （4）礼宾部的行李房无工作人员人不锁门 （5）让客人进入行李房（非对客营业场所）者 （6）雨伞借出未按要求填写单据，未留下电话号码者 （7）雨具未及时收回（在店客人 1 周内，本酒店管理层 2 周内未收回的） （8）行李车和雨伞袋的架子在当天礼宾部中班下班前未予及时收回者 （9）销售部的会议牌未及时张贴摆放者 （10）离开工作岗位未告诉领班，领班不在时未告诉同班其他礼宾或同事者
2	行李接送	以下情况未合格者发生一次，扣2分；运送行李损坏者，每发生一次，扣5分 （1）接送行李迅速，每次取送物品在店内 10 分钟内未及时回工作岗位者 （2）清点记录件数欠准确者 （3）当班次未完成事宜未在交接班本上清楚记录者，或者交接手续未清楚者 （4）暂存物品堆放欠整齐者，行李房门无人时敞开者 （5）将客人非暂存物品在当天未取走仍堆放于柜台内者 （6）运送行李不细心，不爱惜客人财物和酒店的设施设备者 （7）产生客人行李轻度损坏、运送差错等责任事故发生者
3	行李寄存和送迎客人	以下情况，每出现差错一次，发现即扣2分；客人寄存物品为不可寄存物品但仍予以擅自寄存者，扣3分；违规寄存危险品者，扣5分；因工作失误引起客人投诉者，每次扣5分 （1）上班未提前 10 分钟签到者；下班未签退者 （2）寄存件数未点清，未做好相关寄存牌填写手续者 （3）行李发放不准确，手续丢失记录不完善者 （4）对客人的寄存物品未按照规定进行检查就寄存者 （5）未经过上级请示后批准，擅自将内部人员的物品私自存放在行李房或者前台者 （6）未将客人寄存的行李按照暂时寄存、短期寄存、长期寄存等分别存放者 （7）寄存食品饮料、危险贵重物品和客人证件者 （8）明显向客人索取小费者 （9）提取寄存行李准确无误，不知道行李寄存在哪里者 （10）不知道基本的岗位知识就上岗操作者；基本的常识不知道／没有意识者 （11）贵重物品寄存时手续未按规定办理者 （12）水帘、灯光、新风机未及时配合 AM 开启或关闭者

（续表）

序号	绩效指标	评分标准
4	工作态度和纪律	以下错误，每发生一次，扣2～5分；因为个人操作失误引起客人投诉者，一律扣5分 (1) 前台礼宾处不关门者；站在前礼宾台处站姿不佳、仪表不洁者 (2) 未经上级批准，擅自允许非前台工作人员进入总台者（包括本酒店的其他高层或者计财收银工程等其他相关部门人员，未得到部门经理的允许就答应让其进入总台者，违者含在此类） (3) 在客人咨询时，未进行热情、礼貌、周到的对客服务者 (4) 未积极参加部门或酒店组织的培训会议等活动者 (5) 未按要求及时完成上级安排布置的任务，并且屡犯不改者 (6) 接受其他相关部门领导的工作者，未经直接上级允许，任何非部门布置的工作随意接收者 (7) 全部门的员工，必须只对一个人负责。部门经理是本部门的最高直接领导者，员工的所有工作必须是由领班布置，是直接对领班负责；领班的所有工作，必须是由前厅部经理布置下达的命令才去执行的，不可擅自越级接受和布置任务，要尊重管理制度，也要尊重自己的职责范围；若擅自越级接受任务者，违反一次者，扣除10分，第二次发生同样的情况则部门坚决予以劝退 (8) 见到客人未让行、未欠身问好者；见到领导和同事视若无睹者 (9) 未遵守部门规章制度和酒店的员工手册者；未遵守规定的上下班和班前会时间者 (10) 礼宾部问讯台无人值守者或电话在三声之内无人接听者；接听电话未问好、未报自己岗位以及未使用中英文报幕者；声音不柔和、态度恶劣者 (11) 穿着便装在大堂走动未向上级领导请示并经批准者 (12) 去员工餐厅吃饭未带工号牌或者工作证者；在员工餐厅吃饭产生倒饭、剩饭现象者 (13) 在营业和办公区域大声喧哗者 (14) 拒不服从上级的安排者，越级汇报和接受任务者 (15) 态度不端正，仪容仪表和精神状态欠佳者 (16) 做出品质不端、影响人品的事故者，无论有无造成直接损失，均严惩不贷

4.3 总台接待、收银员工和领班评分标准，见下页表。

总台接待和收银员工和领班评分标准

序号	绩效指标	评分标准
1	总台接待的工作程序	以下情况，发现一次每漏记一个，扣2分 （1）入住手续办理超过4分钟引起客人不满者 （2）未及时正确将客人档案资料在接待系统或者公安网传输系统统一填写同步更新者；RC单上未记录清楚客人姓名、身份证号码、房号、房价、抵离日期者 （3）RC单上未让客人签名者；办理的所有单据没有操作人员的签名者 （4）未用自己的系统工号（非新员工，已有自己工号的所有员工）进行操作者，或者离开岗位但未及时将自己工号关闭者 （5）RC单上未记录客人联系电话者 （6）结账的账单、外币兑换水单、杂项收费单、在酒店其他营业点挂账的账单、换房单、承租单和押金单、信用卡单上未有客人签字和接待人员签名者 （7）退房账单上未注明是否已经开发票者 （8）发票开错但未在电脑上做作废处理者、发票作废未收回者 （9）任一班次收银的封包漏投、错投、封包或者签名单上日期写错、封包上名字未签、封包乱涂乱画、封包投箱时没有证人在旁并签名者 （10）其他各营业点的入账单据没有客人签名、房号、价格、明细和总价以及相关部门服务员的签名者 （11）关于刷卡的处罚：刷卡未在应该的刷卡机上办理者、多产生手续费者、预授权刷成消费者、未在下班时及时做签退结算处理者（现在限于中班收银每日做签退结算） （12）收取假货币者、少收漏收押金、押金入错房号者，DND清房等情况不知如何处理时，未请示上级而做出错误决策给酒店带来损失者，除了自行承担全部的经济损失和责任外，扣除相应评估分数 （13）对于网络的保留房和担保订房未经上级请示批准，减少担保房数目或擅自答应客人给取消等特殊情况造成企业营收损失者
2	分房、排房、换房、清房等特殊情况的处理	以下严重情况，由自己操作失误造成的全部损失，一律自己负担；部门的基金概不予赔偿，以上情况发现一次，扣5分 （1）未熟悉房间信息情况排错房者，安排的非客人所需房型引起客人投诉者 （2）未集中排房导致房间安排散乱造成人员和资源成本浪费者 （3）发生严重差错，买重房者

（续表）

序号	绩效指标	评分标准
2	分房、排房、换房、清房等特殊情况的处理	以下情况，每发现一次，扣3分 （1）对客人换房未及时请示上级者，对客人要求延迟退房未及时请示上级和未在系统上打备注说明情况者 （2）对于客人要求降低房费，或者客人房价需要调低等情况时未及时请示上级者 （3）未对客人的询问给予合理解答者，对客人提出的非平常要求超权限擅自答应者 （4）对于客人留下的信息记录未准确，处理不妥当者；未请示上级、擅自答应非正常权限内的要求造成酒店的直接或间接损失者 （5）对客人留下的留言未做准确记录者
3	执行力度和服从意识、纪律性、制度性的工作态度	以下情况每发现一次，扣2分；每发生1次漏叫或引起客人投诉，扣5分 （1）未礼貌、热情、周到提供服务，客人来前台时只埋头做自己的事情而对客人爱理不理者 （2）接听电话未按标准报幕者或电话未在三声之内接听者 （3）电话中未对客人问好、报自己所在部门，接听电话不标准、不规范，语音语调不柔和者 （4）对客人的任何咨询和提问说“不知道”者 （5）对上级命令不积极执行者，对布置的工作未能按时完成者 （6）对于基本的操作和行业规范以上级未做培训为由并且犯下原则性错误者 （7）由于操作失误给企业造成的全部经济损失由操作员工全权负责经济赔偿，部门最高领导人有权要求其直接主管和领班额外承担连带赔偿责任 （8）发生漏接、误报现象者 （9）客人资料信息记录不全影响工作者 （10）对于客人的事情不积极热心地给予帮助和解答者 （11）在入住时发放了几张餐券、几张房卡、压卡金额授权号、操作员的工号和姓名未在备注上说明者 （12）对换房、退房等情况未进行及时更新者 （13）前台员工做好散客上门的预订工作，不得将所有工作推至预订部，或将工作以分工为由推至其他部门，一切执行首问责任制，客人找到你时，必须尽全力帮助客人解决所需问题 （14）对于团队和特殊要求的客人预订的房间及时做好房间预留以及分房工作，对于上门散客做好及查询房态信息工作，除了AM每日三次核对房态外前台接待人员要根据AM的房态表及时与HSKP核对房态

（续表）

序号	绩效指标	评分标准
3	执行力度和服从意识、纪律性、制度性的工作态度	（15）在需要时迅速通知客房中心整理房间，即平时所说的及时抢房为继续迎接新客人提供优质服务 （16）严格的房卡交接班制度，对于房卡的制作、数量、有效期，损毁赔偿和及时收回要按规范准确严格控制和操作，丢失者 20 元 / 张同顾客赔偿价一样自行承担 （17）客赔物品未见客人签名确认就私自入账者，无论是否引起客人投诉，每一笔账单扣罚 5 分 （18）接到客人电话要求叫早时，要准确掌握叫醒客人姓名、房号、叫醒时间，输入电脑正确无误，与总机人员确认一遍
4	退房结账离店信息记录等相关手续	以下类型，每出现1次差错，扣3分 （1）服务员查房完成报前台时，前台人员应立刻在记录本上准确记录客人房号、报吧消费和赔损具体内容、HSKP 对方工号（或姓名）报吧时间，并及时在报吧单上做好准确记录，并且至少复述一次对方报的内容，等对方确认后方可告诉客人 （2）在繁忙时刻，当接听电话时有客人到前台，不可不理会客人，须用眼神或肢体向客人示意或者迅速向客人解释一声“不好意思，请您稍等一下”，然后再继续手中的电话，可以让客人感觉受到尊重；若对任何一名到前台的客人熟视无睹者，一律扣除 2 分 （3）发生 1 次漏报或者错报现象，扣 3 分并且由员工全权负责按原价自行赔偿 （4）当客人离店后，除了迅速将离店信息在接待系统中更新外，在公安外网电脑系统里也需同步进行更新信息，做相关人员的抵离店情况处理 （5）在同步将公安外网与前台接待系统统一时，在实名台账登记本上的相关客人信息也应同步做离店记录

4.4 预订部和商务中心文员评分标准。

预订部和商务中心文员评分标准

序号	绩效指标	评分标准
1	机票、火车票代订服务	以下情况每出现一次类似差错，扣3分 （1）未能按客人要求，帮助客人查询正确的车次、班次进行订票的，或者耽误客人行程而无相关补救方式的，相关操作人员除赔偿客人在店产生的损失外，还应担负起过失责任，处以 3 分的扣除；情节严重者，扣除 5 分

（续表）

序号	绩效指标	评分标准
1	机票、火车票代订服务	（2）操作准确、迅速，符合客人要求，订票差错率必须为 0，凡是出现重订、错订、漏订等相关基础性重要工作者，处以扣分处罚 （3）同类性质的错误，犯 3 次以上者，属于态度问题，坚决予以降薪、降职处理，如若再犯，则直接退回人力资源部
2	文档存放管理工作以及相关记录	以下情况，每出现差错1次，扣3分 （1）对于代订火车票、汽车票、飞机票等工作，商务中心的资料文件打印、复印、扫描、上网等相关项目的单位时间内的收费标准，操作要点，注意事项等记得不清楚者 （2）AM 或前台制作等的“营业报表”、入住率统计表、能源统计表未做存档需要时不能及时调出资料者 （3）员工档案表等保存不当损毁或丢失者 （4）内部文件未及时发放，相关会议记录未及时整理打印分发至所需部门者 （5）AM 报表数据前台销售业绩数据和月度办公用品计划和登记未严格执行并且统计者 （6）在月末盘点时，现有资产月度盘点、礼宾代办费、部门人事档案／考勤签到、佣金核对、整理归档、完整、准确，出现人为差错者
3	电话预订中各种情况的处理	以下情况每发生一次，扣 3 分；引起客人投诉，扣 5 分 （1）未按照标准的操作要求用中英文问好、报部门，未积极回答客人疑问者；未按照规定操作要求，擅自答应取消担保订房者；在 18：00 前未对所有房间进行确认者，未及时取消改期客人的预定造成占用房间资源不能合理最大化出售房间者 （2）未经上级请示，擅自答应超预留排房者 （3）未经上级批准，擅自将网络订房中心的房型关闭者 （4）擅自用客用以及办公电脑上网者；对工作人员来预订部未进行有效阻拦，让其进入并使用办公电脑上网者，负连带责任 （5）未经经理批准，擅自压下重要文件和单据不发放着 （6）未按规定擅自草率处理预订工作
		（1）网络订房的所有协议价格要对外一致统一，切不可以一处一价格，对于所有订房中心的订单，均以传真形式确认。未按照部门的考核方案和规章条例者，违反一次，扣除 3 分；引起的经济损失，由责任人本人全权承担，并且记大过一次 （2）担保订房和保留房的操作要求严格按规定执行，任何人不得有特例。若未找到责任人，则由操作员工承担全部损失和赔偿，并且由部门内部进行处罚

（续表）

序号	绩效指标	评分标准
3	电话预订中各种情况的处理	(3) 不可轻易地关闭网络订房中心的房间，但在担保订房时，未按规定答应取消的，不管是否追回客人房费，操作人员必须承担含佣金的房价费用 (4) 员工未经过培训，不可擅自做主进行操作，不可知情不报，不可及时做答应的修改和确定等在系统上的操作 (5) 接受预订单，严格按照部门规定的标准接收，若未合标准的预订单或者预订，谁接受谁负责，严重时直接以严重警告并退人力资源部 (6) 预订部一概不得让非本岗位的工作人员入内，发现一次，双方各罚单一张 (7) 出错率过高者，部门将进行降回试用期工资的处罚继续延长试用期。严重者作劝退处理

5.考核实施

5.1 前厅部经理制定各岗位绩效考核指标及评分标准，制定绩效考核表。

5.2 根据各岗位员工日常工作记录、工作报表、客人评价及投诉情况等对员工进行考核评分。

5.3 员工在考核期内填写“员工自评表”，作为绩效考核参照依据。

5.4 前厅部考核周期分为：月度、季度、年度考核三种。

6.考核结果应用

本部门各岗位员工绩效考核结果为员工培训与发展、薪资调整、职位变动等方面提供依据，其具体应用如下表所示：

绩效考核结果的运用

等级	等级定义	分值	结果运用
S	优秀	96～100分	薪酬上调2个等级或升职1级
A	良	90～95分	薪酬上调1个等级
B	好	80～89分	薪酬上调5%
C	一般	60～79分	薪资待遇保持不变
D	差	60分以下	减少5%的工资

2-3 客房部绩效考核管理制度

客房部绩效考核管理制度

1.目的

为规范化管理客房部工作，提高客房部服务质量，挖掘员工潜能，提供酒店经济效益，特制定本制度。

2.适用范围

适用于酒店客房部各班组人员。

3.原则

本部门绩效考核坚持的原则，如下表所示。

客房部绩效考核的原则

考核原则	说明
公平、公开	客房部所有员工都要接受考核，对同一岗位执行相同的考核标准
定期化与制度化	作为制度定期施行，员工必须遵照执行
定量与定性相结合	定性化指标权重占40%，定量化指标权重占60%
沟通与反馈	考核评价结束后，客房部领导应及时与被考核者进行沟通，将考评结果告知被考核者

4.考核内容与指标的设计

4.1 考核内容。

绩效考核主要从工作态度、服务技能与工作业绩三方面进行，其相关内容如下表所示。

考核内容

评估内容	权重	指标示例
工作态度	10%	考勤状况、工作主动性、工作积极性、工作责任心等
服务技能	30%	专业知识掌握程度、灵活应变能力、对客态度等
工作业绩	60%	工作操作规范程度、客人有效投诉件数、工作效率提升率、准确率等

4.2 客房部关键绩效考核指标体系。

客房部关键绩效考核指标体系如下页表所示：

客房部关键绩效考核指标体系一览表

指标类别	绩效指标
设备设施管理	客房整洁度与舒适度
	客房设施设备合格率
	客房设施设备安全率
	配套设施合理性
客人服务质量	客房清扫是否及时及卫生合格率
	是否符合客房服务规范化要求
	客人委托事项办理及时性
	客人个人情况熟悉度
	客人紧急意外情况处理是否及时
综合服务质量	客人关系维护
	客人遗失物品处理是否及时
	服务态度与礼仪礼貌是否符合要求

5.考核实施主体

考核从自上而下与自下而上两方面相结合进行，即采取360度考核法进行如下评估。

5.1 自我评估。

5.2 上级领导评估。

5.3 同事评估。

5.4 客人满意度评估。

6.评估工具

客房部人员考核采用量表法进行，具体如下表所示：

客房部人员KPI绩效量化考核表

被考核者姓名		所在岗位		入职时间	
考核阶段	年 月 日至 年 月 日	填表日期	年 月 日		

（续表）

考核内容	考核项	权重	考核要点	评估得分
工作态度	考勤状况	2%	出勤率的高低，迟到、早退情况	
	工作主动性	4%	积极、主动地完成本职工作	
	工作责任感	4%	工作认真，勇于承担责任	
服务技能及工作业绩	卫生合格率	10%	90%≤R≤100%	
			80%≤R<90%	
			70%≤R<80%	
			60%≤R<70%	
	服务设备设施完好率	10%	95%≤R≤100%	
			85%≤R<90%	
			75%≤R<85%	
			70%≤R<75%	
	客人委托服务及时率	10%	在规定的时间内完成	
	对客服务差错次数	10%	不得高于___次	
	经营成本节省率	10%	经营成本节省率达到____%以上	
	客人有效投诉件数	10%	不得低于____件	
服务能力	专业知识水平	5%	全面掌握本岗位所需的专业知识、操作规范	
	语言表达能力	15%	辞能达意，有条理，具有一定的谈判技巧	
	综合分析能力	10%	对工作中出现的问题作出准确的分析与判断	

7.绩效申诉

被考核者若认为考核结果不符合实际情况，可于绩效反馈后7个工作日内向直属上级或人力资源部申诉。被考核者进行绩效考核申诉时，需填写“绩效考核申诉表”，“绩效考核申诉表”如下页表所示。

绩效考核申诉表

<table>
<tr><td>申诉人</td><td></td><td>所在岗位</td><td></td><td>所属部门</td><td></td><td>申诉日期</td><td></td></tr>
<tr><td>申诉事由</td><td colspan="7"></td></tr>
<tr><td>处理意见或建议</td><td colspan="7">受理人签字：　　　　　　　　　　　　　　　　受理日期：</td></tr>
<tr><td>处理结果</td><td colspan="7"></td></tr>
<tr><td>申诉人意见</td><td colspan="7"></td></tr>
</table>

8.绩效考核结果的运用

本部门各岗位员工绩效考核结果可为员工培训与发展、薪资调整、职位变动等方面提供依据和具体应用。

8.1 培训。

酒店人力资源部或客房部经理根据员工考核结果，吸取教训，总结经验，寻找员工工作中的不足之处，编制相应培训内容，适时提供培训，提高工作技能。

8.2 调动及调配。

管理者在进行人员调配岗位或工作调动时，应参考绩效考核结果，把握员工适应工作和适应环境的能力。

8.3 提薪及奖励。

根据员工的绩效考核结果，结合酒店的薪酬制度，给予客房部员工相应的调薪、奖惩等。

2-4 餐饮部绩效考核管理制度

餐饮部绩效考核管理制度

1.目的

为了适应市场竞争的需要，进一步提高管理水平和服务水平，使餐饮管理和餐饮服务保持规范性，确保向客人提供高效、礼貌、热情、周到和规范化的优质服务，以不断提高酒店的经济效益和社会效益，特制定本制度。

2.适用范围

适用于酒店餐饮部各班组人员。

3.考核内容与指标设置

3.1 考核内容结合餐饮服务质量标准分为工作态度、仪容仪表、礼貌礼节、工作规范、工作纪律、环境卫生等。

3.2 考核指标设置。

根据考核内容，特设置如下表所示指标：

餐饮部人员考核指标一览表

序号	KPI指标	指标定义/公式
1	餐饮营业额	考核期内餐饮部所辖各餐厅营业额之和
2	部门GOP值	部门营业收入－部门营业支出
3	部门GOP率	营业利润÷营业收入×100%
4	经营成本节约率	经营成本节省额÷经营成本预算额×100%
5	设备设施完好率	完好设备设施总数÷设备设施总数×100%
6	菜品出新率	实际新菜品每月收入÷计划新菜品每月收入×100%
7	客人满意度	接受随机调查的客人对服务满意度评分的算术平均值
8	客人有效投诉件数	客人有效投诉总数
9	卫生清洁达标率	当期检查中存在卫生死角的次数÷对客房卫生检查的总次数×100%
10	退菜发生率	考核期内退菜发生次数÷考核期内卖出菜品总次数×100%
11	仪容仪表检查合格率	员工仪容仪表检查合格次数÷员工仪容仪表检查总次数×100%
12	出勤率	按照酒店考勤管理制度规定
13	责任心	上级结合工作表现进行评价

3.3 考核评分标准。

3.3.1 餐饮部主管业务技能考核评分标准。

餐饮部主管业务技能考核评分标准

序号	考核项目	评分标准	标准分值
1	现场管理	部门员工仪容仪表整洁统一，精神饱满，操作技能娴熟，服务接待礼仪规范，团结协作，自觉遵守制度和纪律，每一处不合格，扣减0.5分，依次类推，扣完为止	8
2	销售策略	了解酒店经营的菜品、酒水及相关商品品名、属性、价格、成本、生产周期等，结合消费者特性需求，采取适当的营销策略和推销技巧，指导部门员工做好销售服务工作，每出现一例滞销、拒销等情况，扣减0.5分；每出现利益性倾销、抽销等现象一次，扣减2分，依次类推，累计扣完为止	5
3	服务质量	部门员工言行举止标准规范，文明礼貌，热情接待每一位顾客，微笑服务，规范操作，合理引导顾客消费，工作中做到三轻、四勤、五声。每出现一例怠慢、服务不周、操作失误、服务无声等，扣减0.5分，依次类推，扣完为止	8
4	营业额	根据公司下达的经营指标，达标则可得到该项考核满分，每差1万元，扣减10分，依次类推，扣完为止；每超标1万元，奖励5分，上不封顶	50
5	人员调配	根据服务规程和质量要求，结合餐厅的台位布局和营业状况，科学地进行人员调配和班次安排，合理安排员工的休假，确保正常运营。每出现一例人员调配不合理、工作分配不均等，扣减0.5分，依次类推，扣完为止	3
6	安全卫生	部门员工的个人卫生合格，环境卫生区域划分明确，责任落实到位，清洁达标，餐具、用具、设施、设备清洁卫生，使用正常，水、电、门、窗、开关、锁完好，开关正常，安全有效，每一处不合格，扣减0.5分，依次类推，扣完为止	3
7	投诉处理	营业期间勤巡视，督促接待服务工作，加强与顾客的交流、沟通，认真听取顾客的意见和建议，妥善处理顾客投诉，做好信息反馈和投诉案例分析总结，不断改进服务工作，服务达标，投诉为零，顾客满意率100%。每因服务引起一起轻微投诉，扣减0.5分；每因操作失误或处理投诉不当引起重大投诉一次，扣减3分，依次类推，累计扣完为止	5

（续表）

序号	考核项目	评分标准	标准分值
8	协调配合	了解酒店其他部门的管理职能、办事程序和作息时间安排，保持密切的联系，经常交流沟通，相互理解、信任、协调、配合、顾全大局，齐心协力完成工作任务。每发生一起不协调、不合作、勾心斗角等，扣减1分，依次类推，扣完为止	2
9	考勤考绩	部门员工和本人均按公司核定的出勤日出满全勤，无迟到、早退、旷工、脱岗等现象，本人每违犯考勤1次，扣减1分；部门员工每违犯考勤1次，扣减0.1分，依次类推，累计扣完为止	2
10	员工思想	指导员工工作，随时纠正操作失误和偏差，关心员工学习和生活，组织员工民主座谈会，听取员工心声，掌握员工的思想状况，激发员工的工作热情，正确引导员工学习、进步。每出现一例员工闹情绪、上诉、感情事件等，扣减0.5分，依次类推，扣完为止	2
11	财产管理	部门设施、设备、餐具、用具等登记造册，按计划清洁、消毒、保养，保证完好，使用正常，定期盘点、检查，及时维修、补缺。每一项未按要求做到，扣减0.5分，依次类推，扣完为止	2
12	培训培养	有计划、有组织地落实培训工作，员工综合培训率100%，培训考核合格率95%；定向培养管理人才，培养提升率3%，每一项未达标，扣减0.5分，依次类推，扣完为止	2
13	违规违纪	部门员工及本人无任何违规违纪现象发生，本人每违反一次制度和纪律，扣减2分；部门员工每违反一次制度和纪律，扣减0.5分，依次类推，累计扣完为止	4
14	意见和建议	本部门当月合理化意见和建议被采纳，取得良好效果，无任何内部经营管理投诉，每发生一起经营管理投诉或对员工意见和建议置若罔闻、隐而不报等，扣减该项全额考核分	2
15	完成任务	能按岗位职责要求，保质保量完成本职工作任务，还能认真完成领导交办的其他临时工作任务。每一次未能完成任务或完成不及时，扣减1分，若在完成任务中出现差错，扣减该项全额考核分	2

3.3.2 餐饮部领班业务考核评分标准。

餐饮部领班业务考核评分标准

序号	考核项目	评分标准	标准分值
1	现场管理	区域员工仪容仪表整洁统一，精神饱满，操作技能娴熟，服务接待礼仪规范，团结协作，自觉遵守制度和纪律，每一处不合格，扣减0.5分，依次类推，扣完为止	8
2	服务质量	区域员工言行举止标准规范，文明礼貌，热情接待每一位顾客，微笑服务，规范操作，合理引导顾客消费，工作中做到三轻、四勤、五声。每出现一例怠慢、服务不周、操作失误、服务无声等，扣减0.5分，依次类推，扣完为止	8
3	区域营业额	根据上级下达的经营指标，达标则可得到该项考核满分，每差1万元，扣减10分，依次类推，扣完为止；每超标1万元，奖励5分，上不封顶	50
4	人员安排	根据服务规程和质量要求，结合本区域的台位布局和营业状况，科学地进行人员调配和班次安排，合理安排员工的休假，确保正常运营。每出现一例人员调配不合理，工作分配不均等，扣减0.5分，依次类推，扣完为止	3
5	安全卫生	区域员工的个人卫生合格，环境卫生区域划分明确，责任落实到位，清洁达标，餐具、用具、设施、设备清洁卫生，使用正常，水、电、门、窗、开关、锁完好，开关正常，安全有效，每一处不合格，扣减0.5分，依次类推，扣完为止	3
6	顾客投诉	营业期间勤巡视，督促接待服务工作，主动与顾客交流、沟通，认真听取顾客的意见和建议，妥善处理顾客投诉，做好信息反馈，不断改进服务工作，服务达标，投诉为零，顾客满意度100%。每因服务引起一起轻微投诉，扣减0.5分；每因操作失误或处理投诉不当引起重大投诉一次，扣减3分，依次类推，扣完为止	5
7	协调配合	了解其他部门的工作职责和业务范围、办事程序和作息时间安排，保持密切的联系，经常交流沟通，相互理解、信任、协调、配合、顾全大局，齐心协力完成工作任务。每发生一起不协调、不合作、勾心斗角等，扣减1分，依次类推，扣完为止	2

（续表）

序号	考核项目	评分标准	标准分值
8	自身素质	精通本职各项业务技能，操作标准规范，懂得基层管理基本原理，能以身作则带动员工积极主动地做好销售服务工作，做好区域各项管理工作，每出现一例管理不力、员工不满、督导失误等，扣减1分，依次类推，扣完为止	5
9	考勤考绩	区域员工和本人均按公司核定的出勤日出满全勤，无迟到、早退、旷工、脱岗等现象，本人每违犯考勤1次，扣减1分，部门员工每违犯考勤1次，扣减0.1分，依次类推，累计扣完为止	2
10	员工思想	指导员工工作，随时纠正操作失误和偏差，关心员工学习和生活，组织员工民主座谈会，听取员工心声，掌握员工的思想状况，激发员工的工作热情，正确引导员工学习、进步。每出现一例闹情绪、生是非、上诉、感情事件等，扣减0.5分，依次类推，扣完为止	2
11	财产管理	区域设施、设备、餐具、用具等登记造册，按计划清洁、消毒、保养，保证完好，使用正常，定期盘点、检查，及时维修、补缺。每一项未按要求做到，扣减0.5分，依次类推，扣完为止	2
12	培训培养	有计划、有组织地落实培训工作，区域员工综合培训率100%，培训考核合格率95%；积极主动参加公司组织的专业技术和管理知识培训，前者每一项未达标，扣减0.5分；每一次未参加技术和管理培训，扣减1分，依次类推，累计扣完为止	2
13	违规违纪	区域员工及本人无任何违规违纪现象发生，本人每违反一次制度和纪律，扣减2分；部门员工每违反一次制度和纪律，扣减0.5分，依次类推，累计扣完为止	4
14	意见和建议	本区域当月合理化意见和建议被采纳，取得良好效果，无任何内部经营管理投诉，每发生一起经营管理投诉或对员工合理化意见和建议置若罔闻、隐而不报等，扣减该项全额考核分	2
15	完成任务	能按岗位职责要求，保质、保量完成本职工作任务，还能认真完成领导交办的其他临时工作任务。每一次未能完成任务或完成不及时，扣减1分；若在完成任务中出现差错，扣减该项全额考核分	2

3.3.3 服务人员绩效考核评分标准。

服务人员绩效考核评分标准

序号	考核项目	评分标准	标准分值
1	仪容仪表	参照《服务人员仪容仪表规范要求》进行考核，每一处不合格，扣减0.5分，依次类推，扣完为止	3
2	礼貌礼节	参照《服务人员礼貌礼节规范要求》进行考核，每一处不合格，扣减0.5分，依次类推，扣完为止	3
3	清洁卫生	参照服务行业个人、餐具、用具、环境、设施设备、清洗间等卫生质量标准进行考核，每一处不合格，扣减0.5分，依次类推，扣完为止	4
4	基本技能	托盘、摆台、斟酒、折花、点菜、上菜、分菜、收市等基本技能娴熟，操作标准规范，每一处不标准、不规范，扣减0.5分；每一次失误，扣减1分，依次类推，累计扣完为止	8
5	服务态度	主动、热情、礼貌、耐心、细致、周到、真诚、微笑服务，每一处不达标，扣减0.5分；每引起投诉一次，扣减3分，依次类推，累计扣完为止	10
6	工作效率	精通本职各项业务，操作轻松，反应灵敏，服务及时，每出现一次怠慢、拖拉等现象，扣减0.5分；每引起投诉一次，扣减2分，依次类推，累计扣完为止	4
7	销售成绩	月累计完成销售指标，每差0.1万元，扣减5分，依次类推，扣完为止；每超标0.1万元，奖励2分，上不封顶	40
8	顾客满意度	顾客对服务的满意度为100%，每一次顾客不满意，扣减2分，依次类推，扣完为止。顾客每点名投诉一次，扣除该项全额考核分	8
9	服从管理	服从上级工作安排，自觉接受上级的监督、检查，每出现一次不服从管理，扣减1分；每出现一次顶撞上司情况，扣减该项全额考核分	3
10	配合意识	和同事之间、与其他部门之间相互协作，互帮互助，共同努力，主动配合，每出现一次不配合同事工作、不支持上级工作等现象，扣减1分；累计出现2次，扣减该项全额考核分	3

（续表）

序号	考核项目	评分标准	标准分值
11	人际关系	和同事团结友爱，和睦相处，与同事、上级和顾客保持良好的关系，每发生一起影响团结、惹是生非、勾心斗角等，扣减该项全额考核分	2
12	劳动纪律	自觉维护酒店利益，自觉遵守各项管理规章制度和劳动纪律，每违犯一人次，扣减1分，依次类推，扣完为止	3
13	财产管理	保管好所辖区域的所有财产，正确使用，按规定清洁、消毒、保养，定期盘存，及时维修、补缺，每出现一次保管、维护不当造成损坏，扣减0.5分；造成遗失一次，扣减1分，依次类推，累计扣完为止	2
14	参加培训	积极主动参加培训，认真学习专业知识和业务技能，不断进步，每一次未参加培训或一次培训考核不合格，扣减0.5分，依次类推，扣完为止	2
15	考勤考绩	当月按公司核定的出勤日出满全勤，无迟到、早退、旷工和请假现象，每出现一例假别现象，扣减1分，依次类推，扣完为止	3
16	完成任务	能按岗位职责要求，保质、保量完成本职工作任务，还能认真完成领导交办的其他临时工作任务。每一次未能完成任务或完成不及时，扣减1分；若在完成任务中出现差错，扣减该项全额考核分	2

4.考核方法

4.1 由餐饮部经理根据酒店绩效目标管理规定建立具体考核指标，设计考核表单。

4.2 对各餐厅主管、领班、服务员进行每日工作情况考核。

4.3 采用经理考核主管、主管考核领班、领班考核服务员，逐级考核、逐级打分的方法。

4.4 考核评分表由专人进行统计，每月写出考核情况分析报告，报餐饮部经理审阅。

5.考核结果处理

5.1 考核结果与员工经济效益直接挂钩，对表现较差的员工必须根据考核情况进行培训，培训合格后再上岗；对各方面表现较好的员工进行适当奖励。

5.2 将员工考核情况纳入餐饮部质量分析内容，每月在进行服务质量分析的同时分析评估考核情况，使考核工作制度化、规范化。

2-5　餐饮部服务人员绩效考核标准

餐饮部服务人员绩效考核标准

1.目的

为使餐饮服务人员的绩效考核有据可循，特制定本标准。

2.适用范围

适用于本酒店各餐厅的员工。

3.考核扣分标准

3.1　基层岗位。

3.1.1　公共部分。

公共部分考核标准

考核项目	不符合规定的细节		扣分值
仪容举止5%	未按规定着装穿饰或配戴工号牌		2
	未按要求化妆或头饰不符合要求		1
	工作时未按要求站立或行走		1
	衣裤袋内装放与工作无关的物品		1
劳动纪律35%	考勤	迟到一次，扣1分	5
		早退一次，扣1分	
		病假两次，扣1分	
		事假一次，扣2分	
		旷工半天，扣5分，一天附加扣10分	
	工作时间扎堆聊天、嬉笑打闹或窜岗、脱离岗位		1
	工作时间接打私人电话或未讲普通话		2
	不按程序请假		2
	工作时间交手抱臂或双手插入口袋中		1
	在营业区域内抽烟、喝水、吃东西或擅用客用设施、物品		1
	工作时间看书、看报，做私事		1
	在公共场所做不雅动作		1

（续表）

考核项目	不符合规定的细节	扣分值
劳动纪律 35%	站姿未达标或靠（趴）在柜台、工作台上	1
	随背景音乐哼唱和自哼小调	1
	对客人不敬或嘲弄客人	2
	未按规定打卡或代人打卡或委托他人打卡	3
	工作时间内着工服外出或因私外出	2
	因私乘坐电梯或不按规定乘坐电梯	3
	不服从工作安排或工作上不与他人配合	4
	因违纪上酒店质检通报	5
礼仪要求 7%	对人无问候或未表示欢迎、迎送	1
	迎送客人未使用敬语或未面带微笑	1
	在通道上或公共场所行走时未礼让客人或有妨碍客人	1
	不按要求接打电话	2
	遇上司或同事无礼让或无礼貌	2
卫生质量 10%	卫生工作按要求只完成90%	1
	卫生工作按要求只完成70%～90%	2
	卫生工作按要求只完成50%～70%	3
	卫生工作按要求只完成50%以下	4
服务质量 18%	发生疏忽或不妥时,未及时向客人道歉	2
	递送、拿运物品未按要求使用托盘	1
	客人招呼时未及时应声并迅速提供服务	2
	现场作业时未对客人说明，影响周围客人消费	1
	台面(场型)摆放未按规范,物品不符合使用要求	1
	工作时间未主动为客人提供问询服务	2
	脱离工作岗位影响服务质量	2
	提供服务时因态度欠佳引起投诉	3
	工作过程中未考虑或未注重消防和公共安全	4

（续表）

考核项目	不符合规定的细节	扣分值
器物维护5%	负责器具、物料破损超标	2
	负责器具、物料有遗失	3
控制与节约5%	未按要求进行各项成本控制	2
	未按要求进行各项节约	3
		总85分

3.1.2 其他工作事项（具体针对各岗位部分）。（15%）

岗位名称	不符合规定的细节	扣分值
迎宾岗位	预订重复或出现差错或不熟悉当日预订情况	4
	用餐及消费情况记录、统计有错误	3
	不能熟记老顾客姓名或基本习惯	2
	未按要求迎送客人或脱离岗位	2
	未按要求主动为客人指引、介绍餐厅	2
	因疏忽造成其他工作失误	2
餐厅服务员（中西餐厅服务员）	点菜时未复述或未记上客人对菜肴的特殊要求造成上错菜	1
	对入座客人未保证1分钟内有服务	2
	结账时间超过3～5分钟或结账后未向客人道谢	2
	未为客人接挂衣帽、拉椅入座	1
	不了解菜单或不能流畅清晰地向客人推介或建议	2
	未根据菜点要求准备好必要的餐具，并进行配套服务	1
	斟酒水未按照操作规程与方法进行	1
	上菜时未报菜名、未做请的手势	1
	未及时更换餐、酒用具	1
	在送客后未及时收台或未提醒客人携带随身财物造成遗忘	1
	服务、出品未注重卫生、速度	1
	因疏忽造成其他工作失误	1

（续表）

岗位名称	不符合规定的细节	扣分值
备餐间服务员	传菜不准确、及时或传错菜	3
	未按出品要求配备调料或用具	2
	未协助值台服务员撤换脏空物品（收台）或做准备工作	3
	未按要求整理备餐间	2
	服务、出品未注重卫生	2
	因疏忽造成其他工作失误	3
西餐厅送餐员	送餐菜肴与客人要求不一致	2
	送餐送错地方	2
	未按要求替客人埋单	1
	客房送餐未在点菜后30分钟内到达	2
	未按规定借乘电梯	2
	服务、出品未注重卫生	1
	未按出品要求配备调料或用具	1
	未及时做准备工作或收回脏空物品	2
	因疏忽造成其他工作失误	2
吧台服务员	吧台出品与客人所点不一致	2
	吧台出品量与标准不一致	2
	未遵循“见单发货、按单出品”的规定	3
	当日酒水报表出现错误	2
	吧台准备或补仓工作不到位	1
	出品时未注重卫生	1
	出品不及时	1
	吧台物品摆放不整齐	1
	未按要求保管、储存茶酒、香烟及小吃等	1
	因疏忽造成其他工作失误	1

（续表）

岗位名称	不符合规定的细节	扣分值
大堂吧服务员	所上茶酒、饮料不及时或与客人要求不一致	3
	未及时添加茶酒水、撤换烟缸	2
	未主动向客人介绍茶艺典故和酒水制作方法	3
	服务操作未按规程或不规范	2
	未按出品要求配备调料或用具	1
	服务、出品未注重卫生	2
	因疏忽造成其他工作失误	2
餐厅领班	未主动协助主管做好日常管理工作	3
	未做好上传下达工作或工作情况未请示汇报	2
	工作过程中未起到表率作用	2
	未督导员工做好清洁卫生工作	2
	工作分配不公造成员工情绪波动或发现员工有思想波动未及时协调、上报	2
	收市后未做清场检查	2
	因疏忽造成其他工作失误	2
吧台领班	未主动协助主管做好日常管理工作	3
	未做好上传下达工作	2
	工作情况未请示汇报	2
	工作过程中未起到表率作用	2
	未督导员工做好清洁卫生工作	2
	收市后未做账物核查工作	2
	因疏忽造成其他工作失误	2
会议领班	未主动协助主管做好日常管理工作	3
	未做好上传下达工作	2
	工作情况未请示汇报	2
	工作过程中未起到表率作用	2
	未督导员工做好清洁卫生工作	2

（续表）

岗位名称	不符合规定的细节	扣分值
会议领班	收市后未做清场检查	2
	因疏忽造成其他工作失误	2
会议服务员	未按客人要求布置会议场地	3
	会场设备调试检查不到位	3
	未及时添加茶水、撤换烟灰缸	2
	斟茶、撤换烟缸姿势不规范	2
	服务、出品未注重卫生	2
	因疏忽造成其他工作失误	3
仓管员	未按单发货	2
	未按规定检查验收或补仓	3
	未按规定对管区物料实施监控与盘存	3
	未按要求对设备设施、用具清洁保养	3
	仓管物品不按要求摆放	2
	因疏忽造成其他工作失误	2
核算员	未按要求对管区成本实施监控与盘存	1
	未按期完成成本核算与报表	2
	未按规定建议核定产品或成品的市场价格	2
	未主动协助文秘完成办公室的日常工作	2
	核算结果出现错误	2
	未按要求对营业、成本报表建档	2
	泄露餐饮部的工作机密	2
	因疏忽造成其他工作失误	2
预订员	未保留预订客人姓名和电话或不按要求统计预订资料	1
	预订情况传达或汇报不及时	1
	不了解当天预订情况或预订出现重复或错误	2
	收取预订金后未提供正式收据	1

（续表）

<table>
<tr><th>岗位名称</th><th>不符合规定的细节</th><th>扣分值</th></tr>
<tr><td rowspan="5">预订员</td><td>未按要求签订协议或超权优惠</td><td>2</td></tr>
<tr><td>利用工作之便谋取私利</td><td>5</td></tr>
<tr><td>未按要求建立客户档案</td><td>1</td></tr>
<tr><td>泄露餐饮部的营业机密</td><td>1</td></tr>
<tr><td>因疏忽造成其他工作失误</td><td>1</td></tr>
<tr><td colspan="3">注：以上分数，月平均统计在9分以上为A档；7.5～9分为B档；6～7.5分为C档；6分以下的淘汰</td></tr>
</table>

3.2 餐饮部主管。

餐饮部主管考核标准

<table>
<tr><th>考核项目</th><th colspan="2">不符合规定的细节</th><th>扣分值</th></tr>
<tr><td>仪容2%</td><td colspan="2">仪容举止不符合酒店标准</td><td>2</td></tr>
<tr><td rowspan="10">劳动纪律
14%</td><td rowspan="4">考勤</td><td>迟到、早退一次，扣1分</td><td rowspan="4">4</td></tr>
<tr><td>病假两次，扣1分</td></tr>
<tr><td>事假一次，扣2分</td></tr>
<tr><td>旷工半天，扣4分，一天附加扣10分</td></tr>
<tr><td colspan="2">当班时间内脱离岗位或因私外出</td><td>1</td></tr>
<tr><td colspan="2">工作时间未讲普通话</td><td>2</td></tr>
<tr><td colspan="2">不按程序请假、休假</td><td>2</td></tr>
<tr><td colspan="2">未按规定打卡或代人打卡或委托他人打卡</td><td>1</td></tr>
<tr><td colspan="2">因私乘坐电梯或不按规定乘坐电梯</td><td>1</td></tr>
<tr><td colspan="2">因违纪受酒店质检通报</td><td>3</td></tr>
<tr><td rowspan="3">礼仪要求
5%</td><td colspan="2">迎送客人未使用敬语或未面带微笑</td><td>2</td></tr>
<tr><td colspan="2">未按要求接打电话</td><td>1</td></tr>
<tr><td colspan="2">遇客人、上司或同事无礼让或无礼貌</td><td>2</td></tr>
</table>

（续表）

考核项目	不符合规定的细节	扣分值
卫生质量 8%	客用物品卫生检查不达标	3
	公共卫生检查达标率60%～90%	2
	公共生检查达标率60%以下	3
现场督导 20%	员工发生工作疏忽或不妥时，未及时向客人道歉处理	2
	工作管理中未起到表率作用	2
	员工出现违规现象未及时纠正的	2
	客人提出意见得不到迅速解决或回应的	2
	管区服务环境或氛围影响客人消费情绪的	2
	管区不按规范要求摆放物品、设施的	2
	当班时间未主动与客人沟通或征询意见的	2
	提供服务时因态度欠佳引起投诉	3
	工作过程中未考虑或未注重消防和公共安全	3
日常管理 36%	员工班次安排不合理，造成工作影响	2
	未按要求组织员工学习培训	1
	未按要求统计经营资料或有差错的	2
	不了解当天货源供应(沽清)情况	1
	工作准备不充分或影响工作的	2
	未按要求进行市场调研或分析	2
	未按要求制作、登记客户消费档案	2
	未按要求协助或做好促销宣传工作	2
	未及时掌握、了解员工思想状况或造成人员流动超标	2
	未遵循操作规范，影响服务质量	2
	不按时参加部门例会、培训或其他活动	3
	未按时完成部门交办的工作任务	3
	工作上不配合、不支持他人	4
	利用工作之便以权谋私或徇私舞弊、滥用职权	4
	不服从工作安排或不执行部门指令	4

（续表）

考核项目	不符合规定的细节	扣分值
财产管理10%	对客用器具破损超标	2
	管区设施物品管理不善，造成损坏或丢失	2
	未及时报修、更换、添置设施、用品或用具	2
	未按要求进行盘存	2
	未按要求做好账务	2
成本、费用控制5%	未按要求进行各项成本、费用控制	2
	过度的节约或控制，影响服务质量的	3
总100分		
注：9分以上为A档；7.5～9分为B档；6～7.5分为C档；6分以下的淘汰		

3.3 餐饮部经理（副经理）。

餐饮部经理（副经理）考核标准

考核项目	不符合规定的细节		扣分值
仪容2%	仪容举止不符合酒店标准		2
劳动纪律14%	考勤	病假一天　扣2分	4
		事假一次　扣4分	
	当班时间内脱离岗位或因私外出		3
	工作时间未讲普通话		3
	不按程序请假、休假		4
现场督导26%	主管出现违规现象未及时纠正的		3
	工作未起到表率作用		3
	下级或宾客提出意见得不到迅速解决或回应的		3
	对管区督导不严		3
	宾客就餐时间不在营业一线		3
	未主动与宾客沟通或征询意见		3
	工作过程中未考虑或未注重消防和公共安全		4
	其他督导工作		4

（续表）

考核项目	不符合规定的细节	扣分值
日常管理 38%	不了解市场、同行变化或经营策略	3
	未按要求组织员工学习培训	3
	未按要求统计经营资料或有差错的	3
	不了解当天销售预订情况	3
	工作准备不充分或影响工作的	3
	未及时进行市场调研或分析	3
	未督导制作、登记客户消费档案	3
	未按要求协助做好促销宣传工作	3
	未及时掌握、了解员工思想状况或造成人员流动超标	2
	未遵循操作规范，影响对客服务	2
	未及时完成上级交办的工作任务	2
	工作上不配合、不支持他人	2
	利用工作之便以权谋私、徇私舞弊、滥用职权	2
	其他工作差错	2
	不服从工作安排或不执行部门指令	2
财产管理 15%	未检查、控制对客用器具的破损情况	3
	督办不力，造成管区设施物品损坏或丢失	3
	未及时督导管区报修、更换、添置设施、用品或用具	3
	未按要求监督盘存工作	3
	未按要求监督做好账务工作	3
成本、费用控制 5%	未按要求监控管区成本、费用使用情况	5
总100分		
注：以上分数，月平均统计在9分以上为A档；7.5～9分为B档；6～7.5分为C档；6分以下的淘汰		

2-6 工程部绩效考核制度

工程部绩效考核制度

1.目的

为了规范工程部门的绩效标准，使工程部门的考核工作有据可依，同时，体现公平、公正的原则，并更好地利用考核结果，发挥绩效考核的作用，特制定本制度。

2.适用范围

工程部督导、工程部员工、工程部试用人员。

3.管理规定

3.1 工程部门实行积分考核制度，每月每人100分，与工资相挂钩。每违反一项，根据不同标准给予减分；达到加分条件，根据标准给予加分奖励。工程督导及优秀员工每年评选一次，实行末位淘汰制，连续2个月积分最低的员工将不被录用。

3.2 此加分标准只限当月积分。

150分以上　督导候补人员　奖励200元

120～130分　督导候补人员　奖励100元

116～119分　优秀员工　奖励80元

110～115分　优秀员工　奖励50元

106～109分　优秀员工　奖励20元

100～105分　优秀员工　奖励10元

95～99分　及格线，发放全额工资

90～94分　发放工资总额的95%

85～89分　发放工资总额的90%

80～84分　发放工资总额的85%

75～79分　发放工资总额的80%

70～74分　发放工资总额的75%

70分以下　至人力资源部报到

3.3 考核扣分标准。

考核扣分标准如下页表所示：

工程部考核扣分标准

考核项目	标准要求	扣分标准
岗前培训	1.熟悉员工手册内容 2.熟悉酒店打卡签到、考勤及工程部考核、卫生、维修等各项管理制度 3.熟悉酒店电梯乘坐制度和工程部报修、物品领用、卫生制度和维修操作流程 4.熟练掌握酒店所有管道、阀门位置及走向 5.熟练掌握酒店电路开关情况	此项不合格，不予录用
上班前	1.在部门签到本上签字 2.穿好工作服，佩戴工号牌，工装必须保证完好、清洁，工作牌必须挂在左口袋位置 3.员工班前提前5分钟进入工作岗位	每违反一次，扣1分
交接班	1.工具交接：根据工具明细，认真核对工具数量，如有不符，及时查对，丢失按原价赔偿，工具自然磨损需核实后以旧换新。交接完毕后，出现工具损坏或丢失，未在交接班记录中说明的，由接班人负全部责任，工具核对数量不正确且未找到责任人的，接班人可拒绝接班 2.设备交接（锅炉房、燃气间、空调机组、电梯机房、配电柜）：交班人交班前需检查设备运行情况并详细记录，保证酒店用水、用气、用电正常供应。接班人接班时检查设备运行情况，签字接班后出现问题的，由接班人负责 3.电脑机房交接：每班次上班后及时巡视设备运行情况，发现问题，需及时上报主管领导 4.工程钥匙交接：交接班时，交班人与接班人共同检查钥匙数量是否齐全，接班人签字后出现钥匙丢失的，直接追究接班人责任 5.遗留问题交接：每班次交接班，遗留问题未交接清楚的，处理交班人；接班人签字的，处理接班人和交班人	每违反一次，扣1分
值班	1.每日8:30前配电室抄表并计算用水、用电、用气量，并与每日晨会汇报数据 2.不定期巡查各楼层，保证酒店公共区域设施设备的正常运行 3.公共区域维修需在第一时间及时处理 3.规定的时间内配合其他部门控制电梯进行物品运输 4.按规定时间开关中央空调，特殊情况需提前或延时开关时间的需经部门负责人同意 5.检查室外照明情况，严格按照规定时间开关，并根据季节变化及时调整 6.保证对讲机正常通信	每违反一次，扣1分

（续表）

考核项目	标准要求	扣分标准
工作用时	1.规定报急修必须5分钟赶到现场处理完成，特殊原因，及时上报部门经理 2.规定对于小修的问题，报修后当日内必须完成 3.规定对于大修的问题，当日未能完成的，需向部门经理汇报具体情况后再下班 4.对于报修的问题，如无特殊原因，必须完成后当日验收；有特殊原因的，上报经理和领班，待说明情况后再下班	每违反一次，扣3分
工作效率	1.不能够在领导规定的时间内完成维修工作 2.维修过程中不认真工作的 3.维修时故意拖延时间的	每违反一次，扣3分
工作纪律	1.严格按照维修操作流程工作 2.在前台区域维修应遵守三轻原则，在客人面前要注意礼貌，不大声喧哗，每项工作结束后，都必须做到工作完毕、场地清洁 3.未经工程主管同意不得擅自离岗（每违反一次，扣5分，给单位造成损失的，由人事部处理） 4.严格遵守各项操作规程，工作中将安全放在第一位，确保人身安全，违反操作规程造成设施设备损坏的，视情节严重给予相关责任人处罚（每违反一次，扣5分并处罚金） 5.未严格执行酒店物品损坏鉴定制度的（每违反一次，扣5分；给酒店造成严重损失的，扣20分，并处罚金）	每违反一次，扣3分
工作质量	1.维修工作中维修质量不合格的 2.维修完成验收后同一问题48小时内返修的 3.维修工作中，部门负责人检查出问题，未及时整改的 4.维护保养不到位、不彻底的 5.工作质量原因返工浪费酒店原材料和影响客房入住的（每违反一次，扣10分，严重的扣20分，并处罚金）	每违反一次，扣5分
工作态度	1.服从领导工作安排和班次调整 2.工作过程中，礼仪礼节合理规范 3.报修签单后当天无正当原因未安排或未去维修的 4.工作过程中需协调好各部门之间关系的 5.计算水、电、气用量或抄表错误的 6.严格规范填写维修单，维修完毕，填写完整后，保留存档 7.工作不认真造成酒店经济损失的（每违反一次，一般扣5分，严重的扣10分，并处罚金） 8.维修工作中，破坏酒店财产的（每违反一次，一般扣5分，严重的扣10分，并处罚金）	每违反一次，扣3分

（续表）

考核项目	标准要求	扣分标准
礼仪规范	1.礼貌服务，客人满意 （1）注重仪表仪容，礼貌服务，用敬语：你好、谢谢、对不起、打扰了 （2）对客服务应主动招呼，进客房必须有服务员敲门或开门 （3）维修时穿工作服，佩戴工号牌，见客人要主动让路 （4）客户满意率达99%以上 2.协作精神、沟通与协调 （1）能与任何人合作共事，协调能力强 （2）团队精神、互帮互教互学，协作意识强 （3）尊敬领导和同事，团结互助 （4）工作严谨、细致、服从分配 （5）对临时任务不推诿	符合条件，加1～5分
工作技能	1.工作能力，维修技能 （1）工作能力强，一专多能，能胜任万能工，熟练维修保养工作 （2）分析能力强，迅速找出故障原因，并及时排除，减少酒店损失的 （3）判断问题慎重、处理问题果断准确，尽量减少酒店损失的 （4）熟悉自己所管辖的机器设备并延长其寿命 2.业务知识、专业水平技工等级 （1）业务知识丰富，能胜任所承担工作 （2）能够指导帮助其他员工提高进步的 （3）对所学专业有理论、有实践 （4）刻苦学习，钻研技术，积极参加培训的 （5）积极开展节能降耗活动，并取得明显效果	符合条件，加1～5分
规章制度	1.违反酒店吸烟规定的 2.违反酒店电梯使用规定的 3.违反酒店考勤制度的 4.违反酒店出入管理制度的 5.非工作需要不得从酒店大堂出入 6.酒店明令禁止的行为及其他违纪行为 7.无故不参加部门晨会和培训的 8.无故不参加酒店组织的各项活动和培训的	每违反一次，扣5分并处罚金
卫生区域	1.个人卫生责任区域出现问题的 2.安排打扫卫生不彻底的 3.维修工作完成后，现场清理不彻底的	每违反一次，扣3分

（续表）

考核项目	标准要求	扣分标准
投诉	接到部门投诉，经核实确属工程部员工责任的	每一次，扣5分并处罚金
加分奖励	1.服务热情，技术熟练，受到客人或部门领导表扬的 2.对酒店提出的建议并被采纳的 3.不断学习，掌握新的技术或通过国家相应资格认证的 4.对有维修价值的废旧物品维修后再利用，为酒店节省资金的 5.及时发现外来施工偷工减料问题的 6.工作业绩包括设备运行、维修保养、节能效果 （1）所管辖设备运行正常，无意外事故 （2）维修保养及时，客人满意，无投诉 （3）节能效果显著，控制在12%以内 7.工作效率包括维修速度和质量 （1）工作效率高，无拖拉，小修不过夜，急修5分钟内到达现场 （2）维修速度快，无返工现象，公共区域无不亮的灯 8.责任感、工作认真、客人反映好 （1）工作责任感强，差错率为零，客人满意 （2）认真负责，耐心细致，不怕麻烦，主动到报修部门取维修单 （3）按规定做好交接班工作 （4）机房卫生清洁无漏洞，每天进行量化考核 （5）脏活、重活、累活抢在先，工作积极主动 9.思想品德高，遵守规章制度 （1）思想进步，进取心强，树立正气 （2）坚持原则，遵守纪律制度，按员工手册办理 （3）作风正派，不计较个人得失 （4）廉洁奉公，不谋私利，不动用酒店任何物品 （5）准时出勤，着装达标，仪表整洁，提前5分钟接班 10.服务态度好，完成上级工作指令 （1）有酒店服务意识，一切为客人方便，使客人满意 （2）服务态度热情周到，维修及时 （3）接急修电话5分钟内到达现场 （4）按时、按要求完成任务，不拖拉 （5）不出差错，出了差错不推诿 （6）比上级领导要求完成得更好，维修完要清洁场地 （7）严格执行维修操作流程	最少加1分，上不封顶

2-7 工程部员工月度考核评估细则

工程部员工月度考核评估细则

1.目的

为了规范工程部员工的行为，确保工程部员工的评估考核有据可依，特制定本细则。

2.适用范围

适用于酒店工程部员工。

3.月度考核评估细则标准

月度考核评估细则

考核指标	标准	分值
仪容仪表	3次不符合酒店仪容仪表、礼貌礼节规范	1
	2次不符合酒店仪容仪表、礼貌礼节规范；见到同事与客人能按标准问候，但语言和举止不够自然大方或偶尔忽视礼节	2
	每天符合酒店仪容仪表、礼貌礼节规范，每次见到同事与客人能自然大方地按标准问候	3
	每天仪容仪表规范，注意细节，整体感觉出色并得到大部分客人和同事的认可	4
	每天按规范保持仪容仪表，整体感觉出色，举止具有酒店员工的气质	5
各部门或客人的反馈	因不按工作流程及标准操作，受到投诉1次以上	1
	因不按工作流程及标准操作，受到批评1次以上	2
	当月对设备操作和维修工作按标准操作，各部门反馈正常无投诉	3
	受到各部门或顾客口头表扬有2次以上，对各部门或顾客服务无投诉	4
	受到各部门或顾客口头表扬或书面表扬3次以上，对各部门或顾客服务无投诉	5
岗位知识	不熟悉本部门规章制度、不具备一专多能技能	1
	熟悉本部门规章制度，本岗位知识不全面，不能独当一面	2
	熟知本部门规章制度，具备一专多能技能，并能独立工作	3
	熟知本部门规章制度，技术多样化，并能充分运用到工作中，同时能帮助他人工作，得到多数人赞许	4

（续表）

考核指标	标准	分值
岗位知识	熟知本部门规章制度，技术全面、精湛，能够熟练运用同时不断学习，并能够对新员工进行培训和指导，协助部门经理解决工作中的疑难问题并有独到见解	5
专业知识及特长	专业知识不强，但可以完成没有技术的体力性工作	1
	有专业知识，能独立处理自己专业方面技术性不强的日常维修	2
	具备某一专业方面的知识，能独立处理自己专业技术方面的日常维修	3
	某一专业方面的知识较强，能独立自主处理自己专业技术方面的日常维修，并能帮助他人工作和学习，得到大多数同事认可	4
	某一专业方面的知识很强，具备独立自主处理专业技术方面的疑难问题的能力，能协助部门经理解决技术性问题并有创新能力	5
返修率、二次伤害	工作中对设施设备造成不可修复的损伤	0
	经常维修后需上司去检查并返工	1
	一个月内有3次返修，或一次工作时对设施设备造成能修复的损伤	2
	一个月内有1次返修；工作仔细，爱惜设施设备，没造成设备损伤	3
	工作中没出现过返修， 很爱惜设施设备，并能配合帮助同事工作	4
	工作效率高，并能协助部门经理解决别人需返修的疑难工作	5
工作记录	不认真填写报表、巡查表、工作记录、维修单，出现问题经常不上报；维修信息未反馈相关部门或上司	1
	不认真填写报表、巡查表、工作记录、维修单3次，出现问题3次不及时上报；维修信息3次未及时反馈相关部门或上司	2
	认真填写报表、巡查表、工作记录、维修单，出现问题及时上报；维修信息及时反馈相关部门或上司	3
	认真填写报表、巡查表、工作记录、维修单，出现问题及时上报；维修信息及时反馈相关部门或上司，对于疑难问题能积极想办法解决并有成效，受到部门经理表扬1次	4
	认真填写报表、巡查表、工作记录、维修单，出现问题及时上报；维修信息及时传递给相关部门或上司，对于疑难问题能积极主动协助主管解决，受到主管3次表扬或部门经理2次表扬	5

（续表）

考核指标	标准	分值
准时工作及准时完成工作	当月迟到超过2次或累计达30分钟至1小时，或有3次以内无理由未按时完成领导安排的各项工作（含班组、部门会议和部门、人力资源部组织的培训）	1
	当月迟到、早退共超过2次或累计不超过30分钟；连续2次以上没有提前15分钟到岗或有2次未按时完成领导安排的各项工作（含班组、部门会议、部门巡查工作和部门、人力资源部组织的培训）	2
	按时上班（严格执行提前15分钟到岗）无迟到、早退，当月全勤，按时圆满完成领导安排的各项工作	3
	无迟到、早退，提前15分钟到岗，且经常提前圆满完成领导安排的各项工作，得到主管或工程师认可并表扬2次以上	4
	无迟到、早退，提前15分钟到岗，且工作高效，每次提前圆满完成领导安排的各项工作，得到部门经理赞许	5
关注质量细节	工作失职，造成设施设备不可修复的损伤1次	0
	观察能力差，经常将明显的且属于能够解决的设施设备质量问题呈现在顾客面前；或工作失职，造成设施设备可修复的损伤2次	1
	观察能力较弱，偶尔将明显的且属于能够解决的问题呈现在顾客面前；或工作失职，造成设施设备可修复的损伤1次	2
	保证自己工作服务区域的整体氛围，无细节问题	3
	保证自己工作服务区域的整体氛围，同时能经常向上级提出区域或部门的细节问题及解决措施	4
	经常通过观察服务于营业部门开口之前，获得营业部门的好评，同时能经常向上级提出服务工作区域或部门的细节问题及解决措施，本月有2次合理化建议并能够实施，得到部门经理认可	5
工作效率及善后事宜	不能认真做好本职工作，并在工作结束后不做卫生，不处理善后事宜引起一线部门投诉	1
	30%以上工作需要请上司帮忙解决，30%以上一人能完成的工作需要请人协助，在规定时间内不能完成工作，事后不注意细节	2
	工作没有效率，但还是能独立完成工作，能认真做好卫生工作及设备设施复原等善后工作	3
	能在规定时间内完成工作，并能认真做好卫生工作及设备设施复原等善后工作，及时与被服务部门保持沟通协调，受到营业部门认可	4
	认真按照正确的方法进行工作，并严格按照程序做好卫生工作及设备设施复原工作，与被服务部门保持沟通协调，经常受到营业部门表扬	5

（续表）

考核指标	标准	分值
区域卫生达标	当月卫生3次以上不合格	1
	当月卫生2次不合格	2
	当月卫生1次不合格	3
	当月卫生合格	4
	当月卫生全部合格，整体干净、整洁、美观	5
团结协作	协作任务完成效果较差经常有怨言，与同事之间关系处理很差	1
	只做自己分内的事，需领导分配才能协助同事，协作意识较差，偶尔有怨言，与同事之间关系处理一般	2
	当客人或部门提出需要协助时，提供一站式服务和帮助，达到部门首问负责制要求，与同事之间关系良好	3
	不需他人提出，便能积极主动帮助客人或同事，与同事之间关系良好	4
	有助人为乐的精神，积极主动助人创造良好团队氛围，并因此得到同事或客人的表扬与感谢的	5
了解自己的工作	得过且过，过一天算一天地混日子，并因失职造成责任事故1次	0
	不思进取，混日子，当班事情不主动，经常犯错误	1
	条理不清，忙无成绩，虽勉强完成工作，但效果不好，当月有1次失职	2
	了解自己的工作职责，能按标准完成工作，当月无失职行为	3
	思路清晰，工作有一定的条理性和预见性，能把自己当班工作隐患及时排除并形成案例对同事进行教育、指导	4
	做事分轻重缓急，有条不紊地完成工作，并能将工作效果不断提高，同时能协助部门经理不断完善工作流程，一个月内有2次合理化建议得到采纳	5
沟通能力	拒绝沟通或不能正确对待他人的沟通，拒绝解决与己相关的问题（表现固执）	1
	自己的问题需要他人主动沟通才能达成共识，解决问题	2
	主动与人沟通，有解决问题的意识	3
	主动采用正确的沟通方式与人沟通，能够相互达成共识，基本解决问题	4
	每次沟通都效果很好，都能使双方愉快地接受观点、解决问题	5

（续表）

考核指标	标准	分值
安全意识	无安全意识，工作中违反安全操作制度2次，但无责任事故	1
	安全意识淡薄，工作中违反安全操作制度1次，无责任事故	2
	有安全意识，能遵守安全规定制度	3
	安全意识较强，能够主动发现安全隐患并上报	4
	安全责任意识较强，能够主动发现工作中安全细节问题，并积极上报领导，同时还协助其他成员发现解决其他安全问题	5
工作信息反馈及维修及时性	运行工作或维修工作，没有向上级汇报的习惯，维修经常不及时	1
	运行工作处理情况或维修不及时，有1次未向上级反馈信息，导致营业部门或客人投诉	2
	运行工作处理及时、维修及时，并能向上级汇报工作情况或与各部门横向保持信息互通	3
	运行工作处理及时，能每15分钟巡查一次设备房运行设备，维修工维修及时，能向上级汇报工作情况或与各部门横向保持信息互通，时常有合理化建议，工作有预见性，工作效率高	4
	运行工作处理及时、能每15分钟巡查一次设备房运行设备、维修工维修及时，并能向上级汇报工作情况或与各部门横向保持信息互通，时常有合理化建议，工作效率高，并能以经常主动帮助上司解决工作上的问题，得到部门经理认可	5
随机应变能力	不能发现问题，无法解决问题	1
	不能发现问题，但能协助解决问题	2
	独立处理日常事务，协助解决问题	3
	能够发现问题并积极寻求办法解决，灵活处理一般性突发事件，让营业部门满意	4
	主动发现问题并寻求解决办法，灵活妥善处理复杂的突发事件（含投诉）并让部门和客人满意	5
通信保障及酒店整体意识	无酒店整体意识，班后无法联系	1
	稍有酒店整体意识，班后能联系上，但很费周折，酒店有事时基本能到	2
	有酒店大家庭的意识，随时保持通信畅通，酒店有事随喊随到	3
	有酒店大家庭的意识，关注酒店，通信畅通，酒店有需要协助的事立即响应，无怨言	4
	把酒店的事当成自已的事，随时关注酒店的运行和经营状况，班后随时与酒店保持联系，酒店有需要协助的事立即响应，无怨言	5

（续表）

考核指标	标准	分值
成本控制及节能降耗工作	当月所辖区域或设备有成本浪费现象累计2次，如：未及时关灯、关水龙头，没有修旧利废的意识，野蛮操作损坏配件，致维修成本上升	1
	当月所辖区域或设备有浪费现象累计1次；修旧利废的意识差，有1次野蛮操作损坏配件或能修的配件不修，换新的事情发生	2
	当月所辖区域或设备没有成本浪费现象，有修旧利废的意识，并经常在工作中体现出来，能修尽量修	3
	当月所辖区域或设备未出现成本浪费，并很善于注意各部门的能耗情况，及时向上级通报，有修旧利废的意识，能积极主动地进行废旧再利用工作，得到部门主管认可、表扬，提合理化建议并被采纳2次	4
	当月所辖区域或设备不仅未出现成本浪费，且节约意识强，有节约记录；能主动配合各部门做好节能工作修旧利废且意识强，经常利用业余时间开展修旧利废工作，取很好的效果，得到部门经理表扬，提合理化建议取得明显成效的	5
计划保养、巡回检查	没有责任心，没能认真做或当月有3次以上没做（含3次）；1次巡查不力造成事故的	1
	能做，但需安排、督促或当月有2次以上没做（含2次）；1次巡查不力造成设备损坏或浪费能源超过100元以上的	2
	不需要安排能自觉做，效果较好	3
	能主动地做好，不需要监督检查，确保所管辖区域安全无故障	4
	能积极做好自己分内工作，效果很好，并能主动协助主管或工程师完成工作，受到主管通报表扬的	5
学习	对学习酒店知识及专业技术完全无兴趣，并且无行动	1
	在上司的要求下，能参与学习，但心不在焉，效果不明显	2
	能主动学习，并积极参加酒店和部门组织的各类学习活动，效果较好	3
	主动学习，并积极参加酒店和部门组织的各类学习活动，效果明显，工作质量明显提高	4
	主动学习，并积极参加酒店和部门组织的各类学习活动，效果明显，工作质量逐步提高，并能帮助同事学习提高	5

2-8 营销部员工绩效考核方案

营销部员工绩效考核方案

1.目的

为了更好地调动营销人员的工作积极性，提高酒店整体业绩，打造一支更加专业、高效的营销团队，根据目前营销部现实情况，特制定本方案。

2.适用范围

适用于本酒店营销部门。

3.管理规定

3.1 关于价格权限。

3.1.1 客房方面。

(1) 除营销部外的酒店其他人员均不得向客人提供酒店包括：协议价、订房公司建议售价等协议、合同类合作价格；已接待过的各类会议及团队价格以及与现行价格体系中不符的所有价格。

(2) 各部门经理均享有前台售价8.5折的最低价格权限；总值经理可视当日酒店入住情况最低可享有现行协议价的折扣权限，但必须留下客人的姓名、单位、有效联系方式（如手机等），以便营销部进行跟进。

(3) 营销部销售主管以上级别员工有给予客户不低于酒店协议价的客房、会议室等消费的折扣权。

(4) 如遇特殊价格必须请总经理批示。

3.1.2 餐饮方面。

(1) 各部门经理及营销部销售主管以上级别员工均享有最低至8.5折的价格权限（烟、酒、海鲜除外）。

(2) 各类团队餐及宴席一经商定均不允许打折。

(3) 特殊价格必须请总经理批示。

3.1.3 康乐方面。

(1) 各部门经理及营销部销售主管以上级别员工均享有最低至8折的价格权限（烟、特饮除外）。

(2) 如遇特殊价格必须请总经理或副总经理批示。

备注：以上各类折扣优惠均不与酒店当时、当季促销活动同时享受。

3.2 营销部业绩考核范畴。

营销部业绩考核范畴应包括：

3.2.1 客房：会议团队、旅行社团队、协议散客、网络订房等一切由营销部进行开发、接待、维护的客人的用房。

3.2.2 餐饮：会议团队、旅行社团队、经营销部预订的散客餐、协议客户散客餐等一切由营销部进行开发、接待、维护的客人的用餐。

备注：业绩考核范畴不包括返佣金额。

3.3 销售经理/销售主管销售模式(区域销售)。

3.3.1 部门根据2011年9月至2012年12月客户消费排名，将排名前100名的客户平均分配给各销售经理/销售主管跟进。

3.3.2 客户须将前期自己负责的已划入其他销售经理/销售主任销售区域的客户进行交接，由专人进行跟进维护工作（由特殊原因造成的跨区销售由部门内部协商解决）。

3.3.3 以下销售信息需报部门经理，由部门经理进行调配：

（1）自来的非协议客户（含亲自来店、电话咨询等）。

（2）异地客户。

3.4 个人任务及薪金待遇。

3.4.1 工资结构(人民币)。

工资=底薪+提成+补贴

(其中底薪＝70%业绩工资+30%行政工资)

备注：

（1）补贴包括交通补贴+通信补贴+误餐费。

（2）业绩工资与每人销售任务完成比例相关；行政工资与每日拜访量、新签协议量、行政考核等相关。

（3）业绩工资、行政工资发放比例见下面的“行政考核表”。

3.4.2 部门内各职务工资标准。

销售经理：任务底薪1200元+(实际完成−个人任务)×提成比例+补贴300元

销售主管：任务底薪1000元+(实际完成−个人任务)×提成比例+补贴200元

销售文员：底薪1000元+话费补贴100元

试用期销售经理：任务底薪1100元+补贴200元

试用期销售主管：任务底薪900元+补贴100元

试用期销售文员：底薪900元

3.4.3 个人任务分配。

（1）所有销售经理每月销售总任务 10 万元，其中餐饮任务 3 万元，客房任务 7 万元（含会议室）；销售主管每月销售总任务 8 万元，其中餐饮任务 2 万元，客房任务 6 万元

（含会议室）。

（2）新进销售经理试用期为三个月，第一个月不进行业绩考核，但可按实际业绩的5‰予以奖励；第二个月任务为4万元，超额部分按1%进行提成；第三个月任务为8万元，超额部分按2%进行提成。试用期销售经理月任务不进行客房、餐饮分解。

（3）新进销售主管试用期为三个月，第一个月不进行业绩考核，但可按实际业绩的5‰予以奖励；第二个月任务为4万元，超额部分按1%进行提成；第三个月任务为7万元，超额部分按2%进行提成。试用期销售主管月任务不进行客房、餐饮分解。

（4）销售主管升任销售经理试用期为两个月，第一个月任务9万元；第二个月任务10万元。

（5）行政考核内容及指标。

营销部员工根据以下表格进行行政考核：

行政考核表

项目	指标	占行政考核比例
出勤率	100%	20%
填表率	100%	20%
拜访量	上门8家/天或有效电话拜访20家/天	20%
新签协议数	5份/周	20%
工作总结及计划	1份/周、月	20%

（6）指标完成及薪金发放对照表（如遇百分比后的小数点数，实行四舍五入）。

指标完成及薪金发放对照表（经理级）

业绩工资	职务	业绩工资总额	分类	总额	完成率	发放比例	实发工资
底薪×70%	销售经理	840元（餐饮：客房=3：7）	餐饮	252元	90%以上	100%	252元
					80%～89%	90%	227元
					70%～79%	80%	202元
					60%～69%	70%	176元
					50%～59%	60%	151元
					40%～49%	50%	126元

（续表）

业绩工资	职务	业绩工资总额	分类	总额	完成率	发放比例	实发工资
底薪×70%	销售经理	840元（餐饮：客房=3：7）	客房	588元	90%以上	100%	588元
					80%～89%	90%	529元
					70%～79%	80%	470元
					60%～69%	70%	412元
					50%～59%	60%	353元
					40%～49%	50%	294元
					40%以下	40%	235元
底薪×70%	试用期销售经理	770元（餐饮：客房=3：7）	餐饮	231元	90%以上	100%	231元
					80%～89%	90%	208元
					70%～79%	80%	185元
					60%～69%	70%	162元
					50%～59%	60%	139元
					40%～49%	50%	116元
					40%以下	40%	92元
			客房	539元	90%以上	100%	539元
					80%～89%	90%	485元
					70%～79%	80%	431元
					60%～69%	70%	377元
					50%～59%	60%	323元
					40%～49%	50%	270元
					40%以下	40%	216元

行政工资	职务	行政工资总额	等级	完成率	发放比例	实发工资
底薪×30%	销售经理	360元	A	90%～100%	100%	360元
			B	80%～89%	90%	324元
			C	70%～79%	70%	252元
			D	70%以下	50%	180元

（续表）

行政工资	职务	行政工资总额	等级	完成率	发放比例	实发工资
底薪×30%	试用期销售经理	330元	A	90%～100%	100%	330元
			B	80%～89%	90%	297元
			C	70%～79%	70%	231元
			D	70%以下	50%	165元

指标完成及薪金发放对照表（主管级）

业绩工资	职务	业绩工资总额	分类	总额	完成率	发放比例	实发工资
底薪×70%	销售主管	700元（餐饮：客房=3：7）	餐饮	210元	90%以上	100%	210元
					80%～89%	90%	189元
					70%～79%	80%	168元
					60%～69%	70%	147元
					50%～59%	60%	126元
					40%～49%	50%	105元
					40%以下	40%	84元
			客房	490元	90%以上	100%	490元
					80%～89%	90%	441元
					70%～79%	80%	392元
					60%～69%	70%	343元
					50%～59%	60%	294元
					40%～49%	50%	245元
					40%以下	40%	196元
	试用期销售主管	630元（餐饮：客房=3：7）	餐饮	189元	90%以上	100%	189元
					80%～89%	90%	170元
					70%～79%	80%	151元
					60%～69%	70%	132元
					50%～59%	60%	113元
					40%～49%	50%	95元
					40%以下	40%	76元

（续表）

业绩工资	职务	业绩工资总额	分类	总额	完成率	发放比例	实发工资
底薪×70%	试用期销售主管	630元（餐饮：客房=3：7)	客房	441元	90%以上	100%	441元
					80%～89%	90%	397元
					70%～79%	80%	353元
					60%～69%	70%	309元
					50%～59%	60%	265元
					40%～49%	50%	221元
					40%以下	40%	176元
行政工资	职务	行政工资总额	等级	完成率		发放比例	实发工资
底薪×30%	销售主管	300元	A	90%～100%		100%	300元
			B	80%～89%		90%	270元
			C	70%～79%		70%	210元
			D	70%以下		50%	150元
	试用期销售主管	270元	A	90%～100%		100%	270元
			B	80%～89%		90%	243元
			C	70%～79%		70%	189元
			D	70%以下		50%	135元

指标完成及薪金发放对照表（文员）

职务	底薪	等级	行政完成比例	行政工资发放比例	行政工资实发金额
文员	1000元	A	100%以上	100%	1000元
		B	85%～99%	95%	950元
		C	75%～84%	80%	800元
		D	60%～74%	70%	700元
试用期文员	900元	A	100%以上	100%	900元
		B	80%～99%	95%	855元
		C	70%～79%	80%	720元
		D	60%～69%	70%	630元

提成比例及分级

等级	超额范围	提成比例		提成奖励范围	
		餐饮	客房	餐饮	客房
A	0～50000元	2%	4%	0～1000元	0～2000元
B	50001～100000元	1.8%	3%	900～1800元	1500～3000元
C	100001～150000元	1.5%	2.5%	1500～2250元	2500～3750元
D	150001～200000元	1.3%	2%	1950～2600元	3000～4000元

注："超额范围"是指完成个人总任务之外的业绩，按照以上比例提成。

3.4.4 连续3个月个人总任务完成率为45%及以下者，或连续3个月"行政工资"为C等即完成率为80%及以下者则酒店将调换到其他工作岗位或劝其离职。

3.4.5 销售经理如连续3个月未完成任务则降级为销售主管，销售主管如连续3个月未完成任务则降级为试用销售主管，直至调换到其他工作岗位或劝其离职。

3.5 其他规章制度及考核标准。

参看酒店员工手册。

3.6 销售经理工资统计发放流程。

销售经理、销售主管每月实发工资金额由营销部文员按此方案根据酒店收银系统相关数据统计及日常行政考核记录进行计算后报部门经理审核确认，经总经理批示后方可发放。

2-9 酒店营销员工薪酬考核办法

酒店营销员工薪酬考核办法

1.目的

为了建立以工作绩效为基础的、以业绩取酬为原则的激励机制，激发员工的工作积极性，提高工作效率，特制定本办法。

2.适用范围

适用于营销部员工。

3.管理规定

3.1 营销部指标考核。

3.1.1 营销经理的效益工资=（效益工资×各营销人员+/−效益工资的百分比+前台同级员工效益工资平均值）÷2+/−管理指标

3.1.2 营销经理助理：经济指标：每月客房收入40000元

营销员：每月客房收入30000元。

备注：餐饮收入折算客房收入的办法：

（1）每桌餐饮最低消费标准不得低于600元。

（2）餐饮毛利率确定为40%。

（3）每创造餐饮毛利1000元，可折算为200元的客房收入。

3.1.3 经济指标必须符合下列条件：

（1）经济指标是经营销人员通过上门推销等主动促销形式而招徕的生意。

（2）客户指名并直接找有关营销人员所发生的预订或上门生意。

（3）所有推销来的生意在时间上必须具有超前性。即对于客户已入住酒店或已发生生意行为后找有关营销人员洽谈价格、服务项目不作为营销人员的经济指标。

（4）对于酒店管理人员或其他各级员工介绍给有关营销人员的生意，经营销人员努力而促成的生意，可将本档营业额（限房费）的10%作为该营销员的经济指标。

（5）所有经推销创造的收入必须建立在酒店财务部实际收到该笔金额款项的基础上。

（6）对于非经营销人员的推销而发生的酒店其他应收款，营销人员应酒店要求而催收的，酒店可按实际催收应收款的5%记入该营销人员的经济指标。

3.1.4 营销人员推销而赢得的生意必须按下列程序进行，否则将视为无效：

（1）将推销得来的营业额填入“营销人员业务联系单”并签上名字。

（2）经营业部经理签批后，一联交至财务部，另一联存档。

（3）每月月底由财务部审核后交运转总经理批准。

3.2 管理指标。

3.2.1 服从意识：所有营销人员必须服从营销经理的统一领导，不折不扣地完成营销经理安排的各项工作任务。否则每发生一次，扣当事人2%～10%的效益工资。

3.2.2 协作精神：所有营销人员必须配合其他营销人员做好接待工作。如其他营销人员提出合作要求或营销经理布置有关需配合做好其他营销人员的接待工作，而不予配合的，每发现一次，扣当事人5%～15%的效益工资，对主动配合他人做好接待工作成绩突出者，将予以加5%～15%的效益工资。

3.2.3 全局利益：各营销人员必须以酒店全局为重。严禁营销人员间靠相互压价的不正当竞争手段而招徕生意。如发现将扣去100%效益工资，赔偿差价，情节严重者将予以除名处理。

3.2.4 其他管理指标参照酒店管理指标的规定执行。

3.2.5 个人工作表现考核：根据营业部及酒店各项规章制度，奖惩条例考核。

3.3 营销人员营业指标与工资。

3.3.1 当营销人员完成客房3万元指标时，全额享受效益工资。

3.3.2 当营销人员完成客房收入为3.1万～4万元时，每增加2000元收入，增3%效益工资。

3.3.3 当营销人员完成客房收入为4.1万～9万元时，每增加2000元收入，增5%效益工资。

3.3.3 当营销人员完成客房收入为9.1万元以上时，每增加2000元收入，增8%效益工资。

3.3.4 当营销人员完成客房收入为2.6万～3.0万元时，每减少1000元收入，减18%效益工资。

3.3.5 低于2.5万元时，不享受效益工资。

3.3.6 如连续三个月完不成经济指标，则享受60%岗位工资。

3.3.7 如连续四个月完不成经济指标，则从第四个月起，享受30%岗位工资，如连续五个月完不成经济指标，将不发岗位工资并劝其离店。

第四部分

绩效管理表格

引言：

表单化管理就是把各个岗位员工的绩效考核内容、工作质量标准和评价标准用简洁的考核表列出来，一岗一表、同岗同表，可以完成全部的考核工作，既一目了然又易于操作。企业要把制定好的绩效考核表事先发放到每个员工手里，让他们全面熟悉掌握，在实际工作中按照绩效考核的要求做好每一天、每一项工作。

范本一 酒店经营管理责任书

1-1 营销部经营管理责任书

营销部经营管理责任书

为了保证酒店经营目标的如期实现，增强酒店活力，调动部门员工的积极性，强化各项效益指标的考核，现决定实行部门经济效益与员工分配直接挂钩制度。

经协商营销部责任人__________同意签订如下经营、管理目标责任书。

一、责任期：自____年____月____日至_____年_____月____日

二、你部门经酒店核定定员______人（附部门人事架构）

三、各项考核指标

1.任务指标。

任务指标

月份	1月	2月	3月	4月	5月	6月	7月	8月	9月	10月	11月	12月	合计
收入（万元）	90	100	110	113	108	93	93	100	100	115	108	110	1240
其中（房）	25	25	40	45	40	25	25	30	30	45	35	35	400
其中（餐）	65	75	70	68	68	68	68	70	70	70	73	75	840

2.分配说明。

（1）营销部销售经理考核办法：实行月薪制，每月工资按70%发放，剩余的30%作为绩效考核（绩效工资）。

按照酒店当月任务指标的完成比例发放绩效工资。比如1月份实际完成80万元，完成任务指标的80%，绩效考核工资仅发放80%。

（2）营销部负责人考核办法：每月工资按70%发放，剩余的30%作为绩效考核（绩效工资）。

绩效工资其中的10%作为当月管理指标（软指标）进行考核。

绩效工资其中的20%作为当月任务指标（硬指标）进行考核，操作办法同销售经理。

（3）部门文员不参与考核，如超额完成任务按超额部分的2%给予部门奖励。

（4）部门责任人由职能部门按月汇总考核业绩情况，如连续2个月未完成任务，酒店给予严重警告，连续3个月未完成任务，酒店有权解聘部门责任人，年终考核未完成任务指标，部门责任人自动解聘，如发生重大违纪行为，按责任扣除相应的担保金。

3.销售工作的考核和分配。

（1）营销部门承担酒店全部销售任务，包括所有协议客户入住及协议在住就餐转房账的客户，会议、团体及其他由营销部联系担保的散客及签单、挂账客户等，餐饮销售需提前2小时以上预订，会议及旅游团队的销售提前4小时预订。

（2）销售任务的确认严格按酒店全员营销方案执行，履行相关手续，分部门认真填写“销售预订单”，并得到营业部门责任人签字认可，月底交财务部汇总。不填不算，徇私舞弊者重罚。

（3）部门对专业销售人员销售任务的完成情况，可逐月进行考核，连续3个月未完成销售任务，营销部责任人有权解聘专业销售人员。

（4）酒店其他部门所介绍会议，统一由营销部接待，算销售任务。

4.任务指标项目。

（1）会议团队、旅游团队住房、用餐、会议室等消费。

（2）协议单位住房、用餐、会议等消费。

（3）签署担保的挂账单位住房、用餐、会议室等消费。

（4）充值卡销售（本部门销售的）、会议提留款。

5.管理指标（以全月综合评议）。

（1）卫生状况。

（2）服务质量。

（3）投诉状况。

（4）落实政策与否。

（5）仪容仪表、礼貌礼节是否到位。

上面五项指标各占20%，由总经办和人力资源部联合检查评议。

四、营销部及专业销售人员的工作权限

以总经理办公室《关于酒店管理人员折扣权限规定》文件为标准。

五、严格遵守营销部负责人“岗位职责”

1.根据总经理提出的经营方针，制定酒店对销售宣传策划，并为完成经济目标而确认实施细则，以达到较好的经济效益。

2.掌握国内外旅游市场动态，提出开拓经营的可行性研究报告，制订销售推广计划。

3.通过媒体与新闻单位建立良好的协作关系，搞好广告宣传报道，扩大与上级主管部门、中外旅行社、铁路航空公司及各酒店的纵横联系，并与各客户间建立长期稳定的良好关系。负责接待来酒店访问、参观的客人及介绍酒店概况，并陪同参观。

4.通过媒体与新闻单位建立良好的协作关系，搞好广告宣传报道，组织制作录像、录音、幻灯等宴会资料，树立酒店的社会形象，以推销酒店产品的销售。

5.主动征求客人意见，及时解决客人的投诉，对有关服务的质量问题，应立即向客人道歉，给予妥善处理，并反映给各有关部门经理，同时上报总经理。

6.负责做好VIP（重要宾客）的接待工作，并负责拟订接待计划，在客人抵店前落实到人，负责检查，保证不出差错。

7.组织员工培训，提高员工素质，评估员工工作表现，按奖惩制度实施奖惩。

8.与其他相关部门沟通、协调、密切合作，以确保销售计划的落实。

9.制订年度销售计划，策划广告、公关、促销费用的合理分配，拓展最大的客源市场占有份额。

10.发展各分类市场的新客户，扩展销售网络，设计新的推销项目，提交总经理批准后付诸实施。

11.努力掌握社会市场最新动态，及时向酒店领导提出可行性建议或有价值的参考资料，进行市场调查，及时反映市场信息，并将分析报告上交总经理。

12.确保酒店各类标志及印刷品的规格符合规范，负责印刷质量把关。

六、固定资产管理

1.营销部负责人即为该部门资产责任人。部门资产责任人对部门所管辖范围的各项资产负全责，并可委托兼职专人（即部门资产管理员）进行部门内各项资产的账卡管理和盘点工作。

2.部门资产责任人和资产管理员必须全面掌握所在部门固定资产的分布、使用情况。

3.部门资产责任人应根据部门使用的资产状况，建立部门内部的资产管理程序和管理制度，并设立基层管理组织，以共同做好资产管理工作。

4.严格执行酒店固定资产管理办法，若因工作不落实，管理不善，导致部门使用的资产出现人为损坏、流失，账物不符等情况，将追究部门资产责任人的责任。

5.部门资产管理员如有变动，应事先办理书面移交手续，并得到财务部认可后，人力资源部方可办理调动手续（包括部门内部工作变换）。

6.部门资产应每月盘点一次并与财务账目核对，保证账账相符，账物相符。

7.添置固定资产时，根据部门填写的申请报告，在采购申请单上签署意见，报酒店相关责任领导批准。

8.调入（出）固定资产时，凭有关批件或协议，资产管理员应如实填制“固定资产调拨单”，予有关部门及人员签字确认后，报财务部调整有关账务。

9.对固定资产的内部转移，先填写“固定资产转移通知单”，予部门负责人签批后，报财务部进行账务调整。

10.固定资产的清理报废，由资产管理员填制“固定资产报废清理单”经有关技术人员鉴定，报财务部批准后，方可进行报废清理，并核销该项固定资产。

11.部门资产责任人对部门资产负连带责任。

七、惩罚及聘用解除

1.挪用公款者，一律解聘，本酒店将遵循法律途径追究其责任。

2.与客人串通勾结者，一经查证属实，一律解聘。

3.做私生意者，一经查证属实，一律解聘。

4.凡利用公务外出时，违规操作者一经查证属实，以旷工论处，并记大过一次。

5.挑拨酒店与员工的感情或泄漏职务机密者，一经查证属实，记大过一次，情节严重者解聘。

八、消防安全责任

营销部责任人为×××酒店营销部所管辖区域内安全、消防、食品卫生的第一责任人，有进行检查和监督的权力与义务，并承担相应的责任。

酒店负责人（签字）：　　　　　　销售部责任人（签字）：

大酒店（盖章）

年　　月　　日

1-2　销售部2011年经营管理（目标责任书）

销售部2011年经营管理（目标责任书）

为了保证酒店经营目标的如期实现，增强酒店活力，调动人员积极性，现按照本酒店2011年高层管理商议的工作部署，根据本酒店实际经营状况，通过市场分析和预测，特制定“×××酒店销售部2011年经营管理目标”，委派（　　　）担任目标责任人，执行本“目标责任书”。

一、经营计划指标

经营计划指标

酒店销售　　　　单位：万元

月份	收入	成本	费用（下浮5%）	税金	管理费用	财务费用	净收益
1月	118.45	41.49	30.07	9.48	11.85	6.98	18.58
2月	91.73	31.51	23.35	7.34	9.17	5.40	14.96
3月	92.87	30.23	23.83	7.43	9.29	5.47	16.62
4月	121.83	31.61	32.15	9.75	12.18	7.18	28.96
5月	110.04	33.14	28.53	8.80	11.00	6.48	22.09
6月	83.38	26.79	21.43	6.67	8.34	4.91	15.24
7月	86.50	27.25	22.29	6.92	8.65	5.10	16.29
8月	102.60	29.70	26.74	8.21	10.26	6.04	21.65
9月	106.60	31.81	27.67	8.53	10.66	6.28	21.65
10月	144.01	36.74	38.07	11.52	14.40	8.48	34.80
11月	102.31	29.60	26.66	8.18	10.23	6.03	21.61
12月	101.24	34.16	25.84	8.10	10.12	5.96	17.06
合计	1261.56	384.03	326.63	100.93	126.15	74.31	249.51
占收入的比例	100%	30.44%	25.89%	8%	10.00%	6.00%	19.77%

二、管理目标计划

1.目标责任人应严格遵守国家法律法规及酒店的各项规章制度，严禁账外经营、坐支收入。否则，酒店有权终止“目标责任书”。

2.本酒店各种证照、印鉴由酒店统一管理。经审核后、目标责任人方有权使用。

3.经营活动中，未加盖本酒店有效印鉴，均属无效，目标责任人承担全部经济、法律责任。

4.目标责任人应对各项经营、管理目标负责全面实施，对酒店负责。

5.目标责任人应保持各项固定资产完好率达到97%以上（财务盘点为依据）。

6.目标责任人在经营过程中出现重大安全、消防、人身伤亡事故、媒体负面曝光和披露等，给酒店带来名誉损失、经济损失和造成严重后果的，应承担相关责任，根据事故程度处罚目标责任人。

7.目标责任人能够预见或可以避免但未能采取有效措施，造成不合理摊派、罚款、滞纳金等其他不必要支出的，按经济损失或不必要支出部分减少经营收入，并给予目标责任人相应经济处罚。

三、目标责任人的责任与权力

1.保证完成“目标责任书”中规定的经营计划指标和管理目标计划。

2.目标责任人对“目标责任书”所涉及的各项内容都已划作考核依据。

3.目标责任人制定的经营管理方案报酒店批准后、方可执行。

4.目标责任人对本部门工作人员的聘用、解聘、内调全权负责（须报人资部备案）。

四、目标考核

1.任务指标考核。

（1）个人如每月超额完成任务，可将超额部分（净收益的10%）拿出来作为个人奖励。

（2）个人如每月未完成任务，将按照个人月任务（还欠差额净收益）的10%进行扣罚。

（3）每个季度结算一次。

（4）遵照2010年工资考核标准，拿出工资的30%作为考核（其中一线部门20%为经营指标考核、10%为管理指标考核，二线部门反之执行）。

2.管理费用考核（含：卫生、培训及服务质量）。

（1）每季度部门管理费用只要低于总经营费用指标的，可将节约部分拿出5%来作为个人奖励。

（2）每季度部门管理费用超于总经营费用指标的，可将超于部分按5%来作为个人扣罚。

（3）年终部门管理费用等于总经营费用指标的，不奖不罚。

3.回款考核。

（1）月回款比例为：个人负责总欠账款的70%作为个人回款的月任务。

（2）个人如每月能积极超额完成回款任务，可将超额部分（净收益的10%）拿出来作为个人奖励。

（3）个人如每月未能积极完成回款任务，将按照个人月回款任务（还欠差额净收益）的10%进行扣罚。

（4）每个季度结算一次。

4.员工假日贡献考核。

（1）员工全年休假小于80%，可奖励200元现金。

（2）员工全年休假小于50%，可奖励400元现金。

（3）由行政办、部门经理自行统计、核对执行。

5.全员销售考核。

(1) 消费：会议、餐饮、客房等项目（管理人员及销售经理除外）。

(2) 必须是员工本人介绍来店消费的亲朋、宾客。

(3) 根据消费总金额的3%给予奖励。

(4) 每个月结算一次（工资中体现）。

五、其他事项

本目标的考核起止日前为：2011年___月___日至2011年12月31日止。

×××酒店（代表签字）：　　　　×××酒店销售部

（目标责任人签字）：

年　月　日　　　　年　月　日

1-3 客房部经营管理责任书

客房部经营管理责任书

为了保证酒店经营目标的如期实现，增强酒店活力，调动部门员工的积极性，强化各项效益指标的考核，现决定实行部门经济效益与员工分配直接挂钩制度。

经协商客房部责任人________同意签订如下经营、管理目标责任书。

一、责任期：自____年____月____日至______年____月____日

二、你部门经酒店核定定员________人

三、各项考核指标

1.任务指标。

任务指标

月份	1月	2月	3月	4月	5月	6月	7月	8月	9月	10月	11月	12月	合计
收入（万元）	90	100	110	113	108	93	93	100	100	115	108	110	1240
其中（房）	25	25	40	45	40	25	25	30	30	45	35	35	400
其中（餐）	65	75	70	68	68	68	68	70	70	70	73	75	840

2.分配说明。

客房部的考核不侧重任务指标，但酒店当月的任务指标的完成比例仍作为部门负责人当月工资收入依据（重点考核部门负责人的管理指标）。

（1）客房部责任人实行月薪制、奖金额与以上各项指标挂钩的办法，每月工资按70%发放，剩余的30%作为绩效考核（绩效工资），绩效工资其中的10%作为当月管理指标（软指标）进行考核；绩效工资其中的20%作为当月任务指标（硬指标）进行考核，按照酒店当月任务指标的完成比例发放。比如1月份完成80万元，完成指标的80%，绩效考核工资仅发放80%。

（2）如超额完成任务按超额部分的2%作为部门奖励。

（3）部门责任人由职能部门按月汇总考核业绩情况综合评议，如连续两个月未完成任务，酒店给予严重警告，连续三个月未完成任务，酒店有权解聘部门责任人，年终考核未完成任务指标，部门责任人自动解聘，如发生重大违纪行为，按责任扣除相应的担保金。

3.管理指标：（以全月综合评议）

（1）卫生状况。

（2）服务质量。

（3）投诉状况。

（4）落实政策与否。

（5）仪容仪表、礼貌礼节是否到位。

上面五项指标各占20%，由总经办和人力资源部联合检查评议。

四、严格遵守客房部负责人“岗位职责”

1.全面负责客房部的管理和服务工作，保证良好的社会声誉和经济效益，对总经理负责。

2.主持客房部日常业务和领班级以上会议，并负责本部门主管以上人员的聘用、培训及工作考评。

3.策划本部门的工作，制订周密的工作计划，并合理安排人员和物资使用，控制能源使用。

4.负责对属下员工的管理、业务培训，严格选拔和考核大堂副理及领班工作。按客房服务员标准、卫生标准、工作程序和规范向客人提供优质服务。

5.负责客房设备设施的管理，经常与工程部及其他部门保持沟通，及时做好机械设备维修、保养等工作，提高完好率，保证工作顺利进行，保证可用设施完好无损。

6.配合保安部门做好客房的安全管理和防火、防盗、防意外事故发生，确保酒店财产和人身财物安全。

7.清楚地掌握每天入/退房间的数量和客人人数，与前台接待核对清楚房间实租状况及预订情况，及时收集、转达客人反映的意见，协同各部门改进管理服务工作，保证优化管理和优质服务。

8.定期召开员工会议，部署工作，及时了解属下员工的工作情况。督导各班组开展Q.C.(全面质量管理)小组活动，为提高服务质量献计献策。

9.按照酒店管理层要求，全面督导、管理客房部各部门之工作。

10.制定客房部各部门运作程序及制度并确保其正确的落实、执行。

11.管理客房之每日销售，特别是前台销售，不断提高售房率及客房收入。与管理当局共同商定房价折扣政策的更改、调整。

12.根据营运情况，分析及制定有关洗衣、客房酒吧，商务中心收费标准，长途电话收费标准等部门范围内的收费项目价格调整方案，使之达到合理要求的良好效果。

13.了解本地区同等市场行情，并向管理层提交有关资料。

14.制定客房部每年营业预算及费用预算，并严格遵循“开源节流”的原则，控制本部门成本。

15.保持房间状态准确无误，并为酒店提供其他有关营业资料。确保客房及酒店公共区域维护保养符合酒店管理标准要求。

16.根据酒店营业需要，适时补充、改善客房用品。

17.主持每日定期的客房部会议及酒店房务会议，解决房务运作上出现的问题，布置工作任务及落实有关执行情况。参加部门经理例会及酒店有关专题会议及行政会议。

18.处理重大的客人投诉，并协助解决下属在工作中出现的困难。

19.负责协调解决各项紧急情况及意外事件。

20.负责监督、协调对酒店贵宾接待工作。

21.负责酒店常客、熟客的节假日、礼节性问候，经常征询客人意见，并跟进有关解答及改进工作。

22.培训、督导、检查部门员工按酒店管理要求，正确操作及对客服务，并确保最佳的服务效率和服务效果。

23.确保部门员工的组织纪律、仪容仪表、行为及操作规范符合酒店标准。

24.完成酒店管理层安排的其他各项工作。

五、固定资产管理

1.客房部负责人即为该部门资产责任人。部门资产责任人对部门所管辖范围的各项资产负全责，并可委托兼职专人（即部门资产管理员）进行部门内各项资产的账卡管理和盘点工作。

2.部门资产责任人和资产管理员必须全面掌握所在部门固定资产的分布、使用情况。

3.部门资产责任人应根据部门使用的资产状况，建立部门内部的资产管理程序和管理制度，并设立基层管理组织，以共同做好资产管理工作。

4.严格执行酒店固定资产管理办法，若因工作不落实、管理不善导致部门使用的资产出现人为损坏、流失、账物不符等情况，将追究部门资产责任人的责任。

5.部门资产管理员如有变动，应事先办理书面移交手续，并得到财务部认可后，人力资源部方可办理调动手续（包括部门内部工作变换）。

6.部门资产应每月盘点一次并与财务账目核对，保证账账相符、账物相符。

7.添置固定资产时，根据部门填写的申请报告，在采购申请单上签署意见，报酒店相关责任领导批准。

8.调入（出）固定资产时，凭有关批件或协议，资产管理员应如实填制“固定资产调拨单”，予有关部门及人员签字确认后，报财务部调整有关账务。

9.对固定资产的内部转移，先填写“固定资产转移通知单”，予部门负责人签批后，报财务部进行账务调整。

10.固定资产的清理报废，由资产管理员填制“固定资产报废清理单”，经有关技术人员鉴定，报财务部批准后，方可进行报废清理，并核销该项固定资产。

11.部门资产负责人对部门资产负连带责任。

六、惩罚及聘用解除

1.挪用公款者，一律解聘，本酒店将遵循法律途径追究其责任。

2.假公济私、以权谋私、侵占酒店财物，一经查证属实，以一罚十并予以解聘。

3.做私生意者，一经查证属实，一律解聘。

4.凡利用公务外出时，违规操作者一经查证属实，以旷工论处，并记大过一次。

5.挑拨酒店与员工的感情或泄漏职务机密者，一经查证属实，记大过一次，情节严重者解聘。

七、消防安全责任

客房部责任人为×××酒店客房部所管辖区域内安全、消防、食品卫生的第一责任人，有进行检查和监督的权力与义务，并承担相应的责任。

酒店负责人（签字）： 客房部责任人（签字）：

×××酒店（盖章）

年 月 日

1-4 餐饮部经营管理责任书

餐饮部经营管理责任书

为了保证酒店经营目标的如期实现，增强酒店活力，调动部门员工的积极性，强化各项效益指标的考核，现决定实行部门经济效益与员工分配直接挂钩制度。

经协商餐饮部责任人________同意签订如下经营、管理目标责任书。

一、责任期：自____年____月____日至_____年____月____日

二、你部门经酒店核定定员________人

三、各项考核指标

1.任务指标：（含分配）（附指标完成统计表）

任务指标

月份	1月	2月	3月	4月	5月	6月	7月	8月	9月	10月	11月	12月	合计
收入（万元）	90	100	110	113	108	93	93	100	100	115	108	110	1240
其中（房）	25	25	40	45	40	25	25	30	30	45	35	35	400
其中（餐）	65	75	70	68	68	68	68	70	70	70	73	75	840

2.分配说明。

餐饮部的考核不侧重任务指标，但酒店当月的任务指标的完成比例仍作为部门负责人当月工资收入依据（重点考核部门负责人的管理指标）。

（1）餐饮部责任人实行月薪制、奖金额与以上各项指标挂钩的办法，每月工资按70% 发放，剩余的 30% 作为绩效考核（绩效工资），绩效工资其中的 10% 作为当月管理指标（软指标）进行考核；绩效工资其中的 20% 作为当月任务指标（硬指标）进行考核，按照酒店当月任务指标的完成比例发放绩效工资。比如 1 月份完成 80 万元，完成指标的 80%，绩效考核工资仅发放 80%。

（2）如超额完成任务按超额部分的 2% 给予部门奖励。

（3）部门责任人由职能部门按月汇总考核业绩情况，如连续两个月未完成任务，酒店给予严重警告，连续三个月未完成任务，酒店有权解聘部门责任人，年终考核未完成任务指标，部门责任人自动解聘，如发生重大违纪行为，按责任扣除相应的担保金。

3.管理指标：（以全月综合评议）

（1）卫生状况。

（2）服务质量。

(3) 投诉状况。

(4) 落实政策与否。

(5) 仪容仪表、礼貌礼节是否到位。

上面五项指标各占20%，由总经办和人力资源部联合检查评议。

四、严格遵守餐饮部负责人“岗位职责”

1.制订本部门年度、月度的营业计划，领导全体员工积极完成各项接待任务和经营指标，分析和报告年度、月度的经营情况。

2.推广饮食销售，根据市场情况和不同时期的需要，制订促销计划，如有特色的食品节、时令菜式及饮品等。

3.制定服务标准和操作规程，检查管理人员的工作和餐厅的服务态度、服务规程、出品部门的食品（饮品）质量及各项规章制度的执行情况，发现问题及时纠正和处理。

4.控制食品和饮品的标准、规格和要求，正确掌握毛利率，抓好成本核算。加强食品原料及物品的管理、降低费用，增加盈利。

5.制订服务技术和烹饪技术培训计划和考核制度，定期与菜式研究小组研究新菜点，推出新食谱，并有针对性地组织服务人员和厨师学习外单位的技术和经验。

6.抓好员工队伍基本建设，熟悉和掌握员工的思想状况、工作表现和业务水平，开展经常性的礼貌教育和职业道德教育，注意培训、考核和选拔人才，通过组织员工活动，激发员工的积极性。

7.抓好设备、设施的维修保养，使之经常处于完好的状态并得到合理的使用，加强日常管理，防止事故发生。

8.抓好卫生工作和安全工作，组织检查个人、环境、操作等方面的卫生评比，贯彻执行饮品卫生制度。开展经常性的安全保卫、防火教育，确保餐厅、厨房、库房的安全。

五、固定资产管理

1.餐饮部负责人即为该部门资产责任人。部门资产责任人对部门所管辖范围的各项资产负全责，并可委托兼职专人（即部门资产管理员）进行部门内各项资产的账卡管理和盘点工作。

2.部门资产责任人和资产管理员必须全面掌握所在部门固定资产的分布、使用情况。

3.部门资产责任人应根据部门使用的资产状况，建立部门内部的资产管理程序和管理制度，并设立基层管理组织，以共同做好资产管理工作。

4.严格执行酒店固定资产管理办法，若因工作不落实、管理不善，导致部门使用的资产出现人为损坏、流失、账物不符等情况，将追究部门资产责任人的责任。

5.部门资产管理员如有变动，应事先办理书面移交手续，并得到财务部认可后，人力资源部方可办理调动手续（包括部门内部工作变换）。

6.部门资产应每月盘点一次并与财务账目核对，保证账账相符、账物相符。

7.添置固定资产时，根据部门填写的申请报告，在采购申请单上签署意见，报酒店相关责任领导批准。

8.调入（出）固定资产时，凭有关批件或协议，资产管理员应如实填制“固定资产调拨单”，予有关部门及人员签字确认后，报财务部调整有关账务。

9.对固定资产的内部转移，先填写“固定资产转移通知单”，予部门负责人签批后，报财务部进行账务调整。

10.固定资产的清理报废，由资产管理员填制“固定资产报废清理单”，经有关技术人员鉴定，报财务部批准后，方可进行报废清理，并核销该项固定资产。

11.部门资产负责人对部门资产负连带责任。

六、惩罚及聘用解除

1.挪用公款者，一律解聘，本酒店将遵循法律途径追究其责任。

2.与客人串通勾结者，一经查证属实，一律解聘。

3.做私生意者，一经查证属实，一律解聘。

4.凡利用公务外出时，违规操作者一经查证属实，以旷工论处，并记大过一次。

5.挑拨酒店与员工的感情或泄漏职务机密者，一经查证属实，记大过一次，情节严重者解聘。

七、消防安全责任

餐饮部责任人为×××酒店餐饮部所管辖区域内安全、消防、食品卫生的第一责任人，有进行检查和监督的权力与义务，并承担相应的责任。

酒店负责人（签字）： 餐饮部责任人（签字）：

×××酒店（盖章）

年 月 日

1–5 财务部经营管理责任书

财务部经营管理责任书

为了保证酒店经营目标的如期实现，增强酒店活力，调动部门员工的积极性，强化各项效益指标的考核，现决定实行部门经济效益与员工分配直接挂钩制度。

经协商财务部责任人________同意签订如下经营、管理目标责任书。

一、责任期：自____年____月____日至_____年____月____日

二、你部门经酒店核定定员______人（附部门人事架构）

三、各项考核指标

1.任务指标（含分配）。

任务指标

月份	1月	2月	3月	4月	5月	6月	7月	8月	9月	10月	11月	12月	合计
收入（万元）	90	100	110	113	108	93	93	100	100	115	108	110	1240
其中（房）	25	25	40	45	40	25	25	30	30	45	35	35	400
其中（餐）	65	75	70	68	68	68	68	70	70	70	73	75	840

2.管理指标。

管理指标

考核项目		标准	考核项目		标准
1	无违反财经制度	100%	14	月报表准确率	100%
2	财务分析	1次/月	15	原始凭证的存档	1年
3	经营情况及费用指标的预测	2次/年	16	成本会计市场价格调查	1次/周
4	采购物品合格率	按要求执行	17	接受上级财务检查的合格率	按要求执行
5	部门会议	1次/月	18	应收账款	控制在70万元之内
6	员工培训	2次/月	19	鉴别拒收假钞率	100%
7	每日巡视	1次/天	20	工资核发的准确率	100%
8	备用金盘查	1次/周	21	给予报销	按财务制度执行

（续表）

考核项目		标准	考核项目		标准
9	财务设施设备完好率	按四星级标准	22	仓库管理达标率	按规范执行
10	环境卫生检查合格率	按四星级标准	23	账库相符率、出入库手续合格率	按程序执行
11	站点故障	接到通知后10分钟赶到现场	24	库房清点	1次/月
12	各站点电脑检查维修	1次/月	25	经营分析	1次/月
13	电脑系统安全运转率	100%	26	总结计划	1份/月

3.分配。

（1）财务部责任人实行月薪制、奖金额与以上各项指标挂钩的办法，每月工资按70%发放，剩余的30%作为绩效考核（绩效工资），绩效工资其中的20%作为当月管理指标（软指标）进行考核；绩效工资其中的10%作为当月任务指标（硬指标）进行考核，按照酒店当月任务指标的完成比例发放绩效工资。比如1月份完成80万元，完成指标的80%，绩效考核工资仅发放80%。

（2）部门责任人每季度无论是否完成主要经济指标，但在其他考核项目中每两项未达标，责任担保金下浮10%发放，以此类推。

（3）部门责任人季度考核指标中超过10项未达标，部门的责任人自动解聘，如发生重大违纪行为，按责任扣除相应责任的责任担保金。

四、严格遵守财务部负责人“岗位职责”

1.在总经理领导下，认真贯彻执行我国《会计法》和有关的法律、法规、制度，监督考核酒店有关部门的财务收支、资金使用和财务管理等计划的执行情况及其效果，保护酒店财产，维护财经纪律，对酒店的财务状况负责。

2.领导财务部的全体人员认真落实岗位责任制，健全和严格实施经济责任制，建立良好的财务会计工作秩序，并对其工作负责。

3.通过财务分析，指导开源节流，精打细算，反对浪费，提出挖潜措施，积极开辟财源，不断地提高经济效益，按有关规定处理好国家、酒店、员工三者之间的经济关系。

4.组织各部门编制财务收支、成本费用等计划和预算，审查核定计划外重大收支项目，并负责各项经营计划的协调平衡，落实完成计划的措施，对执行中存在的问题提出改进意见。

5.负责组织酒店的全面经济核算，对重要经济事项作出效益评价与主要经济合同的谈判、签署和监督执行情况。

6.组织制定酒店财务管理制度和会计核算制度，严格会计监督，支持财会人员依法履行职责，并组织贯彻执行。

7.控制酒店的采购、收获、库存、发放等工作，建立健全必要的规章制度，确保所有进货价廉物美，库存适量和物尽其用。

8.严格执行国家的外汇管理制度，负责做好外汇管理工作。

9.协调与酒店各部门的关系，并负责与财政、银行、税务、外汇和保险机构的联系。

10.定期向总经理如实反映酒店经济活动和财务收支情况，正确及时地提供管理信息，作为改善酒店经营管理决策的依据。

11.负责财务部队伍的建设，制订各级人员培训计划，提高财务部全体员工的业务素质，拟订财务部各部门机构设置和人员配备方案，并实施各级人员任免和奖惩方案。

12.检查员工纪律，关心员工的思想工作情况，完成上级分配的其他工作任务。

五、固定资产管理

1.财务部责任人即为该部门资产责任人。部门资产责任人对部门所管辖范围的各项资产负全责，并可委托兼职专人（即部门资产管理员）进行部门内各项资产的账卡管理和盘点工作。

2.部门资产责任人和资产管理员必须全面掌握所在部门固定资产的分布、使用情况。

3.部门资产责任人应根据部门使用的资产状况，建立部门内部的资产管理程序和管理制度，并设立基层管理组织，以共同做好资产管理工作。

4.严格执行酒店固定资产管理办法，若因工作不落实、管理不善，导致部门使用的资产出现人为损坏、流失和账物不符等情况，将追究部门资产责任人的责任。

5.部门资产管理员如有变动，应事先办理书面移交手续，并得到财务部认可后，人力资源部方可办理调动手续（包括部门内部工作变换）。

6.部门资产应每月盘点一次并与财务账目核对，保证账账相符、账物相符。

7.添置固定资产时，根据部门填写的申请报告，在“采购申请单”上签署意见，报酒店相关责任领导批准。

8.调入（出）固定资产时，凭有关批件或协议，资产管理员应如实填制“固定资产调拨单”，予有关部门及人员签字确认后，报财务部调整有关账务。

9.对固定资产的内部转移，先填写“固定资产转移通知单”，予部门负责人签批后，报财务部进行账务调整。

10.固定资产的清理报废，由资产管理员填制“固定资产报废清理单”，经有关技术人员鉴定，报财务部批准后，方可进行报废清理，并核销该项固定资产。

11.部门资产责任人对部门资产负连带责任。

六、惩罚及聘用解除

1.挪用公款者，一律解聘，本酒店并遵循法律途径追究其责任。

2.与客人串通勾结者，一经查证属实，一律解聘。

3.做私生意者，一经查证属实，一律解聘。

4.凡利用公务外出时，违规操作者一经查证属实，以旷工论处，并记大过一次。

5.挑拨酒店与员工的感情或泄漏职务机密者，一经查证属实，记大过一次，情节严重者解聘。

七、消防安全责任

财务部责任人为×××酒店财务部所管辖区域内安全、消防、食品卫生的第一责任人，有进行检查和监督的权力与义务，并承担相应的责任。

酒店负责人（签字）：　　　　　　财务部责任人（签字）：

×××酒店（盖章）

年　　月　　日

1-6　工程部经营管理责任书

工程部经营管理责任书

为了保证酒店经营目标的如期实现，增强酒店活力，调动部门员工的积极性，强化各项效益指标的考核，现决定实行部门经济效益与员工分配直接挂钩制度。

经协商工程部责任人________同意签订如下经营、管理目标责任书。

一、责任期：自____年____月____日至_____年____月____日

二、你部门经酒店核定定员______人（附部门人事架构）

三、各项考核指标

1.任务指标（含分配）。

任务指标

月份	1月	2月	3月	4月	5月	6月	7月	8月	9月	10月	11月	12月	合计
收入（万元）	90	100	110	113	108	93	93	100	100	115	108	110	1240
其中（房）	25	25	40	45	40	25	25	30	30	45	35	35	400
其中（餐）	65	75	70	68	68	68	68	70	70	70	73	75	840

2.管理指标。

管理指标

序号	考核项目	标准	序号	考核项目	标准
1	设备检修	1次/月	7	专题会议	1次/季度
2	对部门工作的考评	1次/季度	8	设备设施巡查(记录)	2次/天
3	环境卫生	按四星级标准	9	工程维修	准确、及时
4	总结计划报告	1份/月	10	部门例会	1次/周
5	员工	2小时/周	11	安全检查（记录）	1次/周
6	部门费用	元	12	工作延误率	5%

四、分配

1.工程部责任人实行月薪制、奖金额与以上各项指标挂钩的办法，每月工资按70%发放，剩余的30%作为绩效考核（绩效工资），绩效工资其中的20%作为当月管理指标（软指标）进行考核；绩效工资其中的10%作为当月任务指标（硬指标）进行考核，按照酒店当月任务指标的完成比例发放绩效工资。比如1月份完成80万元，完成指标的80%，绩效考核工资仅发放80%。

2.部门完成能耗任务指标后，节约指标部分可获得3%的节约任务奖，反之给予3%的罚款，部门经理个人考核。

3.部门责任人每季度无论是否完成主要经济指标，但在其他考核项目中有两项未达标，责任担保金下浮5%发放，以此类推。

4.部门责任人季度考核指标中超过10项未达标，部门责任人自动解聘，如发生重大违纪行为，按责任扣除相应责任人的责任担保金。

五、严格遵守工程部负责人“岗位职责”

1.坚决贯彻执行酒店总经理的指示，直接对酒店系统运行负责。

2.负责对工程部所有人员和设备的全权管理。培训和巩固骨干队伍，切实保障动力设备的安全运行和设施的完好。以最低的动力费用开支保持酒店高格调管理水平。

3.制定部门设备检修保养制度及各岗位的岗位规范及操作规程，并督导下属严格执行。

4.深入现场，掌握人员和设备状况，每天检查工作如下：

（1）审核运行报表，掌握能耗规律，发现偏差、发现异常，及时分析原因，采取措施。

（2）审阅各系统运行监视数据，发现偏差，及时纠正。

（3）巡视各岗位工作状况，及时发现和处理员工违纪行为。

（4）巡查重点设备运行技术状况，发现隐患及影响营业的重大故障，立即组织力量及时处理。

（5）检查维修工程及增改工作的工作质量与进度，发现失控及时采取措施。

（6）巡查主要工作场所动力设施，发现问题及时组织维修。

5.审定下属各班组的工作计划，统筹工作安排与人力调配，检查计划执行情况。

6.负责制订设备更新、改造工程计划，重大维修保养计划，配件购进计划，并组织实施。技术更新所带来的赢利部分，按3%奖励；反之按3%罚款（以实际发生为准）。工程改造，写出书面报告，按市场价格提成30%（工费）；大的工程维修中，占用员工不当班时间，应给予加班补助。

7.根据营业要求，经常征询一线营业部门意见，不断改进原设计缺陷，支持下属进行技术改造，使动力设备性能日益完善。

8.深入了解属下管理人员和员工的思想状况，及时纠正不良倾向，经常对员工进行职业道德、酒店意识教育，培养员工企业责任感。

9.编制培训计划，定期对管理人员进行培训，提高管理水平，把工程部建设成为一支高素质、高技术水准、高效率、高服务质量的队伍。

10.提供各项现有设备的改进或新装设备计划及预算。

11.呈交每月维修工作摘要及特别修理或事故报告于总经理。

12.统计及分析各项水、电、 冷气、燃油及维修费用，并实施有效的节约方案。

六、固定资产管理

1.工程部责任人即为该部门资产责任人。部门资产责任人对部门所管辖范围内的各项资产负全责，并可委托兼职专人（即部门资产管理员）进行部门内各项资产的账卡管理和盘点工作。

2.部门资产责任人和资产管理员必须全面掌握所在部门固定资产的分布、使用情况。

3.部门资产责任人应根据部门使用的资产状况，建立部门内部的资产管理程序和管理制度，并设立基层管理组织，以共同做好资产管理工作。

4.严格执行酒店固定资产管理办法，如因工作不落实、管理不善，导致部门使用的资产出现人为损坏、流失、账物不符等情况，将追究部门资产责任人的责任。

5.部门资产管理员如有变动，应事先办理书面移交手续，并得到财务部认可后，人力资源部方可办理调动手续（包括部门内部工作变换）。

6.部门资产应每年盘点一次并与财务账账核对，保证账物相符。

7.添置固定资产时，根据部门填写的申请报告，在采购申请单上签署意见，报酒店相关责任领导批准。

8.调入（出）固定资产时，凭有关批件或协议，资产管理员应如实填制“固定资产调拨单”，以有关部门及人员签字确认后，报财务部调整有关账务。

9.对固定资产的内部转移，先填写“固定资产转移通知单”，部门负责人签批后，报财务部进行账务调整。

10.固定资产的清理报废，由资产管理员填制“固定资产报废清理单”，经有关技术人员鉴定，报财务部批准后，方能进行报废清理，并核销该项固定资产。

11.部门资产责任人对部门资产负连带责任。

七、惩罚及聘用解除

1.挪用公款者，一律解聘，本酒店将遵循法律途径追究其责任。

2.与客人串通勾结者，一经查证属实，一律解聘。

3.做私生意者，一经查证属实，一律解聘。

4.凡利用公务外出时，违规操作者一经查证属实，以旷工论处，并记大过一次。

5.挑拨酒店与员工的感情或泄漏职务机密者，一经查证属实，记大过一次，情节严重者解聘。

八、消防安全责任

工程部责任人为×××酒店工程部所管辖区域内安全、消防、食品安全的第一责任人，有进行检查和监督的权力与义务，并承担相应的责任。

（注）能耗月考核标准中在营业收入未完成的情况，能耗指标跟同比下浮。

酒店负责人（签字）：　　　　　　工程部负责人（签字）：

×××酒店（盖章）

年　　月　　日

1-7　工程部经营管理目标考核方案

工程部经营管理目标考核方案

为了确保完成下达的经营管理目标，充分发挥部门运作潜能，有效控制成本，提高服务质量，经研究决定，对工程部进行经营管理目标指标考核，特制订考核方案如下：

一、经营指标

能耗考核指标：全年目标指标180万元，确保指标180万元。

每月考核指标15万元，确保指标15万元。

二、管理指标

1.能耗率：不高于6%（占总营收）。

2.可控费用率：3.6%　。

3.人员指标：营收3500万元配置7人。

4.人员流动率指标：低于20%。

5.保证安全生产（消防安全、人身安全，按造成实际损失的赔偿相关）。

6.保证设施设备完好率（自然损耗除外）应为100%（按造成的损失由专业人士审核额定赔偿）。

三、考核方式

1.按月统计考核，年度统一结算。

2.营收指标分确保线和目标线考核。

确保线指标：完成确保线，提取月考核工资，超额完成按比例计奖。

3.确保能耗支出比例为总营收6%以下。

4.奖励方式：

完成每月营收确保指标，发放月考核工资（超额完成指标，以财务计算口径按比例提取奖金）：下降2万～5万元奖励5%。

5.扣罚方式：未完成能耗指标，按奖励幅度同比扣罚绩效工资。

6.人员流动率每超10%扣罚400元。

7.部门可控费用按季考核，超支部分100%在奖励中扣除。节约奖励20%。

8.可控费用按季考核，超支部分100%在奖励中扣除。

9.物品消耗实行单独考核，维修工具及灯泡类损耗率指标为实现营收的3‰，由财务部对其进行单独核算，如超出部分100%在绩效奖励或浮动工资扣除，节约部分按50%奖励。每月工具及灯泡类损耗 ＝ 实际营收 × 3‰

10.本年酒店能源指标（此项指标年底统一考核），工程部占酒店整个能源考核额度的100%。

四、可控费用考核项目

（1）工作餐 0.85 （2）料消耗 1.0 （3）办公费 0.01 （4）低值易耗 0.5

（5）洗涤费 0.1 （6）水电费 0.4 （7）差旅费 0.03 （8）邮电费 0.05

（9）修理费 0.10 （10）劳务费 0.5 （11）业务费 0.06

五、其他事项

1.工程部要制定出对各经营区域的详细考核办法，做到奖罚分明。

2.法定节假日加班，根据经营情况和实际值班情况，按劳动法及酒店人事政策执行。考核后有绩效奖则不享受酒店年终奖金，部门奖罚由部门经理决定，报人事部复核，总经理或财务经理（业主代表）批复，做到责任与利益相结合，分配方案报人事、财务、总经办备案。

3.部门应接受酒店有关职能部门对其经营管理的监督，包括财务、劳动人事、设备、质量、能耗、安全等方面，服务质量考核按酒店有关规定进行，成本节约及物耗控制不得损害客人利益，影响酒店声誉。若发生违纪、投诉、事故等情况，酒店将按有关规定进行处罚。

4.每季做好考核分析报告，报人事部、财务部、总经办备案。

5.新增设备折旧费、工伤费用的70%、教育培训费的70%计入部门可控费用。

6.部门安全管理严格按照《安全防范责任书》执行。

7.部门应加强基础设施和能源的管理，并接受工程部及质检小组的监督检查，具体按《设备检查考核操作规范》进行考核。

8.费用考核中工作餐指标按目标考核，如有超标，由人事部按实考核不作扣罚。

六、备注

1.工作餐按实计算，总体可控费用考核。

2.工程AR账（仅限一次性）挂账业务必须由部门有效签单负责人自己负责。对未收回的应收账款，将在工资中扣除。

3.款待及广告对冲按财务制定的内部结算价格统一结算。

4.部门之间费用往来结算必须由承担部门经理签字认可。

5.根据季度整体经营情况，酒店对方案书将进行复核审议并作出相应的调整方案。

6.酒店对考核方案的修改调整必须由业主代表、总经理、行政总监、人事、财务等共同作出决定，凡涉及本部门的都必须严格遵照执行。

本方案书一式两份，签约双方各持一份，自双方签字起生效，有效期为____年____月____日至____年____月____日。

部门： 批准：

1-8 保安部经营管理责任书

保安部经营管理责任书

为了保证酒店经营目标的如期实现，增强酒店活力，调动部门员工的积极性，强化各项效益指标的考核，现决定实行部门经济效益与员工分配直接挂钩制度。

经协商保安部责任人________同意签订如下经营、管理目标责任书。

一、责任期：自____年____月____日至____年____月____日

二、你部门经酒店核定定员________人（附部门人事架构）

三、各项考核指标

1.任务指标（含分配）。

任务指标

月份	1月	2月	3月	4月	5月	6月	7月	8月	9月	10月	11月	12月	合计
收入（万元）	90	100	110	113	108	93	93	100	100	115	108	110	1240
其中（房）	25	25	40	45	40	25	25	30	30	45	35	35	400
其中（餐）	65	75	70	68	68	68	68	70	70	70	73	75	840

2.管理指标。

管理指标

考核项目		标准	考核项目		标准
1	安全责任达标率	按四星级标准	5	安全专题会议	1次/周
2	保安会议	1次/周	6	卫生检查合格率	按四星级标准
3	安全检查（记录）	1次/天	7	消防知识培训	2次/年
4	总结计划报告	1份/月	8	员工培训	2小时/周

3.分配。

（1）保安部责任人实行月薪制、奖金额与以上各项指标挂钩的办法，每月工资按70%发放，剩余的30%作为绩效考核（绩效工资），绩效工资其中的20%作为当月管理指标（软指标）进行考核；绩效工资其中的10%作为当月任务指标（硬指标）进行考核，按照酒店当月任务指标的完成比例发放绩效工资。比如1月份完成80万元，完成指标的80%，绩效考核工资仅发放80%。

（2）部门责任人每季度无论是否完成主要经济指标，但在其他考核项目中每两项未达标，责任担保金下浮5%发放，以此类推。

（3）部门责任人季度考核指标中超过10项未达标，部门责任人自动解聘，如发生重大违纪行为，按责任扣除相应责任的责任担保金。

四、严格遵守保安部负责人“岗位职责”

1.负责制定健全酒店安全保卫制度的措施，部署保安部的工作计划安排和检查落实情况，督导值班经理工作，审定各部拟订的安全制度、规定，报总经理批准后实施。

2.协助人力资源部组织开展“防火、防盗、防破坏、防自然灾害”的四防教育和法制教育。

3.负责组织调查酒店内发生的重大事件、事故，并向总经理提出处理意见，汇报查处结果。

4.维护酒店内部治安秩序，经常巡视酒店各重要“四防”器材设备，以确保保安人员和设备处于良好的状态。

5.受理酒店有关本部门的客人投诉，负责解决处理。

6.与当地执法部门、司法部门以及其他部门保持密切的合作关系，协助执法部门侦破违法犯罪案件。

7.负责本部门员工的分派工作，带领本部门员工尽职尽责，保障员工和客人的生命安全，加强对酒店经济部分和要害部分的安全管理。

8.重视内勤工作，组织好保安工作以及档案资料的积累和科学管理工作。

9.协助总经理组织酒店防火委员会、治安委员会等组织，担任或选派各委员会副主任，并主持日常工作。

10.完成总经理及上级业务部门交办的各项临时性保安工作。

11.主持本部门的例会，传达、贯彻总经理指令。

五、固定资产管理

1.保安部负责人即为该部门资产责任人。部门资产责任人对部门所管辖范围的各项资产负全责，并可委托兼职专人（即部门资产管理员）进行部门内各项资产的账卡管理和盘点工作。

2.部门资产责任人和资产管理员必须全面掌握所在部门固定资产的分布、使用情况。

3.部门资产责任人应根据部门使用的资产状况，建立部门内部的资产管理程序和管理制度，并设立基层管理组织，以共同做好资产管理工作。

4.严格执行酒店固定资产管理办法，若因工作未落实、管理不善，导致部门使用的资产出现人为损坏、流失、账物不符等情况，将追究部门资产责任人的责任。

5.部门资产管理员如有变动，应事先办理书面移交手续，并得到财务部认可后，人力资源部方可办理调动手续（包括部门内部工作变换）。

6.部门资产应每月盘点一次并与财务账目核对，保证账账相符、账物相符。

7.添置固定资产时，根据部门填写的申请报告，在采购申请单上签署意见，报酒店相关责任领导批准。

8.调入（出）固定资产时，凭有关批件或协议，资产管理员应如实填制“固定资产调拨单”，以有关部门及人员签字确认后，报财务部调整有关账务。

9.对固定资产的内部转移，先填写“固定资产转移通知单”，以部门负责人签批后，报财务部进行账务调整。

10.固定资产的清理报废，由资产管理员填制“固定资产报废清理单”，经有关技术人员鉴定，报财务部批准后，方可进行报废清理，并核销该项固定资产。

11.部门资产责任人对部门资产负连带责任。

六、惩罚及聘用解除

1.挪用公款者，一律解聘，本酒店将遵循法律途径追究其责任。

2.与客人串通勾结者，一经查证属实，一律解聘。

3.做私生意者，一经查证属实，一律解聘。

4.凡利用公务外出时，违规操作者一经查证属实，以旷工论处，并记大过一次。

5.挑拨酒店与员工的感情或泄漏职务机密者，一经查证属实，记大过一次，情节严重者解聘。

七、消防安全责任

保安部责任人为×××酒店保安部所管辖区域内安全、消防、食品卫生的第一责任人，有进行检查和监督的权力与义务，并承担相应的责任。

酒店负责人（签字）：　　　　　　　　保安部责任人（签字）：

×××酒店（盖章）

年　　月　　日

1-9 总经办管理责任书

总经办管理责任书

为了保证酒店经营目标的如期实现，增强酒店活力，调动部门员工的积极性，强化各项效益指标的考核，现决定实行部门经济效益与员工分配直接挂钩制度。

经协商总经办责任人________同意签订如下经营、管理目标责任书。

一、责任期：自____年____月____日至_____年____月____日

二、你部门经酒店核定定员________人

三、各项考核指标

1.任务指标（含分配）。

任务指标

月份	1月	2月	3月	4月	5月	6月	7月	8月	9月	10月	11月	12月	合计
收入（万元）	90	100	110	113	108	93	93	100	100	115	108	110	1240
其中（房）	25	25	40	45	40	25	25	30	30	45	35	35	400
其中（餐）	65	75	70	68	68	68	68	70	70	70	73	75	840

2.管理指标。

管理指标

考核项目		标准	考核项目		标准
1	部门费用指标	____元	6	对部门培训工作	1次/季度
2	办公室会议	1次/周	7	质检巡查（记录）	2次/天
3	对部门工作的考核	按四星级标准	8	办公室工作	规范
4	环境卫生	按四星级标准	9	车辆管理	规范
5	总结计划报告	1份/月	10	宿舍管理和员工餐厅管理	规范

3.分配。

（1）总经办责任人实行月薪制、奖金额与以上各项指标挂钩的办法，每月工资按70%发放，剩余的30%作为绩效考核（绩效工资），绩效工资其中的20%作为当月管理指标（软指标）进行考核；绩效工资其中的10%作为当月任务指标（硬指标）进行考核，

按照酒店当月任务指标的完成比例发放绩效工资。比如1月份完成80万元，完成指标的80%，绩效考核工资仅发放80%。

（2）部门责任人每季度无论是否完成主要经济指标，但在其他考核项目中每两项未达标，责任担保金下浮5%发放，以此类推。

（3）部门责任人季度考核指标中超过10项未达标，部门责任人自动解聘，如发生重大违纪行为，按责任扣除相应责任的责任担保金。

四、严格遵守总经办负责人“岗位职责”

1.在董事长、总经理的领导下，负责主持本部门的全面工作，负责办公室各岗位分工并制定工作职责和工作标准，建立部门工作制度，组织并督促本部门人员全面完成本部门职责范围内的各项工作任务。

2.贯彻落实本岗位责任制和工作标准，密切各部门工作关系，加强协作配合做好衔接协调工作。

3.组织收集和了解各部门的工作动态，协助酒店领导协调各部门之间有关的业务工作，掌握酒店主要活动情况，为酒店领导决策提供意见和建议。

4.负责酒店各种会议的筹备、组织工作，做好会议记录纪要。

5.负责来文、来电、函件的批复工作，审核各部门以酒店名义起草的重要的文、电、函。

6.负责组织起草酒店半年、年度工作计划，总结和领导讲话。

7.负责监督酒店印章的使用；做好公章、合同专用章、行政介绍信的管理和使用，负责酒店各单位行政公章的刻制、启用、回收和销毁工作。

8.参与酒店发展规划、年度经营计划的编制和酒店重大决策事项的讨论。

9.负责酒店各种公共关系的建立。

10.负责组织办公用物资供应计划的制订、审核，组织物品的采购工作，做好物品进、出、存统计及核算工作。

11.负责组织全酒店员工大会工作，开展年度总结评比和表彰工作。

12.负责做好酒店来宾的接待安排，统一负责对上级主管部门的联系等工作。

13.负责酒店档案管理工作。

14.负责酒店车队、员工餐厅、监控室的日常管理工作。

15.完成酒店领导交办的其他工作任务。

五、固定资产管理

1.总经办负责人即为该部门资产责任人。部门资产责任人对部门所管辖范围的各项资产负全责，并可委托兼职专人（即部门资产管理员）进行部门内各项资产的账卡管理和盘点工作。

2.部门资产责任人和资产管理员必须全面掌握所在部门固定资产的分布、使用情况。

3.部门资产责任人应根据部门使用的资产状况，建立部门内部的资产管理程序和管理制度，并设立基层管理组织，以共同做好资产管理工作。

4.严格执行酒店固定资产管理办法，若因工作不落实、管理不善，导致部门使用的资产出现人为损坏、流失、账物不符等情况，将追究部门资产责任人的责任。

5.部门资产管理员如有变动，应事先办理书面移交手续，并得到财务部认可后，人力资源部方可办理调动手续（包括部门内部工作变换）。

6.部门资产应每月盘点一次并与财务账目核对，保证账账相符、账物相符。

7.添置固定资产时，根据部门填写的申请报告，在采购申请单上签署意见，报酒店相关责任领导批准。

8.调入（出）固定资产时，凭有关批件或协议，资产管理员应如实填制“固定资产调拨单”，以有关部门及人员签字确认后，报财务部调整有关账务。

9.对固定资产的内部转移，先填写“固定资产转移通知单”，以部门负责人签批后，报财务部进行账务调整。

10.固定资产的清理报废，由资产管理员填制“固定资产报废清理单”，经有关技术人员鉴定，报财务部批准后，方可进行报废清理，并核销该项固定资产。

11.部门资产责任人对部门资产负连带责任。

六、惩罚及聘用解除

1.挪用公款者，一律解聘，本酒店将遵循法律途径追究其责任。

2.与客人串通勾结者，一经查证属实，一律解聘。

3.做私生意者，一经查证属实，一律解聘。

4.凡利用公务外出时，违规操作者一经查证属实，以旷工论处，并记大过一次。

5.挑拨酒店与员工的感情或泄漏职务机密者，一经查证属实，记大过一次，情节严重者解聘。

七、消防安全责任

总经办责任人为×××酒店总经办所管辖区域内安全、消防、食品卫生的第一责任人，有进行检查和监督的权力与义务，并承担相应的责任。

酒店负责人（签字）：　　　　　　总经办责任人（签字）：

×××酒店（盖章）

年　　月　　日

1-10 人力资源部经营管理责任书

人力资源部经营管理责任书

为了保证酒店经营目标的如期实现，增强酒店活力，调动部门员工的积极性，强化各项效益指标的考核，现决定实行部门经济效益与员工分配直接挂钩制度。

经协商人力资源部责任人________同意签订如下经营、管理目标责任书。

一、责任期：自____年____月____日至____年____月____日

二、你部门经酒店核定定员________人（附部门人事架构）

三、各项考核指标

1.任务指标（含分配）。

任务指标

月份	1月	2月	3月	4月	5月	6月	7月	8月	9月	10月	11月	12月	合计
收入（万元）	90	100	110	113	108	93	93	100	100	115	108	110	1240
其中（房）	25	25	40	45	40	25	25	30	30	45	35	35	400
其中（餐）	65	75	70	68	68	68	68	70	70	70	73	75	840

2.管理指标。

管理指标

考核项目		标准	考核项目		标准
1	人员流动率	10%～18%	8	专题培训	4次/季度
2	员工招聘合格率	按要求标准执行	9	对各部门培训工作的追踪评估考核	1次/季度
3	办公室会议	1次/周	10	对员工考勤情况的抽查	1次/周
4	对部门工作的考核	按四星级标准	11	质检巡查（记录）	2次/天
5	环境卫生	按四星级标准	12	办公室工作	规范
6	完成全年培训预算	按计划标准	13	部门费用指标	____元
7	全年培训计划的完成	100%	14	总结计划报告	1份/月

3.分配。

（1）部门责任人实行月薪制、奖金额与以上各项指标挂钩的办法，每月工资按70%发放，剩余的30%作为绩效考核（绩效工资），绩效工资其中的20%作为当月管理指标（软指标）进行考核；绩效工资其中的10%作为当月任务指标（硬指标）进行考核，按照酒店当月任务指标的完成比例发放绩效工资。比如1月份完成80万元，完成指标的80%，绩效考核工资仅发放80%。

（2）部门责任人每季度无论是否完成主要经济指标，但在其他考核项目中每两项未达标，责任担保金下浮5%发放，以此类推。

（3）部门责任人季度考核指标中超过10项未达标，部门责任人自动解聘，如发生重大违纪行为，按责任扣除相应责任人的责任担保金。

四、严格遵守人力资源部负责人“岗位职责”

1.根据国家劳动人事有关政策和酒店实际情况，制定各项劳动人事管理制度。

2.全面负责酒店员工的招聘、培训、考核、调整、奖惩、工资、劳保等工作。

3.负责酒店人员编制、工资奖金方案的实施。

4.熟悉掌握酒店员工情况，合理安排，选拔人员，做到人尽其才。

5.协助各部门有效地管理员工，督导服务质量。

6.审查、签批各种人事表格、报告等。

7.检查监督“员工手册”的执行情况。

8.负责酒店各类员工的各种定级考核工作。

9.制定各种培训政策，建立并完善酒店、部门、班组三级培训体系。

10.负责主持重要的培训活动。

11.负责酒店人事培训档案的建设和管理。

12.对人力资源部工作人员进行考核评估，并提出奖惩意见。

13.完成总经理交办的其他工作。

五、固定资产管理

1.人力资源部负责人即为该部门资产责任人。部门资产责任人对部门所管辖范围的各项资产负全责，并可委托兼职专人（即部门资产管理员）进行部门内各项资产的账卡管理和盘点工作。

2.部门资产责任人和资产管理员必须全面掌握所在部门固定资产的分布、使用情况。

3.部门资产责任人应根据部门使用的资产状况，建立部门内部的资产管理程序和管理制度，并设立基层管理组织，以共同做好资产管理工作。

4.严格执行酒店固定资产管理办法，若因工作未落实、管理不善，导致部门使用的资产出现人为损坏、流失、账物不符等情况，将追究部门资产责任人的责任。

5.部门资产管理员如有变动，应事先办理书面移交手续，并得到财务部认可后，人力资源部方可办理调动手续（包括部门内部工作变换）。

6.部门资产应每月盘点一次并与财务账目核对，保证账账相符、账物相符。

7.添置固定资产时，根据部门填写的申请报告，在采购申请单上签署意见，报酒店相关责任领导批准。

8.调入（出）固定资产时，凭有关批件或协议，资产管理员应如实填制“固定资产调拨单”，以有关部门及人员签字确认后，报财务部调整有关账务。

9.对固定资产的内部转移，先填写“固定资产转移通知单”，以部门负责人签批后，报财务部进行账务调整。

10.固定资产的清理报废，由资产管理员填制“固定资产报废清理单”，经有关技术人员鉴定，报财务部批准后，方可进行报废清理，并核销该项固定资产。

11.部门资产责任人对部门资产负连带责任。

六、惩罚及聘用解除

1.挪用公款者，一律解聘，本酒店将遵循法律途径追究其责任。

2.与客人串通勾结者，一经查证属实，一律解聘。

3.做私生意者，一经查证属实，一律解聘。

4.凡利用公务外出时，违规操作者一经查证属实，以旷工论处，并记大过一次。

5.挑拨酒店与员工的感情或泄漏职务机密者，一经查证属实，记大过一次，情节严重者解聘。

七、消防安全责任

人力资源部责任人为×××酒店人力资源部所管辖区域内安全、消防、食品卫生的第一责任人，有进行检查和监督的权力与义务，并承担相应的责任。

酒店负责人（签字）：　　　　人力资源部责任人（签字）：

×××酒店（盖章）

年　　月　　日

范本二　前厅部绩效考核表

2-1　前厅部经理绩效考核表

前厅部经理绩效考核表

岗位：前厅部经理　　　　被考核人：　　　　考核时期：　　年　　月

项目	序号	考核项目	基准目标	分值	达成情况	考核分数
KPI（70%）	1	对客结账差错率	0	10		
	2	预订信息差错率	0	10		
	3	分房准确率	100%	10		
	4	行李运送与保管差错率	0	10		
	5	客人有效投诉数	小于2次/月	10		
	6	紧急事件处理速度	达到酒店规定标准	10		
	7	部门协作满意度	非常满意	10		
工作态度（10%）	1	责任感	工作责任感总是很强，且愿意承担责任	3		
	2	仪容仪表	严格遵守酒店仪容仪表要求，完全符合本酒店标准	2		
	3	礼节礼仪	严格遵守酒店礼节礼仪规范，没有出现不礼貌的行为	2		
	4	工作效率	任何工作都按时保质、保量完成，且从无怨言、牢骚	3		
工作能力（20%）	1	协作	对部门或他人的工作请求从无怨言、牢骚、畏难	5		
	2	培训	总是能给予下属必要的培训和指导	5		
	3	沟通	总是虚心聆听他人意见，工作上从未造成误解	5		
	4	执行力	总是能把上司的意愿变为现实	5		
总计考核得分						

被考核人确认：　　　　　　　　考核人确认：

2-2 大堂副理绩效考核表

大堂副理绩效考核表

岗位：大堂副理　　　　被考核人：　　　　考核时期：　　年　　月

项目	序号	考核项目	基准目标	分值	达成情况	考核分数
KPI (60%)	1	大堂副理24小时值班到位率	100%	8		
	2	为客人代办事项完好率	100%	8		
	3	金钥匙服务	按客人的要求为客人提供金钥匙服务的响应速度和态度达到酒店规定标准	8		
	4	客人投诉处理满意率	大于95%	8		
	5	大堂秩序管理合格率	100%	8		
	6	客房统计报表准确率	及时审核，准确率达100%	7		
	7	客人信息反馈的及时性	每日及时登记“信息反馈登记表”，每月做“月信息反馈报告”	7		
	8	大堂区域卫生状况	符合酒店规定的标准	6		
工作态度 (20%)	1	责任感	工作责任感总是很强，且愿意承担责任	5		
	2	仪容仪表	严格遵守酒店仪容仪表要求，完全符合本酒店标准	5		
	3	礼节礼仪	严格遵守酒店礼节礼仪规范，没有出现不礼貌的行为	5		
	4	工作效率	任何工作都按时保质、保量完成，且从无怨言、牢骚	5		
工作能力 (20%)	1	协作	对部门或他人的工作请求从无怨言、牢骚、畏难	4		
	2	培训	总是能给予前台各岗位有关客户接待、投诉等必要的培训和指导	4		
	3	沟通	总是虚心聆听他人意见，总能妥善地处理客人的各种疑难问题及投诉	4		
	4	突发事件处理能力	总是能及时、合理地处理突发事件	4		
	5	外语能力	具有良好的外语会话能力，达到酒店的规定标准	4		
总计考核得分						

被考核人确认：　　　　考核人确认：

2-3 前厅接待领班绩效考核表

前厅接待领班绩效考核表

岗位：前厅接待领班　　　　被考核人：　　　　考核时期：　年　月

项目	序号	考核项目	基准目标	分值	达成情况	考核分数
KPI（50%）	1	入住登记手续合格率	100%	7		
	2	房间钥匙分发	无差错	7		
	3	客房营业日报表	1次/日	6		
	4	落实预订房间准确率	100%	6		
	5	建立客房档案	100%	6		
	6	建立VIP客人档案	100%	6		
	7	客人投诉率	0.04%	6		
	8	上岗员工外语合格率	80%	3		
	9	环境卫生检查合格率	80%	3		
工作态度（20%）	1	出勤纪律	无迟到、早退、请假、离岗、串岗、旷工现象	5		
	2	仪容仪表	完全符合本酒店仪容仪表标准	5		
	3	礼节礼仪	完全符合酒店礼节礼仪规范，无不礼貌的行为	5		
	4	工作效率	任何工作都按时保质、保量完成，且从无怨言、牢骚	5		
工作能力（30%）	1	主动性	总是能够积极主动、精神饱满地去工作	5		
	2	学习能力	按时参加酒店、班组的培训，且培训期间无违纪现象	5		
	3	团队协作	对部门或他人的工作请求从无怨言、牢骚、畏难	5		
	4	业务技能	熟练掌握岗位业务技能知识，符合或超越本酒店的岗位职责标准	5		
	5	培训	总是能给予下属必要的培训和指导	5		
	6	沟通	总是虚心聆听他人意见，工作上从不造成误解	5		
总计考核得分						

被考核人确认：　　　　　　考核人确认：

2-4 话务领班绩效考核表

话务领班绩效考核表

岗位：话务领班　　被考核人：　　考核时期：　　年　　月

项目	序号	考核项目	基准目标	分值	达成情况	考核分数
KPI (50%)	1	叫醒服务准确率、完成率	100%	7		
	2	电话开线、关线服务完成率、准确率	100%	7		
	3	接转电话准确率	100%	7		
	4	日常管理	对班组日常工作按规则进行管理	7		
	5	客人投诉率	0.04%	7		
	6	工作记录完整率	实际记录项数／应记录项数	5		
	7	培训计划完成率	100%	5		
	8	上岗员工外语合格率	80%	5		
工作态度 (20%)	项目与权重同接待领班					
工作能力 (30%)	项目与权重同接待领班					

被考核人确认：　　考核人确认：

2-5 商务中心领班绩效考核表

商务中心领班绩效考核表

岗位：商务中心领班　　被考核人：　　考核时期：　　年　　月

项目	序号	考核项目	基准目标	分值	达成情况	考核分数
KPI (50%)	1	商务中心营业收入		7		
	2	邮件处理准确率	100%	7		
	3	商务中心打印材料合格率	100%	7		
	4	商务中心复印传真合格率	100%	7		
	5	客人投诉率	0.04%	7		

（续表）

项目	序号	考核项目	基准目标	分值	达成情况	考核分数
KPI（50%）	6	环境卫生检查合格率	80%	5		
	7	日常管理	对班组日常工作按规则进行管理	5		
	8	上岗员工外语合格率	80%	5		
工作态度（20%）		项目与权重同接待领班				
工作能力（30%）		项目与权重同接待领班				

被考核人确认：　　　　　　　　　　　考核人确认：

2-6　礼宾组领班绩效考核表

礼宾组领班绩效考核表

岗位：礼宾组领班　　　　　　被考核人：　　　　　　　　考核时期：　　年　　月

项目	序号	考核项目	基准目标	分值	达成情况	考核分数
KPI（50%）	1	行李运送准确率	100%	6		
	2	行李寄存无差错率	100%	6		
	3	迎送工作	以（　）标准为客人服务，并且热情、周到、到位	6		
	4	金钥匙服务	按客人的要求为客人提供金钥匙服务的响应速度和态度	6		
	5	客人投诉率	0.04%	6		
	6	工作记录完整率	实际记录项数／应记录项数	5		
	7	培训计划完成率	100%	5		
	8	上岗员工外语合格率	80%	5		
	9	日常管理	对班组日常工作按规则进行管理	5		
工作态度（20%）		项目与权重同接待领班				
工作能力（30%）		项目与权重同接待领班				

被考核人确认：　　　　　　　　　　　考核人确认：

2-7 总台接待员绩效考核表

总台接待员绩效考核表

岗位：总台接待员　　　　被考核人：　　　　考核时期：　　年　　月

项目	序号	考核项目	基准目标	分值	达成情况	考核分数
KPI（50%）	1	接待服务工作	在（　）分钟内完成接待	7		
	2	对客服务工作	按客人要求分房，制作房卡、分房准确率95%以上	7		
	3	保管登记单	登记单按（　）要求填写；在（　）整理并妥善保管登记单，无丢失现象	6		
	4	入住登记手续合格率	100%	6		
	5	客人投诉率	0.04%	6		
	6	建立客房档案	100%	6		
	7	建立VIP客人档案	100%	6		
	8	外语合格率	80%	6		
工作态度（25%）	1	出勤纪律	没有迟到、早退、请假、病假、离岗、串岗、旷工现象	6		
	2	仪容仪表	严格遵守酒店仪容仪表要求、完全符合本酒店标准	7		
	3	礼节礼仪	严格遵守酒店礼节礼仪规范，没有出现不礼貌的行为	6		
	4	工作效率	任何工作都按时保质、保量完成，且从无怨言、牢骚	6		
工作能力（25%）	1	主动性	总是能够积极主动、精神饱满地去工作	6		
	2	学习能力	按时参加酒店、班组的培训，且培训期间无违纪现象	6		
	3	团队协作	无错误、损坏、偏离标准的行为，从不重复工作	6		
	4	业务技能	熟练掌握岗位业务技能知识，符合或超越本酒店的岗位职责标准	7		
总计考核得分						

被考核人确认：　　　　　　　　考核人确认：

2-8 行李员绩效考核表

行李员绩效考核表

岗位：行李员　　　　被考核人：　　　　考核时期：　　年　　月

项目	序号	考核项目	基准目标	分值	达成情况	考核分数
KPI (50%)	1	行李搬运准确率	100%	7		
	2	行李寄存准确率	100%	7		
	3	报纸分发准确率	100%	7		
	4	为客人代办事项完好率	100%	7		
	5	迎送工作	以（　）标准为客人服务，并且热情、周到、到位。	7		
	6	金钥匙服务	按客人的要求为客人提供金钥匙服务的响应速度和态度	5		
	7	客人投诉率	0.04%	5		
	8	外语合格率	80%	5		
工作态度（25%）		项目与权重同总台接待				
工作能力（25%）		项目与权重同总台接待				

被考核人确认：　　　　考核人确认：

2-9 门童绩效考核表

门童绩效考核表

岗位：门童　　　　被考核人：　　　　考核时期：　　年　　月

项目	序号	考核项目	基准目标	分值	达成情况	考核分数
KPI (50%)	1	迎送工作	以（　）标准为客人服务，并且热情、周到、到位	9		
	2	按客人的要求为客人提供金钥匙服务的响应速度和态度	响应速度快，态度好	9		

（续表）

项目	序号	考核项目	基准目标	分值	达成情况	考核分数
KPI（50%）	3	大堂门口秩序维护	门口整齐、清洁、秩序良好	9		
	4	协助行李员疏导抵店或离店的团队、搬运行李	主动、积极	9		
	5	客人投诉率	0.04%	7		
	6	外语合格率	达到酒店规定的等级标准	7		
工作态度（25%）		项目与权重同总台接待				
工作能力（25%）		项目与权重同总台接待				

被考核人确认：　　　　　　　　　　考核人确认：

2-10　总机话务员绩效考核表

总机话务员绩效考核表

岗位：总机话务员　　　　　　被考核人：　　　　　　考核时期：　　年　　月

项目	序号	考核项目	基准目标	分值	达成情况	考核分数
KPI（50%）	1	总机应答及时性	电话铃响三声之内应答	7		
	2	总机叫早服务完成率、准确率	100%	7		
	3	总机留言服务完成率	100%	7		
	4	总机挂长途合格率	100%	7		
	5	接转电话正确率	100%	7		
	6	客人投诉率	0.04%	5		
	7	工作记录完整率	100%	5		
	8	外语合格率	80%	5		
工作态度（25%）		项目与权重同总台接待				
工作能力（25%）		项目与权重同总台接待				

被考核人确认：　　　　　　　　　　考核人确认：

2-11 商务中心文员绩效考核表

商务中心文员绩效考核表

岗位：商务中心文员　　被考核人：　　考核时期：　年　月

项目	序号	考核项目	基准目标	分值	达成情况	考核分数
KPI (50%)	1	对客服务工作的及时性、准确性	按客人要求为客人提供电话、传真、复印、打字等秘书性服务	8		
	2	打印材料合格率	100%	8		
	3	复印传真合格率	100%	8		
	4	账务管理	按（ ）形式做好当日各项账务记录	7		
	5	设备保养工作	定期在每月（ ）日对设备进行保养和清洁	7		
	6	客人投诉率	0.04%	6		
	7	外语合格率	80%	6		
工作态度（25%）		项目与权重同总台接待				
工作能力（25%）		项目与权重同总台接待				

被考核人确认：　　考核人确认：

范本三 客房部绩效考核表

3-1 客房部经理绩效考核表

客房部经理绩效考核表

岗位：客房部经理　　　　被考核人：　　　　考核时期：　　年　　月

项目	序号	考核项目	基准目标	分值	达成情况	考核分数
KPI (70%)	1	营业指标	________万元/月	7		
	2	客房平均间天消耗	小于________万元/天	7		
	3	客用棉织品报损件数	小于________件/月	7		
	4	各种器皿消毒合格率	100%	7		
	5	各种器皿报损率	0.03%	7		
	6	安全合格率	100%	7		
	7	客人投诉率	0.04%	6		
	8	每日检查房间	20间	6		
	9	卫生合格率	100%	6		
	10	员工培训	2小时/周	5		
	11	外语合格率	85%	5		
工作态度 (10%)	1	责任感	工作责任感总是很强，且愿意承担责任	3		
	2	仪容仪表	严格遵守酒店仪容仪表要求，完全符合本酒店标准	2		
	3	礼节礼仪	严格遵守酒店礼节礼仪规范，没有出现不礼貌的行为	2		
	4	工作效率	任何工作都按时保质、保量完成，且从无怨言、牢骚	3		

（续表）

项目	序号	考核项目	基准目标	分值	达成情况	考核分数
工作能力（20%）	1	协作	对部门或他人的工作请求从无怨言、牢骚、畏难	5		
	2	培训	总是能给予下属必要的培训和指导	5		
	3	沟通	总是虚心聆听他人意见，工作上从未造成误解	5		
	4	执行力	总是能把上司的意愿变为现实	5		
总计考核得分						

被考核人确认： 考核人确认：

3-2 楼层主管绩效考核表

楼层主管绩效考核表

岗位：楼层主管 被考核人： 考核时期： 年 月

项目	序号	考核项目	基准目标	分值	达成情况	考核分数
KPI（60%）	1	卫生合格率	100%	8		
	2	安全合格率	100%	8		
	3	客人投诉率	0.04%	8		
	4	查房率	达到酒店规定标准	8		
	5	转房率	达到酒店规定标准	6		
	6	OK率	达到酒店规定标准	6		
	7	酒水、商品销售	及时检查补充本区域客房内已销售酒水商品	6		
	8	成本控制率	达到酒店规定标准	5		
	9	召开领班业务会	1次/周	5		

（续表）

项目	序号	考核项目	基准目标	分值	达成情况	考核分数
工作态度(20%)	1	责任感	工作责任感总是很强，且愿意承担责任	5		
	2	仪容仪表	严格遵守酒店仪容仪表要求，完全符合本酒店标准	5		
	3	礼节礼仪	严格遵守酒店礼节礼仪规范，没有出现不礼貌的行为	5		
	4	工作效率	任何工作都按时保质、保量完成，且从无怨言、牢骚	5		
工作能力(20%)	1	协作	对部门或他人的工作请求从无怨言、牢骚、畏难	5		
	2	培训	总是能给予下属必要的培训和指导	5		
	3	沟通	总是虚心聆听他人意见，工作上从未造成误解	5		
	4	执行力	总是能把上司的意愿变为现实	5		
总计考核得分						

被考核人确认：　　　　　　　　　　考核人确认：

3-3　客房领班绩效考核表

客房领班绩效考核表

岗位：客房领班　　　　　被考核人：　　　　　　　考核时期：　　年　　月

项目	序号	考核项目	基准目标	分值	达成情况	考核分数
KPI(50%)	1	卫生合格率	100%	7		
	2	各种器皿消毒合格率	100%	6		
	3	卫生洁具消毒合格率	100%	6		
	4	客房平均间天消耗	（　）万元／天	6		
	5	客用棉织品报损件数	（　）件／月	6		
	6	各种器皿报损件数	0.03%	6		
	7	每日检查房间	（　）间	7		
	8	客人投诉率	0.04%	6		

（续表）

项目	序号	考核项目	基准目标	分值	达成情况	考核分数
工作态度（20%）	1	出勤纪律	没有迟到、早退、请假、病假、离岗、串岗、旷工现象	5		
	2	仪容仪表	严格遵守酒店仪容仪表要求、完全符合本酒店标准	5		
	3	礼节礼仪	严格遵守酒店礼节礼仪规范，没有出现不礼貌的行为	5		
	4	工作效率	任何工作都按时保质、保量完成，且从无怨言、牢骚	5		
工作能力（30%）	1	主动性	总是能够积极主动、精神饱满地去工作	5		
	2	学习能力	按时参加酒店、班组的培训，且培训期间无违纪现象	5		
	3	团队协作	对部门或他人的工作请求从无怨言、牢骚、畏难	5		
	4	业务技能	熟练掌握岗位业务技能知识，符合或超越本酒店的岗位职责标准	5		
	5	培训	总是能给予下属必要的培训和指导	5		
	6	沟通	总是虚心聆听他人意见，工作上从未造成误解	5		
总计考核得分						

被考核人确认：　　　　考核人确认：

3-4 客房服务员绩效考核表

客房服务员绩效考核表

岗位：客房服务员　　　　被考核人：　　　　考核时期：　　年　　月

项目	序号	考核项目	基准目标	分值	达成情况	考核分数
KPI（50%）	1	房间清扫任务完成率	100%完成	5		
	2	房间清扫合格率	100%达标	5		
	3	公共区域卫生完成率	100%完成	5		
	4	公共区域卫生合格率	100%达标	5		
	5	成本控制率	大于95%	6		
	6	客用酒水、商品检查、补充	每日检查	6		
	7	报表登记	准确、及时、完整	6		
	8	卫生洁具消毒合格率	100%	6		
	9	客人投诉率	小于1%/月	6		
工作态度（25%）	1	出勤纪律	没有迟到、早退、请假、病假、离岗、串岗、旷工现象	6		
	2	仪容仪表	严格遵守酒店仪容仪表要求、完全符合本酒店标准	7		
	3	礼节礼仪	严格遵守酒店礼节礼仪规范，没有出现不礼貌的行为	6		
	4	工作效率	任何工作都按时保质、保量完成，且从无怨言、牢骚	6		
工作能力（25%）	1	主动性	总是能够积极主动、精神饱满地去工作	6		
	2	学习能力	按时参加酒店、班组的培训，且培训期间无违纪现象	6		
	3	团队协作	无错误、损坏、偏离标准的行为、从不重复工作	6		
	4	业务技能	熟练掌握岗位业务技能知识，符合或超越本酒店的岗位职责标准	7		
总计考核得分						

被考核人确认：　　　　考核人确认：

3-5 PA领班绩效考核表

PA领班绩效考核表

岗位：PA领班　　被考核人：　　考核时期：　年　月

项目	序号	考核项目	基准目标	分值	达成情况	考核分数
KPI（50%）	1	公共区域卫生合格率	100%	10		
	2	卫生洁具消毒合格率	100%	10		
	3	报修及时性	发现公共区域设施设备损坏后在（　）小时内报修	9		
	4	新员工岗前培训率	100%	7		
	5	客人投诉率	0.04%	7		
	6	清洁日报表的填写	及时、准确	7		
工作态度（20%）		项目与权重同客房领班				
工作能力（30%）		项目与权重同客房领班				
总计考核得分						

被考核人确认：　　考核人确认：

3-6 PA服务员绩效考核表

PA服务员绩效考核表

岗位：PA服务员　　被考核人：　　考核时期：　年　月

项目	序号	考核项目	基准目标	分值	达成情况	考核分数
KPI（50%）	1	保洁区域完成率	保洁区域完成率＝实际打扫区域÷当班期间应保洁区域清洁×100%，保洁区域完成率＞1	9		
	2	保洁区域卫生合格情况	保洁区域卫生达标	9		
	3	清洁工具管理	清洁工具无损坏或丢失	8		
	4	报修及时性	发现公共区域设施设备损坏后在（　）小时内报修	8		
	5	卫生洁具消毒合格率	100%	8		
	6	投诉率	无客诉，内诉小于1%/月	8		

（续表）

项目	序号	考核项目	基准目标	分值	达成情况	考核分数
工作态度（25%）	项目与权重同客房服务员					
工作能力（25%）	项目与权重同客房服务员					
总计考核得分						

被考核人确认： 考核人确认：

3-7 洗衣房主管绩效考核表

洗衣房主管绩效考核表

岗位：洗衣房主管 被考核人： 考核时期： 年 月

项目	序号	考核项目	基准目标	分值	达成情况	考核分数
KPI（60%）	1	营业指标	____万元/年	7		
	2	低值易耗费用指标	____万元	7		
	3	洗涤达标率	100%	7		
	4	客衣收发差错率	0%	7		
	5	工服收发差错率	0%	7		
	6	公用棉织品收发差错率	0%	7		
	7	工服报损率	____%	7		
	8	公用棉织品报损率	0.5%	7		
	9	召开领班业务会	1次/周	4		
工作态度（20%）	项目与权重同楼层主管					
工作能力（20%）	项目与权重同楼层主管					
总计考核得分						

被考核人确认： 考核人确认：

3-8 洗涤组领班绩效考核表

洗涤组领班绩效考核表

岗位：洗涤组领班　　被考核人：　　考核时期：　年　月

项目	序号	考核项目	基准目标	分值	达成情况	考核分数
KPI（50%）	1	衣物洗涤操作程序监控	监督班组员工按操作程序进行洗涤	6		
	2	衣物洗涤剂使用	根据衣物选择正确的洗涤剂	6		
	3	设备维护保养	对洗涤设备进行定期的维护和保养，在（ ）小时内对损坏的设备进行报修	6		
	4	洗涤合格率	（班组洗涤总件数－未洗净、损坏件数）÷班组洗涤总件数	6		
	5	加急洗衣	加急洗衣服务在（ ）小时内准时完成	6		
	6	客人满意度	大于95%	5		
	7	培训计划完成率	大于95%	5		
	8	培训合格率	大于95%	5		
	9	客人投诉率	0.04%	5		
工作态度（20%）		项目与权重同客房领班				
工作能力（30%）		项目与权重同客房领班				
总计考核得分						

被考核人确认：　　考核人确认：

3-9 布草房领班绩效考核表

布草房领班绩效考核表

岗位：布草房领班　　被考核人：　　考核时期：　年　月

项目	序号	考核项目	基准目标	分值	达成情况	考核分数
KPI（50%）	1	班组布草收发准确率	100%	6		
	2	班组布草收发及时性	班组在（ ）小时内完成布草收发	5		
	3	班组布草收发漏检率	0%	5		

（续表）

项目	序号	考核项目	基准目标	分值	达成情况	考核分数
KPI (50%)	4	班组布草分类放置率	100%	5		
	5	布草洗涤分类率	100%	5		
	6	洗涤布草过程监控	监督班组员工按操作程序进行洗涤	6		
	7	洗涤合格率	100%	6		
	8	设备维护保养	对洗涤设备进行定期的维护和保养，发现问题在（ ）小时内及时报修	6		
	9	投诉率	无客诉，内诉小于1%	6		
工作态度(20%)		项目与权重同客房领班				
工作能力(30%)		项目与权重同客房领班				
总计考核得分						

被考核人确认：　　　　　　　　　　考核人确认：

3-10　楼层客衣收发员绩效考核表

楼层客衣收发员绩效考核表

岗位：楼层客衣收发员　　　　被考核人：　　　　　　　　考核时期：　　年　　月

项目	序号	考核项目	基准目标	分值	达成情况	考核分数
KPI (50%)	1	客衣收发差错率	0%	8		
	2	客衣打号、分类准确率	100%	8		
	3	客衣收发及时率	100%	8		
	4	洗衣单挂账及时、准确率	100%	8		
	5	客衣登记表的登记及时、准确及完整性	及时、准确、完整，无差错	8		
	6	区域卫生	符合酒店规定标准	5		
	7	打号机的擦拭及保养		5		
工作态度（25%）		项目与权重同客房服务员				
工作能力（25%）		项目与权重同客房服务员				
总计考核得分						

被考核人确认：　　　　　　　　　　考核人确认：

3-11 洗衣工绩效考核表

洗衣工绩效考核表

岗位：洗衣工　　　　被考核人：　　　　考核时期：　　年　　月

项目	序号	考核项目	基准目标	分值	达成情况	考核分数
KPI（50%）	1	客衣洗涤达标	100%	7		
	2	工服洗涤达标	100%	7		
	3	布草洗涤达标	100%	7		
	4	衣物收发准确率	100%	6		
	5	衣物洗涤操作程序	按操作程序进行洗涤	6		
	6	衣物洗涤剂使用	根据衣物正确使用洗涤剂	6		
	7	设备维护保养	对洗涤设备进行定期的维护和保养，发现问题在（　）小时内及时报修	5		
	8	洗衣投诉	无客诉，内诉小于1次/月	6		
工作态度（25%）		项目与权重同客房服务员				
工作能力（25%）		项目与权重同客房服务员				
总计考核得分						

被考核人确认：　　　　考核人确认：

3-12 缝衣工绩效考核表

缝衣工绩效考核表

岗位：缝衣工　　　　被考核人：　　　　考核时期：　　年　　月

项目	序号	考核项目	基准目标	分值	达成情况	考核分数
KPI（50%）	1	修改、缝纫工作完成率	100%	9		
	2	废旧布草利用率	废旧布草再利用价值／领用废旧布草价值，达到50%以上	8		
	3	设备维护保养	对缝纫设备进行定期的维护和保养，发现问题在（　）小时内及时报修	8		

（续表）

项目	序号	考核项目	基准目标	分值	达成情况	考核分数
KPI（50%）	4	为住店客人提供修补服务	能满足客人的应急需求，为客人提供修补服务	8		
	5	酒店布草、员工制服的改制	酒店布草、员工制服在收上来后（　）天内及时修补、改制	8		
	6	投诉	无客诉，内诉小于1次/月	9		
工作态度（25%）		项目与权重同客房服务员				
工作能力（25%）		项目与权重同客房服务员				
总计考核得分						

被考核人确认：　　　　　　　　　　　　考核人确认：

范本四 餐饮部岗位绩效考核表

4-1 餐饮部经理绩效考核表

餐饮部经理绩效考核表

岗位：餐饮部经理　　被考核人：　　考核时期：　年　月

项目	序号	考核项目	基准目标	分值	达成情况	考核分数
KPI (70%)	1	经营计划指标	达到______万元	10		
	2	毛利率	达到______%	10		
	3	客人表扬意见	360条/年	5		
	4	客人满意率	100%	5		
	5	客人投诉率	0.1‰	5		
	6	菜点质量（色香味形）合格率	100%	6		
	7	餐、茶、酒具化验合格率	100%	6		
	8	食品化验合格率	100%	6		
	9	环境卫生检查合格率	100%	6		
	10	食品库存资金周转天数	30天	6		
	11	每天餐位翻台率	2次/天	6		
	12	每周效益分析及就餐客人预测报	1份/周	5		
工作态度 (10%)	1	责任感	工作责任感总是很强，且愿意承担责任	3		
	2	仪容仪表	严格遵守酒店仪容仪表要求，完全符合本酒店标准	2		
	3	礼节礼仪	严格遵守酒店礼节礼仪规范，没有出现不礼貌的行为	2		
	4	工作效率	任何工作都按时保质、保量完成，且从无怨言、牢骚	3		

（续表）

项目	序号	考核项目	基准目标	分值	达成情况	考核分数
工作能力（20%）	1	协作	对部门或他人的工作请求从无怨言、牢骚、畏难	5		
	2	培训	总是能给予下属必要的培训和指导	5		
	3	沟通	总是虚心聆听他人意见，工作上从未造成误解	5		
	4	执行力	总是能把上司的意愿变为现实	5		
总计考核得分						

被考核人确认：　　　　　　　　考核人确认：

4-2　楼面主管绩效考核表

楼面主管绩效考核表

岗位：楼面主管　　　　　被考核人：　　　　　考核时期：　　年　　月

项目	序号	考核项目	基准目标	分值	达成情况	考核分数
KPI（60%）	1	感动服务	根据服务员数定出周任务，按照任务完成率计算。完成率≥100%	9		
	2	销售额	完成率≥100%	9		
	3	新品、急品推销率	按有效服务员的人数（人均1份）对新品、急推产品推销。完成率≥70%	9		
	4	叫服	叫服指客人大喊、发脾气、起身离座找服务员或管理人员的现象。周叫服现象≤2次	9		
	5	投诉	无客诉；内诉≤1次	9		
	6	卫生	符合酒店规定	5		
	7	员工流失	月正式员工流失人数≤1人	5		
	8	员工满意率	员工满意率≥80%	5		

（续表）

项目	序号	考核项目	基准目标	分值	达成情况	考核分数
工作态度（20%）	1	责任感	工作责任感总是很强，且愿意承担责任	5		
	2	仪容仪表	严格遵守酒店仪容仪表要求、完全符合本酒店标准	5		
	3	礼节礼仪	严格遵守酒店礼节礼仪规范，没有出现不礼貌的行为	5		
	4	工作效率	任何工作都按时保质、保量完成，且从无怨言、牢骚	5		
工作能力（20%）	1	协作	对部门或他人的工作请求从无怨言、牢骚、畏难	5		
	2	培训	总是能给予下属必要的培训和指导	5		
	3	沟通	总是虚心聆听他人意见，工作上从未造成误解	5		
	4	执行力	总是能把上司的意愿变为现实	5		
总计考核得分						

被考核人确认：　　　　　　　　　　考核人确认：

4-3　服务领班绩效考核表

服务领班绩效考核表

岗位：服务领班　　　　　　被考核人：　　　　　　考核时期：　　年　　月

项目	序号	考核项目	基准目标	分值	达成情况	考核分数
KPI（50%）	1	感动服务	定出周任务，按照任务完成率计算。完成率≥100%	9		
	2	销售额	完成率≥100%	9		
	3	叫服	周叫服现象≤2次	8		
	4	投诉	周客诉≤1次；内诉≤1次	8		
	5	卫生	符合规定标准	8		
	6	新品、急推产品推销完成率	按有效服务员的人数（人均1份）对新品、急推产品推销。完成率≥100%	8		

（续表）

项目	序号	考核项目	基准目标	分值	达成情况	考核分数
工作态度（20%）	1	出勤纪律	没有迟到、早退、请假、病假、离岗、串岗、旷工现象	5		
	2	仪容仪表	严格遵守酒店仪容仪表要求，完全符合本酒店标准	5		
	3	礼节礼仪	严格遵守酒店礼节礼仪规范，没有出现不礼貌的行为	5		
	4	工作效率	任何工作都按时保质、保量完成，且从无怨言、牢骚	5		
工作能力（30%）	1	主动性	总是能够积极主动、精神饱满地去工作	5		
	2	学习能力	按时参加酒店、班组的培训，且培训期间无违纪现象	5		
	3	团队协作	对部门或他人的工作请求从无怨言、牢骚、畏难	5		
	4	业务技能	熟练掌握岗位业务技能知识，符合或超越本酒店的岗位职责标准	5		
	5	培训	总是能给予下属必要的培训和指导	5		
	6	沟通	总是虚心聆听他人意见，工作上从不造成误解	5		
总计考核得分						

被考核人确认：　　　　　　　　　　考核人确认：

4-4　餐饮服务员绩效考核表

餐饮服务员绩效考核表

岗位：餐饮服务员　　　　　　被考核人：　　　　　　考核时期：　　年　　月

项目	序号	考核项目	基准目标	分值	达成情况	考核分数
KPI（50%）	1	操作技能	分别为：上菜报对菜名、及时撤空盘、结账核对、无买错单，无差错	6		
	2	开单差错率	分别为：台号、菜名、数量，要求内容正确、字迹清楚，差错率为0	6		
	3	投诉	无客诉；无内诉	6		

（续表）

项目	序号	考核项目	基准目标	分值	达成情况	考核分数
KPI（50%）	4	工作区卫生	主动清理工作区域卫生并保持干净，无水迹、无垃圾；主动清理并保持桌面卫生	6		
	5	互帮互助	积极、主动	6		
	6	物品摆放	备餐柜器具摆放整齐，抹布干净	5		
	7	客人表扬	客人对经理级以上管理人员当面表扬或书面表扬或在回访卡上写加薪或奖励字样	5		
	8	送客	客人用餐后准备离店时，提醒客人带齐物品并致欢送词	5		
	9	浪费	无浪费现象得5分；有浪费现象得0分	5		
工作态度（25%）	1	出勤纪律	没有迟到、早退、请假、病假、离岗、串岗、旷工现象	6		
	2	仪容仪表	严格遵守酒店仪容仪表要求，完全符合本酒店标准	7		
	3	礼节礼仪	严格遵守酒店礼节礼仪规范，没有出现不礼貌的行为	6		
	4	工作效率	任何工作都按时保质保量完成，且从无怨言、牢骚	6		
工作能力（25%）	1	主动性	总是能够积极主动、精神饱满地去工作	6		
	2	学习能力	按时参加酒店、班组的培训，且培训期间无违纪现象	6		
	3	团队协作	无错误、损坏、偏离标准的行为，从不重复工作	6		
	4	业务技能	熟练掌握岗位业务技能知识，符合或超越本酒店的岗位职责标准	7		
总计考核得分						

被考核人确认：　　　　　　　　　　考核人确认：

4-5 迎宾员绩效考核表

迎宾员绩效考核表

岗位：迎宾员　　被考核人：　　考核时期：　年　月

项目	序号	考核项目	基准目标	分值	达成情况	考核分数
KPI (50%)	1	安排留台	根据客人预订情况，安排留台，合理迎领其他客人	10		
	2	迎领客人	将客人迎领到适当的餐位	10		
	3	收集客人意见	收集客人的意见及投诉，并在发生后（ ）小时内向领班汇报	10		
	4	统计工作	做好就餐人数、营业收入的统计工作，并在（ ）小时内上报	10		
	5	更换、保管布草	送洗布草，定期在每月（ ）日前盘查，及时向领班汇报布草使用情况	10		
工作态度(25%)		项目与权重同餐饮服务员				
工作能力(25%)		项目与权重同餐饮服务员				
总计考核得分						

被考核人确认：　　考核人确认：

4-6 酒水部领班绩效考核表

酒水部领班绩效考核表

岗位：酒水部领班　　被考核人：　　考核时期：　年　月

项目	序号	考核项目	基准目标	分值	达成情况	考核分数
KPI (50%)	1	酒水销售任务	达到酒店规定任务_____元	8		
	2	酒水损耗率	低于_____%	7		
	3	顾客满意度	顾客满意度为（ ）。实际顾客满意度/顾客满意度	7		
	4	酒水盘存、检查工作	每月盘存一次，每周检查一次	7		

（续表）

项目	序号	考核项目	基准目标	分值	达成情况	考核分数
KPI（50%）	5	报表检查	每日在（ ）点前检查销售金额报表，并核对数值	7		
	6	工作督导及合理安排度	根据部门的各项制度，合理安排工作，以（ ）形式认真督导管理下属，按（ ）章程办事	7		
	7	区域卫生状况	符合酒店规定标准	7		
工作态度（20%）		项目与权重同服务领班				
工作能力（30%）		项目与权重同服务领班				
总计考核得分						

被考核人确认： 考核人确认：

4-7 酒水员绩效考核表

酒水员绩效考核表

岗位：酒水员 被考核人： 考核时期： 年 月

项目	序号	考核项目	基准目标	分值	达成情况	考核分数
KPI（50%）	1	酒水服务工作效率	在客人点酒后（ ）分钟送到	9		
	2	酒水出品质量	符合规定标准	9		
	3	领料	按程序在（ ）前领料完毕	8		
	4	水果拼盘制作	水果拼盘在（ ）分钟内制作完成	8		
	5	杯具卫生合格率	达到要求合格率	8		
	6	报表统计	每日统计销售数量、金额作报表，并在（ ）前上报。要求报表及时，统计准确	8		
工作态度（25%）		项目与权重同餐饮服务员				
工作能力（25%）		项目与权重同餐饮服务员				
总计考核得分						

被考核人确认： 考核人确认：

4-8 厨师长绩效考核表

厨师长绩效考核表

岗位：厨师长　　被考核人：　　考核时期：　年　月

项目	序号	考核项目	基准目标	分值	达成情况	考核分数
KPI（60%）	1	销售收入定额完成率	>95%	6		
	2	菜点质量(色、香、味、形)合格率	100%	6		
	3	成本控制	达到酒店规定标准	6		
	4	菜品出新率	每月出一样新菜	6		
	5	主要设备、设施完好率	100%	6		
	6	客人投诉率	0.1‰	6		
	7	顾客满意度	>95%	6		
	8	厨房区域卫生状况	符合酒店规定标准	6		
	9	关键员工流失率	流失率控制在1%以内	4		
	10	对下属绩效考核	及时、公平、公正，做好业绩沟通	4		
	11	部门内部管理	本部门的规章制度规范，工作流程顺畅	4		
工作态度（20%）	项目与权重同楼面主管					
工作能力（20%）	项目与权重同楼面主管					
总计考核得分						

被考核人确认：　　考核人确认：

4-9 厨工绩效考核表

厨工绩效考核表

岗位：厨工　　被考核人：　　考核时期：　年　月

项目	序号	考核项目	基准目标	分值	达成情况	考核分数
KPI（50%）	1	卫生清洁达标率	卫生清洁必须达标	14		
	2	毛择净率	菜品择后净重/毛重	12		

（续表）

项目	序号	考核项目	基准目标	分值	达成情况	考核分数
KPI（50%）	3	器皿准备及时性	器皿在需用时（ ）分钟内提供	12		
	4	收、领货物准确性	收、领货物应保证质量和数量	12		
工作态度（25%）		项目与权重同餐饮服务员				
工作能力（25%）		项目与权重同餐饮服务员				
总计考核得分						

被考核人确认：　　　　　　　　　　　　考核人确认：

4-10　传菜员绩效考核表

传菜员绩效考核表

岗位：传菜员　　　　　　　被考核人：　　　　　　　　考核时期：　　年　　月

项目	序号	考核项目	基准目标	分值	达成情况	考核分数
KPI（50%）	1	卫生清洁达标率	卫生清洁必须达标	10		
	2	餐具借还的及时性	按规定在（ ）小时内借还餐具	10		
	3	分单准确率	准确分给厨房的点菜单/点菜单总数	10		
	4	传菜的及时性	做好的菜在此（ ）分钟内传出	10		
	5	调味品补充的及时性	在（ ）前将调味品配备、补充完毕	10		
工作态度（25%）		项目与权重同餐饮服务员				
工作能力（25%）		项目与权重同餐饮服务员				
总计考核得分						

被考核人确认：　　　　　　　　　　　　考核人确认：

4-11 打荷绩效考核表

打荷绩效考核表

岗位：打荷　　　　被考核人：　　　　考核时期：　　年　　月

项目	序号	考核项目	基准目标	分值	达成情况	考核分数
KPI (50%)	1	卫生清洁达标率	卫生清洁必须达标	10		
	2	各类菜肴餐具配备的及时性	在开餐前（　）小时，根据预订情况和零点菜肴的特色及时配备餐具	10		
	3	盘饰品领取	在开餐前（　）小时领取盘饰品	10		
	4	切配的风味菜传递的及时性	将菜肴在（　）分钟内切配好，保证菜肴的顺利出品	10		
	5	摆盘	在（　）分钟内迅速快捷地为各类出品菜肴进行清洁和装饰美化，及时送到出菜口	10		
工作态度（25%）		项目与权重同餐饮服务员				
工作能力（25%）		项目与权重同餐饮服务员				
总计考核得分						

被考核人确认：　　　　考核人确认：

4-12 头锅绩效考核表

头锅绩效考核表

岗位：头锅　　　　被考核人：　　　　考核时期：　　年　　月

项目	序号	考核项目	基准目标	分值	达成情况	考核分数
KPI (50%)	1	人员调配	能合理调配打荷、炒灶，汤锅、油锅、蒸菜的各岗位工作，保证工作的顺利进行	10		
	2	设备管理	无因设备设施保养不善影响经营、增加维修成本而造成的经济损失	10		
	3	出品速度	在规定的标准时间内出品	10		
	4	出品质量	菜肴出品盘数÷菜肴卖出盘数	10		
	5	成本率	（成本－实际成本）÷ 成本	10		

（续表）

项目	序号	考核项目	基准目标	分值	达成情况	考核分数
工作态度（20%）		项目与权重同服务领班				
工作能力（30%）		项目与权重同服务领班				
总计考核得分						

被考核人确认：　　　　　　　　　　　　考核人确认：

4-13　头砧绩效考核表

头砧绩效考核表

岗位：头砧　　　　　　　　被考核人：　　　　　　　　考核时期：　　年　　月

项目	序号	考核项目	基准目标	分值	达成情况	考核分数
KPI（50%）	1	人员调配	是否能合理调配打荷、炒灶，汤锅、油锅、蒸菜的各岗位工作，保证工作的顺利进行	10		
	2	设备管理	定期在（　）对设备进行保养。因设备设施保养不善影响经营、增加维修成本而造成的经济损失	10		
	3	菜肴切配	在（　）内准确地配制原料，保证质量、数量，使菜肴出品正常	10		
	4	原料盘点	在（　）对原料进行盘点。因原料保管不善而造成的损耗	10		
	5	成本率	（实际成本 − 成本）÷ 成本	10		
工作态度（20%）		项目与权重同服务领班				
工作能力（30%）		项目与权重同服务领班				
总计考核得分						

被考核人确认：　　　　　　　　　　　　考核人确认：

4-14 水台绩效考核表

水台绩效考核表

岗位：水台　　被考核人：　　考核时期：　年　月

项目	序号	考核项目	基准目标	分值	达成情况	考核分数
KPI (50%)	1	切配合格率	切配合格菜品÷切配总数	18		
	2	卫生合格率	保证加工原料符合营养卫生要求	18		
	3	用具管理	定期以（　）形式对用具进行保养。因用具保养不善影响经营、增加维修成本而造成的经济损失	14		
工作态度（25%）		项目与权重同餐饮服务员				
工作能力（25%）		项目与权重同餐饮服务员				
总计考核得分						

被考核人确认：　　考核人确认：

4-15 上什绩效考核表

上什绩效考核表

岗位：上什　　被考核人：　　考核时期：　年　月

项目	序号	考核项目	基准目标	分值	达成情况	考核分数
KPI (50%)	1	蒸、炖菜	应在客人点菜后（　）分钟上菜	18		
	2	干货涨发及上汤煲制	应在此（　）小时前准备好，满足炉灶需要	18		
	3	用具管理	以（　）形式对用具进行保养。因用具保养不善影响经营、增加维修成本而造成的经济损失	14		
工作态度（25%）		项目与权重同餐饮服务员				
工作能力（25%）		项目与权重同餐饮服务员				
总计考核得分						

被考核人确认：　　考核人确认：

4-16 头什绩效考核表

头什绩效考核表

岗位：头什　　被考核人：　　考核时期：　年　月

项目	序号	考核项目	基准目标	分值	达成情况	考核分数
KPI（50%）	1	蒸、炖菜	应在客人点菜后（　）分钟上菜	18		
	2	干货涨发及上汤煲制	应在此（　）小时前准备好，满足炉灶需要	18		
	3	用具管理	以（　）形式对用具进行保养。因用具保养不善影响经营、增加维修成本而造成的经济损失	14		
工作态度（20%）		项目与权重同服务领班				
工作能力（30%）		项目与权重同服务领班				
总计考核得分						

被考核人确认：　　考核人确认：

4-17 凉菜间主厨绩效考核表

凉菜间主厨绩效考核表

岗位：凉菜间主厨　　被考核人：　　考核时期：　年　月

项目	序号	考核项目	基准目标	分值	达成情况	考核分数
KPI（50%）	1	人员调配	是否能根据宴会标准单，分配本组各员工进行凉菜加工，保证工作的顺利进行	10		
	2	计划准确率	实际使用的材料÷按计划购进的材料	10		
	3	设备维护	以（　）形式对设备定期进行保养。因设备设施保养不善影响经营、增加维修成本而造成的经济损失	10		
	4	凉菜质量	菜肴出品盘数÷菜肴卖出盘数	10		
	5	成本节约率	（成本－实际成本）÷成本	10		
工作态度（20%）		项目与权重同服务领班				
工作能力（30%）		项目与权重同服务领班				
总计考核得分						

被考核人确认：　　考核人确认：

4-18 点心主厨绩效考核表

点心主厨绩效考核表

岗位：点心主厨　　被考核人：　　考核时期：　年　月

项目	序号	考核项目	基准目标	分值	达成情况	考核分数
KPI（50%）	1	点心质量	点心出品数÷点心卖出数	15		
	2	成本节约率	（成本 − 实际成本）÷ 成本	15		
	3	用具管理	以（ ）形式对用具进行保养。因设备设施保养不善影响经营、增加维修成本而造成的经济损失	10		
	4	原料购进情况	实际使用的材料÷按计划购进的材料	10		
工作态度（20%）		项目与权重同服务领班				
工作能力（30%）		项目与权重同服务领班				
总计考核得分						

被考核人确认：　　考核人确认：

4-19 点心师绩效考核表

点心师绩效考核表

岗位：点心师　　被考核人：　　考核时期：　年　月

项目	序号	考核项目	基准目标	分值	达成情况	考核分数
KPI（50%）	1	用具管理	以（ ）形式对用具进行保养。因保养不善影响经营、增加维修成本而造成的经济损失	10		
	2	原料领用	在制作点心（ ）分钟前领出	10		
	3	卫生达标率	卫生必须达标	10		
	4	点心质量	点心出品数÷点心卖出数	10		
	5	点心出品及时性	点心在客人提出要求后（ ）分钟出品	10		
工作态度（25%）		项目与权重同餐饮服务员				
工作能力（25%）		项目与权重同餐饮服务员				
总计考核得分						

被考核人确认：　　考核人确认：

4-20 洗碗工绩效考核表

洗碗工绩效考核表

岗位：洗碗工　　被考核人：　　考核时期：　年　月

项目	序号	考核项目	基准目标	分值	达成情况	考核分数
KPI（50%）	1	洗涤餐具和用具质量	杯具卫生实际合格率÷合格率	25		
	2	清洁工作	卫生检查达标	25		
工作态度（25%）		项目与权重同餐饮服务员				
工作能力（25%）		项目与权重同餐饮服务员				
总计考核得分						

被考核人确认：　　考核人确认：

范本五　康乐部绩效考核表

5-1　康乐部经理绩效考核表

康乐部经理绩效考核表

岗位：康乐部经理　　　　被考核人：　　　　考核时期：　　年　　月

项目	序号	考核项目	基准目标	分值	达成情况	考核分数
KPI (60%)	1	酒店GOP值、GOP率	达到酒店规定的目标	7		
	2	部门GOP值	达到酒店规定的目标	7		
	3	经营成本节约率	达到酒店规定的目标	7		
	4	客人稳定率	≥85%	7		
	5	客人有效投诉件数	每月≤2件	7		
	6	客人投诉率	≤5%	7		
	7	节目翻新情况	每月都有一个新的节目	6		
	8	客人满意率	95%以上	4		
	9	关键员工流失率	流失率控制在1%以内	4		
	10	对下属绩效考核	及时、公平、公正，做好业绩沟通	4		
工作态度 (15%)	1	遵章守纪	能认真执行各项规章制度	3		
	2	政策性与原则性	严格按政策与原则办事	4		
	3	责任感	责任感很强，力图将自己的工作做得最好	4		
	4	团队精神	积极协助其他部门和同事共同达成工作目标	4		
工作能力 (25%)	1	分析判断能力	能正确分析事物，作出准确判断	7		
	2	领导力	能利用各种管理技巧，有效领导下属完成任务	6		
	3	人际关系能力	能够同周围的人沟通和合作，在增进了解和传达信息方面有较好表现	6		
	4	成本控制能力	能运用成本分析技术，分析并控制本部门的运营成本	6		
总计考核得分						

被考核人确认：　　　　　　　　考核人确认：

5-2 康乐中心领班绩效考核表

康乐中心领班绩效考核表

岗位：康乐中心领班　　　　被考核人：　　　　考核时期：　　年　　月

项目	序号	考核项目	基准目标	分值	达成情况	考核分数
KPI（60%）	1	销售额	定出周任务，按照任务完成率计算。完成率≥100%	8		
	2	叫服	周叫服现象≤2次	8		
	3	客人满意率	≥95%	8		
	4	环境卫生合格	符合规定标准	8		
	5	设施设备完好率	100%	8		
	6	辖区和员工被投诉情况	周客诉≤1次；内诉≤1次	8		
	7	员工流失	月正式员工流失人数≤1人	6		
	8	员工满意率	员工满意率≥80%	6		
工作态度（20%）	1	出勤纪律	没有迟到、早退、请假、病假、离岗、串岗、旷工现象	5		
	2	仪容仪表	严格遵守酒店仪容仪表要求，完全符合本酒店标准	5		
	3	礼节礼仪	严格遵守酒店礼节礼仪规范，没有出现不礼貌的行为	5		
	4	工作效率	任何工作都按时保质、保量完成，且从无怨言、牢骚	5		
工作能力（20%）	1	主动性	总是能够积极主动、精神饱满地去工作	5		
	2	学习能力	按时参加酒店、部门组织的培训，且培训期间无违纪现象	5		
	3	团队协作	无错误、损坏、偏离标准的行为，从不重复工作	5		
	4	业务技能	熟练掌握岗位业务技能知识，符合或超越本酒店的岗位职责标准	5		
总计考核得分						

被考核人确认：　　　　　　考核人确认：

5-3 各场馆服务员绩效考核表

各场馆服务员绩效考核表

岗位：各场馆服务员　　被考核人：　　考核时期：　年　月

项目	序号	考核项目	基准目标	分值	达成情况	考核分数
KPI (50%)	1	叫服	周叫服现象≤2次	7		
	2	客人满意率	≥95%	7		
	3	环境卫生合格率	100%	7		
	4	投诉	周客诉≤1次；内诉≤1次	7		
	5	服务标准规范化	规范、标准，无差错	7		
	6	当日营业报表的填写准确性	准确，无差错	5		
	7	当日营业报表的呈交及时性	100%于营业结束后提交	5		
	8	外语考核	达到酒店规定的等级标准	5		
工作态度 (25%)	1	出勤纪律	没有迟到、早退、请假、病假、离岗、串岗、旷工现象	6		
	2	仪容仪表	严格遵守酒店仪容仪表要求，完全符合本酒店标准	6		
	3	礼节礼仪	严格遵守酒店礼节礼仪规范，没有出现不礼貌的行为	6		
	4	工作效率	任何工作都按时保质、保量完成，且从无怨言、牢骚	7		
工作能力 (25%)	1	主动性	总是能够积极主动、精神饱满地去工作	7		
	2	学习能力	按时参加酒店、班组的培训，且培训期间无违纪现象	6		
	3	团队协作	无错误、损坏、偏离标准的行为，从不重复工作	6		
	4	业务技能	熟练掌握岗位业务技能知识，符合或超越本酒店的岗位职责标准	6		
总计考核得分						

被考核人确认：　　考核人确认：

范本六 市场营销部绩效考核表

6-1 市场营销部经理绩效考核表

市场营销部经理绩效考核表

岗位：市场营销部　　被考核人：　　考核时期：　　年　　月

项目	序号	考核项目	基准目标	分值	达成情况	考核分数
KPI（70%）	1	酒店GOP值/酒店GOP率	达到酒店规定的目标	8		
	2	部门GOP值/部门GOP率	达到酒店规定的目标	7		
	3	销售收入定额完成率	100%	7		
	4	销售额/销售量	______万元	7		
	5	销售计划达成率	＞100%	7		
	6	销售回款率	100%	7		
	7	销售费用节省率	2%	6		
	8	坏账率	2%	5		
	9	新增客户数量	每月____个	4		
	10	关键员工流失率	流失率控制在1%以内	4		
	11	对下属绩效考核	及时、公平、公正，做好业绩沟通	4		
	12	部门内部管理	本部门的规章制度规范，工作流程顺畅	4		
工作态度（10%）	1	向上级汇报工作	及时准确	2		
	2	关注公司长期的发展方向及长期目标的实施	非常关注，有具体的建议与措施	2		
	3	严守期限，达成目标	按期完成	3		
	4	遵守上级指示	严格遵守、执行	3		

（续表）

项目	序号	考核项目	基准目标	分值	达成情况	考核分数
工作能力(20%)	1	领导力	利用各种管理技巧，有效激励和调动下属的工作积极性和主动性	3		
	2	策划力	能进行广告策划、促销策划并制定切实可行的实施方案	3		
	3	组织能力	合理、有效地调配各种资源，促进启动市场开发工作，顺利完成任务	3		
	4	计划能力	科学地制订和分解市场拓展工作计划，保证工作计划得以落实执行	3		
	5	沟通协调能力	涉及多方面工作关系时，能够合理协调处理，在工作流程遇到阻碍的情况下，能够及时了解处理并使工作恢复顺畅	3		
	6	市场分析能力	善于运用各种分析方法，对产品的市场状况进行分析	5		
总计考核得分						

被考核人确认：　　　　　　　　考核人确认：

6-2　营销主管绩效考核表

营销主管绩效考核表

岗位：营销主管　　　　　　被考核人：　　　　　　考核时期：　　年　　月

项目	序号	考核项目	基准目标	分值	达成情况	考核分数
KPI(60%)	1	销售任务	达到酒店拟订的客房出租指标的90%	10		
	2	会员发展	(____位／工作日)（酒店总数）	9		
	3	日房销售	(____间／日班)	9		
	4	协议公司开发	(____家／周)	9		
	5	提供竞争对象情况	1～2次/月	8		
	6	现场指导、帮助员工	及时、主动	8		
	7	工作小结	1次/月	7		

（续表）

项目	序号	考核项目	基准目标	分值	达成情况	考核分数
工作态度(15%)	1	向上级汇报工作	及时准确	3		
	2	关注公司长期的发展方向及长期目标的实施	非常关注，有具体的建议与措施	4		
	3	严守期限，达成目标	按期完成	4		
	4	遵守上级指示	严格遵守、执行	4		
工作能力(25%)	1	领导力	利用各种管理技巧，有效激励和调动下属的工作积极性和主动性	7		
	2	组织能力	合理、有效地调配各种资源，促进启动市场开发工作，任务顺利完成	6		
	3	计划能力	科学地制订和分解市场拓展工作计划，保证工作计划得以落实执行	6		
	4	市场分析能力	善于运用各种分析方法，对产品的市场状况进行分析	6		
总计考核得分						

被考核人确认：　　　　　　　　　　　考核人确认：

6-3　广告策划员绩效考核表

广告策划员绩效考核表

岗位：广告策划员　　　　　被考核人：　　　　　　　　考核时期：　　年　　月

项目	序号	考核项目	基准目标	分值	达成情况	考核分数
KPI(50%)	1	广告宣传计划按时完成率	100%	8		
	2	酒店内宣传广告(包括大堂、客房)的次数	1次/周	6		
	3	新闻报道(报刊、广播、电视、杂志)的次数	6次/年	6		
	4	向新闻机构发送文章	4篇/年	6		

（续表）

项目	序号	考核项目	基准目标	分值	达成情况	考核分数
KPI（50%）	5	节日环境布置合格率	98%	6		
	6	对客宣传品合格率	100%	6		
	7	公共场所宣传品摆放	12次/年	6		
	8	录制酒店资料片	2次/年	3		
	9	资料（对外活动、新闻宣传、广告）归档	及时、完整	3		
工作态度（25%）	1	出勤纪律	没有迟到、早退、请假、病假、离岗、串岗、旷工现象	6		
	2	仪容仪表	严格遵守酒店仪容仪表要求，完全符合本酒店标准	6		
	3	礼节礼仪	严格遵守酒店礼节礼仪规范，没有出现不礼貌的行为	6		
	4	工作效率	任何工作都按时保质、保量完成，且从无怨言、牢骚	7		
工作能力（25%）	1	专业能力	熟练掌握素描、色彩、构成、图形、型录、报刊、招贴、网络等广告实务的制作技能	5		
	2	广告实施操作能力	掌握大众媒体的广告特性、组合方法，自身媒体方式的营造、广告传播效果、预估和评估的方法	5		
	3	计划能力	科学地制订和分解广告计划，保证广告计划得以落实执行	5		
	4	沟通协调能力	当广告工作涉及多方面工作关系时，能够合理协调处理	5		
	5	创新力	创新意识强，能够不断提出新的广告创意并实施制作	5		
总计考核得分						

被考核人确认：　　　　　　　　　　考核人确认：

6-4 销售代表绩效考核表

销售代表绩效考核表

岗位：销售代表　　　　被考核人：　　　　考核时期：　　年　　月

项目	序号	考核项目	基准目标	分值	达成情况	考核分数
KPI (50%)	1	销售任务	达到酒店拟订的客房出租指标的90%	10		
	2	会员发展	(____位／工作日)(酒店总数)	6		
	3	日房销售	(____间／日班)	6		
	4	协议公司开发	(____家／周)	5		
	5	提供竞争对象情况	1～2次／月	4		
	6	客户意见反馈及时性	及时	3		
	7	客户服务信息传递及时性	及时	3		
	8	客户回访率	95%以上	5		
	9	客户投诉解决满意率	100%	5		
	10	工作小结	1次／月	3		
工作态度 (25%)	1	出勤纪律	没有迟到、早退、请假、病假、离岗、串岗、旷工现象	7		
	2	仪容仪表	严格遵守酒店仪容仪表要求，完全符合本酒店标准	6		
	3	礼节礼仪	严格遵守酒店礼节礼仪规范，没有出现不礼貌的行为	6		
	4	工作效率	任何工作都按时保质、保量完成，且从无怨言、牢骚	6		
工作能力 (25%)	1	表达能力	具有很强的口头语言表达能力	6		
	2	计划能力	科学地制订和分解客户拜访计划，保证计划得以落实执行	6		
	3	沟通协调能力	当客户工作涉及多方面工作关系时，能够合理协调处理	6		
	4	解决问题	对客户管理工作发生的问题，知道如何分析，并探究其真正原因，提出应对方案	7		
总计考核得分						

被考核人确认：　　　　　　考核人确认：

6–5 美工绩效考核表

美工绩效考核表

岗位：美工　　被考核人：　　考核时期：　年　月

项目	序号	考核项目	基准目标	分值	达成情况	考核分数
KPI (50%)	1	活动宣传品制作预算及实施方案	质量符合要求，到位及时、分配准确	8		
	2	免费宣传广告设计的及时与认可度	及时、认可度高	8		
	3	酒店内宣传广告（包括大堂、客房）的及时与认可度	及时、认可度高	8		
	4	印刷制作合格率	100%	8		
	5	对客宣传品合格率	100%	8		
	6	平面广告、展示道具设计的及时性	100%及时	5		
	7	平面广告、展示道具设计的认可度	认可度高	5		
工作态度 (20%)	1	出勤纪律	没有迟到、早退、请假、病假、离岗、串岗、旷工现象	5		
	2	仪容仪表	严格遵守酒店仪容仪表要求，完全符合本酒店标准	5		
	3	礼节礼仪	严格遵守酒店礼节礼仪规范，没有出现不礼貌的行为	5		
	4	工作效率	任何工作都按时保质、保量完成，且从无怨言、牢骚	5		
工作能力 (30%)	1	审美力	具有优秀的审美意识，能从众多作品中选出最优秀作品的能力	6		
	2	执行力	具有理解上级工作意图，制订相应工作计划并有效实施的能力	6		
	3	创新力	创新意识强，能够提出合理化建议	6		

（续表）

项目	序号	考核项目	基准目标	分值	达成情况	考核分数
工作能力(30%)	4	平面设计能力	掌握photoshop、coreldraw软件操作，对海报、DM单、POP、挂旗等宣传品进行设计，把握排版构图、图文搭配、色彩使用，以达到理想的宣传效果	6		
	5	摄影及图片处理能力	通过对构图、光线和色彩、图片清晰度的把握进行摄影，通过软件对图片明度、彩度、尺寸、分辨率等进行编辑修改以达到最好效果	6		
总计考核得分						

被考核人确认：　　　　　　　　　　考核人确认：

6-6　预订员绩效考核表

预订员绩效考核表

岗位：预订员　　　　　　被考核人：　　　　　　考核时期：　　年　　月

项目	序号	考核项目	基准目标	分值	达成情况	考核分数
KPI(50%)	1	接听电话	及时、热情、礼貌	6		
	2	预订信息差错率	预订信息准确、完整，差错率<2次/月	6		
	3	信件、传真回复得及时	第一时间回复客户的信件、传真，延误、差错为零	6		
	4	电脑信息输入的差错率	差错率为零	6		
	5	交接班的填写	及时、正确，未有因交接记录不清楚而影响客人预订	5		
	6	交接工作	每日与下一班次交接后才下班，未有不交接就下班的情况	5		
	7	市场情况汇报	1～2次/月	5		
	8	预订记录存档的及时、准确	每日及时按日期存档	5		
	9	客户投诉次数	投诉次数<1次/月	6		

（续表）

项目	序号	考核项目	基准目标	分值	达成情况	考核分数
工作态度（25%）	1	出勤纪律	没有迟到、早退、请假、病假、离岗、串岗、旷工现象	6		
	2	仪容仪表	严格遵守酒店仪容仪表要求，完全符合本酒店标准	6		
	3	礼节礼仪	严格遵守酒店礼节礼仪规范，没有出现不礼貌的行为	6		
	4	工作效率	任何工作都按时保质、保量完成，且从无怨言、牢骚	7		
工作能力（25%）	1	主动性	总是能够积极主动、精神饱满地去工作	6		
	2	学习能力	按时参加酒店、班组的培训，且培训期间无违纪现象	6		
	3	团队协作	积极主动地协调酒店各相关部门（前厅、客房、餐饮、康乐、保安等）	6		
	4	业务技能	熟练掌握岗位业务技能知识，符合或超越本酒店的岗位职责标准	7		
总计考核得分						

被考核人确认：　　　　　　　　　　考核人确认：

范本七　工程部绩效考核表

7-1　工程部经理绩效考核表

工程部经理绩效考核表

岗位：工程部经理　　　　被考核人：　　　　考核时期：　　年　　月

项目	序号	考核项目	基准目标	分值	达成情况	考核分数
KPI (70%)	1	设备完好率	供水、电、气设施，会议设备，空调，电梯等完好率95%以上，从未影响正常运营	8		
	2	能源费指标不超过营业额	5.2%～5.7%	8		
	3	安全运行率	100%	7		
	4	计划维修的完成率	100%	7		
	5	未超过使用期限的设备报废率不超过	1%	7		
	6	维修房不超过	1间/天	7		
	7	日常维修的到位率（维修任务单）	100%	7		
	8	客房巡查检修	1次/月	7		
	9	环境卫生检查合格率	100%	3		
	10	出勤率	100%	3		
	11	对下属绩效考核	及时、公平、公正，做好业绩沟通	3		
	12	部门内部管理	本部门的规章制度规范，工作流程顺畅	3		

（续表）

项目	序号	考核项目	基准目标	分值	达成情况	考核分数
工作态度（15%）	1	遵章守纪	能认真执行各项规章制度	2		
	2	政策性与原则性	严格按政策与原则办事	3		
	3	责任感	责任感很强，力图将自己的工作做得最好	5		
	4	团队精神	积极协助其他部门和同事共同达成工作目标	5		
工作能力（15%）	1	分析判断能力	能正确分析事物、作出准确判断	5		
	2	创新能力	能够运用一些创新的方法来节能节耗	5		
	3	人际关系能力	能够同周围的人沟通和合作，在增进了解和传达信息方面有较好表现	5		
总计考核得分						

被考核人确认：　　　　　　　　　　考核人确认：

7-2　值班工程师绩效考核表

值班工程师绩效考核表

岗位：值班工程师　　　　　　被考核人：　　　　　　考核时期：　　年　　月

项目	序号	考核项目	基准目标	分值	达成情况	考核分数
KPI（50%）	1	冷热水供应	不间断	5		
	2	断电不超过	3秒	5		
	3	跑、冒、滴、漏	无	4		
	4	排水系统畅通	100%	4		
	5	设备巡检	按酒店规定频次进行	4		
	6	监控接收天线工作状态达到清晰度	100%	4		

（续表）

项目	序号	考核项目	基准目标	分值	达成情况	考核分数
KPI（50%）	7	闭路电视录像节目更换	4次/月	4		
	8	闭路电视录像节目播放时间准确率	100%	4		
	9	背景音乐音量、内容、音色的合格率	100%	4		
	10	临时会场音响设备的合格率	100%	4		
	11	房间监测指标、水箱化验合格率	100%	4		
	12	计量检测合格率	100%	4		
工作态度（20%）	1	出勤纪律	没有迟到、早退、请假、病假、离岗、串岗、旷工现象	5		
	2	仪容仪表	严格遵守酒店仪容仪表要求，完全符合本酒店标准	5		
	3	礼节礼仪	严格遵守酒店礼节礼仪规范，没有出现不礼貌的行为	5		
	4	工作效率	任何工作都按时保质、保量完成，且从无怨言、牢骚	5		
工作能力（30%）	1	主动性	总是能够积极主动、精神饱满地去工作	8		
	2	学习能力	按时参加酒店、部门组织的培训，且培训期间无违纪现象	7		
	3	团队协作	无错误、损坏、偏离标准的行为，从不重复工作	8		
	4	业务技能	熟练掌握岗位业务技能知识，符合或超越本酒店的岗位职责标准	7		
总计考核得分						

被考核人确认：　　　　　　　　　　　　考核人确认：

7-3 工程部内勤绩效考核表

工程部内勤绩效考核表

岗位：工程部内勤　　被考核人：　　考核时期：　　年　　月

项目	序号	考核项目	基准目标	分值	达成情况	考核分数
KPI (50%)	1	电话接听	按酒店标准接听	7		
	2	留言记录	及时、准确	7		
	3	部门考勤表及每月的预算	及时、准确	6		
	4	部门文书、文件、施工单、通知的复印、收发、保管工作	准确、及时，无差错	6		
	5	劳保用品的分发	准确无误	6		
	6	部门固定资产和低值易耗品台账的登录	台账无错误	6		
	7	采购单的报批、现金报销、支票申请	无差错	6		
	8	外语水平	外语考核达到酒店规定标准	6		
工作态度 (25%)	1	出勤纪律	没有迟到、早退、请假、病假、离岗、串岗、旷工现象	6		
	2	仪容仪表	严格遵守酒店仪容仪表要求，完全符合本酒店标准	6		
	3	礼节礼仪	严格遵守酒店礼节礼仪规范，没有出现不礼貌的行为	6		
	4	工作效率	任何工作都按时保质、保量完成，且从无怨言、牢骚	7		
工作能力 (25%)	1	主动性	总是能够积极主动、精神饱满地去工作	7		
	2	学习能力	按时参加酒店、班组的培训，且培训期间无违纪现象	6		
	3	团队协作	无错误、损坏、偏离标准的行为，从不做重复工作	6		
	4	业务技能	熟练掌握岗位业务技能知识，符合或超越本酒店的岗位职责标准	6		
总计考核得分						

被考核人确认：　　考核人确认：

范本八　安全部绩效考核表

8-1　安全部经理绩效考核表

安全部经理绩效考核表

岗位：安全部经理　　被考核人：　　考核时期：　年　月

项目	序号	考核项目	基准目标	分值	达成情况	考核分数
KPI（70%）	1	接受上级安全检查合格率	100%	7		
	2	安全无责任事故率	100%	7		
	3	安全设备完好率	100%	7		
	4	消防报警系统完好率	100%	7		
	5	店内秩序管理合格率	100%	7		
	6	安全达标完好率	100%	7		
	7	安全门完好率	100%	7		
	8	客房门锁安全完好率	100%	7		
	9	车辆管理合格率	100%	6		
	10	对各部门的安全考核	6次／年	4		
	11	给各部门上安全培训课	6次／年	4		
工作态度（10%）	1	责任感	工作责任感总是很强，且愿意承担责任	2		
	2	仪容仪表	严格遵守酒店仪容仪表要求，完全符合本酒店标准	2		
	3	礼节礼仪	严格遵守酒店礼节礼仪规范，没有出现不礼貌的行为	3		
	4	工作效率	任何工作都按时保质、保量完成，且从无怨言、牢骚	3		

（续表）

项目	序号	考核项目	基准目标	分值	达成情况	考核分数
工作能力(20%)	1	协作	对部门或他人的工作请求从无怨言、牢骚、畏难	4		
	2	培训	总是能给予下属必要的培训和指导	4		
	3	沟通	总是虚心聆听他人意见，工作上从未造成误解	4		
	4	执行力	总是能把上司的意愿变为现实	4		
	5	预见性	对各类问题、情况总是能提前判断	4		
总计考核得分						

被考核人确认：　　　　　　　　　　考核人确认：

8-2　安全主管绩效考核表

安全主管绩效考核表

岗位：安全主管　　　　　　被考核人：　　　　　　考核时期：　　年　　月

项目	序号	考核项目	基准目标	分值	达成情况	考核分数
KPI(60%)	1	店内秩序管理合格率	100%	6		
	2	接受上级安全检查合格率	100%	6		
	3	安全无责任事故率	100%	6		
	4	安全设备完好率	100%	5		
	5	保证安全通道畅通	1次/天	5		
	6	安全门完好率	100%	5		
	7	客房门锁安全完好率	100%	5		
	8	客户磁卡万能钥匙管理	1次/天	5		
	9	24小时巡逻的到位率	100%	5		
	10	重点部位的巡查	4次/天	3		
	11	安全事故档案记录	健全	3		
	12	住店客人档案记录	健全	3		
	13	重大活动安全保障记录	健全	3		

（续表）

项目	序号	考核项目	基准目标	分值	达成情况	考核分数
工作态度(15%)	1	出勤纪律	没有迟到、早退、请假、病假、离岗、串岗、旷工现象	3		
	2	仪容仪表	严格遵守酒店仪容仪表要求，完全符合本酒店标准	4		
	3	礼节礼仪	严格遵守酒店礼节礼仪规范，没有出现不礼貌的行为	4		
	4	工作效率	任何工作都按时保质、保量完成，且从无怨言、牢骚	4		
工作能力(25%)	1	协作	对部门或他人的工作请求从无怨言、牢骚、畏难	5		
	2	培训	总是能给予下属必要的培训和指导	5		
	3	沟通	总是虚心聆听他人意见，工作上从未造成误解	5		
	4	执行力	总是能把上司的意愿变为现实	5		
	5	预见性	对各类问题、情况总是能提前判断	5		
总计考核得分						

被考核人确认：　　　　　　　　考核人确认：

8-3 安全员绩效考核表

安全员绩效考核表

岗位：安全员　　　　被考核人：　　　　考核时期：　　年　　月

项目	序号	考核项目	基准目标	分值	达成情况	考核分数
KPI(50%)	1	后门对入店人员的控制合格率	100%	7		
	2	坚持对员工查包验包，不定期检查	4次/周	7		
	3	店内秩序管理合格率	100%	6		
	4	车辆管理合格率	100%	6		

（续表）

项目	序号	考核项目	基准目标	分值	达成情况	考核分数
KPI（50%）	5	安全达标完好率	100%	6		
	6	出租车辆高度疏导的合格率	100%	6		
	7	安全门完好率	100%	6		
	8	巡逻的到位率	100%	6		
工作态度（25%）	1	出勤纪律	没有迟到、早退、请假、病假、离岗、串岗、旷工现象	7		
	2	仪容仪表	严格遵守酒店仪容仪表要求，完全符合本酒店标准	6		
	3	礼节礼仪	严格遵守酒店礼节礼仪规范，没有出现不礼貌的行为	6		
	4	工作效率	任何工作都按时保质保量完成，且从无怨言、牢骚	6		
工作能力（25%）	1	主动性	总是能够积极主动、精神饱满地去工作	6		
	2	学习能力	按时参加酒店、班组的培训，且培训期间无违纪现象	6		
	3	团队协作	无错误、损坏、偏离标准的行为，从不重复工作	6		
	4	业务技能	熟练掌握岗位业务技能知识，符合或超越本酒店的岗位职责标准	7		
总计考核得分						

被考核人确认：　　　　　　　　　　考核人确认：

8-4 消防中心主管绩效考核表

消防中心主管绩效考核表

岗位：消防中心主管　　被考核人：　　考核时期：　年　月

项目	序号	考核项目	基准目标	分值	达成情况	考核分数
KPI (60%)	1	消防报警系统完好率	100%	7		
	2	接受上级安全检查合格率	100%	7		
	3	安全无责任事故率	100%	7		
	4	自动防火门的有效无误	100%	7		
	5	消防演习	1次/年	6		
	6	组织义务消防队活动	1次/年	6		
	7	给各部门上安全培训课	6次/年	6		
	8	全店会使用消防器材的员工	100%	6		
	9	动火档案记录	健全	4		
	10	交接班记录	健全	4		
工作态度 (15%)	1	出勤纪律	没有迟到、早退、请假、病假、离岗、串岗、旷工现象	5		
	2	仪容仪表	严格遵守酒店仪容仪表要求，完全符合本酒店标准	3		
	3	礼节礼仪	严格遵守酒店礼节礼仪规范，没有出现不礼貌的行为	3		
	4	工作效率	任何工作都按时保质、保量完成，且从无怨言、牢骚	4		
工作能力 (25%)	1	协作	对部门或他人的工作请求从无怨言、牢骚、畏难	5		
	2	培训	总是能给予下属必要的培训和指导	5		
	3	沟通	总是虚心聆听他人意见，工作上从未造成误解	5		
	4	执行力	总是能把上司的意愿变为现实	5		
	5	预见性	对各类问题、情况总是能提前判断	5		
总计考核得分						

被考核人确认：　　考核人确认：

8-5 消防值班员绩效考核表

消防值班员绩效考核表

岗位：消防值班员　　　　被考核人：　　　　考核时期：　　年　　月

项目	序号	考核项目	基准目标	分值	达成情况	考核分数
KPI (50%)	1	消防报警系统完好率	100%	7		
	2	烟感器的清洗	1次/年	7		
	3	安全设备的测试	1次/年	7		
	4	消防报警信号的处理	在_____分钟之内	7		
	5	烟感报警后	5分钟赶到现场	6		
	6	自动防火门的有效无误	100%	6		
	7	电视监控的监视效果	100%	5		
	8	环境卫生检查合格率	100%	5		
工作态度 (25%)	1	出勤纪律	没有迟到、早退、请假、病假、离岗、串岗、旷工现象	7		
	2	工作效率	任何工作都按时保质、保量完成，且从不怨言、牢骚	8		
	3	仪容仪表	严格遵守酒店仪容仪表要求，完全符合本酒店标准	5		
	4	礼节礼仪	严格遵守酒店礼节礼仪规范，没有出现不礼貌的行为	5		
工作能力 (25%)	1	团队协作	无错误、损坏、偏离标准的行为，从不重复工作	7		
	2	业务技能	熟练掌握岗位业务技能知识，符合或超越本酒店的岗位职责标准	8		
	3	主动性	总是能够积极主动、精神饱满地去工作	5		
	4	学习能力	按时参加酒店、班组的培训，且培训期间无违纪现象	5		
总计考核得分						

被考核人确认：　　　　　　　　　考核人确认：

范本九　财务部绩效考核表

9-1　财务经理岗位绩效考核表

财务经理岗位绩效考核表

岗位：财务经理　　　　被考核人：　　　　考核时期：　　年　　月

项目	序号	考核指标	目标值	分值	达成情况	考核得分
KPI（70%）	1	拟订酒店年度预算、财务收支计划、信贷计划	及时、合理、详细、有据可依、可操作	10		
	2	监督、指导有关计划的实施工作	给予有力的监督、指导，及时发现并解决问题，确保计划顺利完成	9		
	3	审核酒店应缴税款，完成酒店税务策划工作	及时、准确、差错为零	10		
	4	审核有关统计报表	及时、准确；所报送的报表中无差错	8		
	5	提交财务分析报告	报告上交及时，内容全面，数据准确，问题分析、建议合理	10		
	6	与银行部门沟通，取得信用援助	经常与银行部门沟通联系，关系良好，取得良好信誉，能及时获得所需信贷	8		
	7	对下属绩效考核	及时、公平、公正，做好业绩沟通	6		
	8	财务部内部管理	本部门的规章制度规范，工作流程顺畅	9		
工作态度（10%）	1	向上级汇报工作	及时准确	2		
	2	关注酒店长期的发展方向及长期目标的实施	非常关注，有具体的建议与措施	2		
	3	严守期限，达成目标	按期完成	3		
	4	遵守上级指示	严格遵守、执行	3		

（续表）

项目	序号	考核指标	目标值	分值	达成情况	考核得分
工作能力（20%）	1	策划力	具策划对酒店有重大影响的投资项目、资产重组、对外投资等方案的能力	4		
	2	应变力	在配合银行、税务、审计等部门工作中，灵活运用政策的能力	4		
	3	执行力	具有效贯彻落实国家相关政策、法规，酒店的各项政策方针的能力	4		
	4	财务分析能力	具运用财务分析方法，对酒店经营状况进行财务分析的能力	4		
	5	把握政策能力	具正确贯彻执行会计法规、企业会计制度的能力	4		
总计考核得分						

被考核人确认：　　　　　　　　　　考核人确认：

9-2　资金小组组长绩效考核表

资金小组组长绩效考核表

岗位：资金小组组长　　　　被考核人：　　　　　　　　考核时期：　　年　　月

项目	序号	考核项目	基准目标	分值	达成情况	考核分数
KPI（50%）	1	资金计划执行及时、准确	100%	9		
	2	融资资料准备、手续的及时、准确完成	金融机构要求之日起10日内提交	7		
			投诉1次	7		
	3	银行出纳、现金出纳工作检查频度	银行出纳：至少每月1次 现金出纳：至少每周1次	9		
	4	银行出纳、现金出纳工作检查中所发现问题的解决	至多半个月内解决发现的问题	9		
	5	月度现金预测表、融资分析、资金使用、月末税金预测的及时、准确	100%	9		

（续表）

项目	序号	考核项目	基准目标	分值	达成情况	考核分数
工作态度（20%）	1	任务完成情况	认真完成任务	5		
	2	上级指示的遵守情况	认真遵守上级指示	5		
	3	工作汇报	及时准确向上级汇报工作	5		
	4	责任感	有责任感，愿意承担更多的责任	5		
工作能力（30%）	1	监督力	具审核经济业务相关原始票据的真实性、完整性、准确性的能力	8		
	2	把握政策能力	具正确贯彻执行会计法规、企业会计制度的能力	8		
	3	执行力	具正确理解上级工作意图，贯彻落实酒店的各项指示、方针的能力	8		
	4	资料管理能力	具备一定管理财务档案的能力	6		
总计考核得分						

被考核人确认：　　　　　　　　　　　　考核人确认：

9-3　核算组组长绩效考核表

核算组组长岗绩效考核表

岗位：核算组组长　　　　　　被考核人：　　　　　　　　　考核时期：　　年　　月

项目	序号	考核项目	基准目标	分值	达成情况	考核分数
KPI（60%）	1	日常核算组织工作及时	及时：月度在3日之前，年度在次年1月15日之前	10		
	2	日常核算准确性	准确：错误次数为零	10		
	3	税项工作的及时、准确完成	达到税务要求	10		
	4	固定资产日常账务处理正确	出错次数：无	10		
	5	固定资产管理、盘点的正确率	100%	10		
	6	档案保管完整、及时	100%	10		

（续表）

项目	序号	考核项目	基准目标	分值	达成情况	考核分数
工作态度（15%）	1	任务完成情况	认真完成任务	3		
	2	上级指示的遵守情况	认真遵守上级指示	4		
	3	工作汇报	及时准确向上级汇报工作	4		
	4	责任感	有责任感，愿意承担更多的责任	4		
工作能力（25%）	1	监督力	具审核经济业务相关原始票据的真实性、完整性、准确性的能力	7		
	2	把握政策能力	具正确贯彻执行会计法规、企业会计制度的能力	7		
	3	执行力	具正确理解上级工作意图，贯彻落实酒店的各项指示、方针的能力	6		
	4	资料管理能力	具备一定管理财务档案的能力	5		
总计考核得分						

被考核人确认：　　　　　　　　　　　　考核人确认：

9-4　会计绩效考核表

会计绩效考核表

岗位：会计　　　　　　　　被考核人：　　　　　　　　考核时期：　　年　　月

项目	序号	考核项目	基准目标	分值	达成情况	考核分数
KPI（50%）	1	日报表准确率	100%	9		
	2	月报表准确率	100%	9		
	3	月报表完成情况	每月2日前	8		
	4	原始凭证的存档	3年	8		
	5	查阅原始凭证符合审批手续	100%	8		
	6	接受上级财务检查的合格率	100%	8		
工作态度（20%）	1	任务完成情况	认真完成任务	5		
	2	上级指示的遵守情况	认真遵守上级指示	5		
	3	工作汇报	及时准确向上级汇报工作	5		
	4	责任感	有责任感，愿意承担更多的责任	5		

（续表）

项目	序号	考核项目	基准目标	分值	达成情况	考核分数
工作能力(30%)	1	监督力	具审核经济业务相关原始票据的真实性、完整性、准确性的能力	8		
	2	把握政策能力	具正确贯彻执行会计法规、企业会计制度的能力	8		
	3	执行力	具正确理解上级工作意图，贯彻落实酒店的各项指示、方针的能力	7		
	4	资料管理能力	具备一定管理财务档案的能力	7		
总计考核得分						

被考核人确认： 考核人确认：

9-5 总出纳绩效考核表

总出纳绩效考核表

岗位：总出纳 被考核人： 考核时期： 年 月

项目	序号	考核项目	基准目标	分值	达成情况	考核分数
KPI(60%)	1	收银现金收入清点的及时性、准确性	100%及时开启银柜，清点数量，无因核对错误造成金额差错的情形	10		
	2	现金送存银行的及时性、准确性	100%及时、准确	10		
	3	EDC签购单审核	签字齐全、金额正确	8		
	4	EDC结账	无差错	8		
	5	退票票据的更换	及时	8		
	6	各类票据的及时入账和定时收回	及时	8		
	7	收银业务的监督	及时监督、检查，发现问题及时处理、汇报	8		
工作态度(20%)	1	任务完成情况	认真完成任务	5		
	2	上级指示的遵守情况	认真遵守上级指示	5		
	3	工作汇报	及时准确向上级汇报工作	5		
	4	责任感	有责任感，愿意承担更多的责任	5		

（续表）

项目	序号	考核项目	基准目标	分值	达成情况	考核分数
工作能力（20%）	1	监督力	具审核经济业务相关原始票据的真实性、完整性、准确性的能力	5		
	2	把握政策能力	具正确贯彻执行会计法规、企业会计制度的能力	5		
	3	执行力	具正确理解上级工作意图，贯彻落实酒店的各项指示、方针的能力	5		
	4	资料管理能力	具备一定管理财务档案的能力	5		
总计考核得分						

被考核人确认：　　　　　　　　　　考核人确认：

9-6　现金出纳绩效考核表

现金出纳绩效考核表

岗位：现金出纳　　　　　被考核人：　　　　　　考核时期：　　年　　月

项目	序号	考核项目	基准目标	分值	达成情况	考核分数
KPI（50%）	1	月收付款差错率不能超过	0.3%	10		
	2	奖金、福利指标下达的及时性	下达后3天内下发	10		
	3	鉴别、拒收假钞率	100%	10		
	4	核发工资的及时性	不超过每月___日	10		
	5	工资核发的准确率	100%	10		
工作态度（20%）	1	任务完成情况	认真完成任务	5		
	2	上级指示的遵守情况	认真遵守上级指示	5		
	3	工作汇报	及时准确向上级汇报工作	5		
	4	责任感	有责任感，愿意承担更多的责任	5		

（续表）

项目	序号	考核项目	基准目标	分值	达成情况	考核分数
工作能力(30%)	1	监督力	具审核经济业务相关原始票据的真实性、完整性、准确性的能力	8		
	2	把握政策能力	具正确贯彻执行会计法规、企业会计制度的能力	8		
	3	执行力	具正确理解上级工作意图，贯彻落实酒店的各项指示、方针的能力	7		
	4	资料管理能力	具备一定管理财务档案的能力	7		
总计考核得分						

被考核人确认： 考核人确认：

9-7 收入稽核主管绩效考核表

收入稽核主管绩效考核表

岗位：收入稽核主管 被考核人： 考核时期： 年 月

项目	序号	考核项目	基准目标	分值	达成情况	考核分数
KPI(60%)	1	营业收入真实、正确、完整性	符合规定要求	9		
	2	夜审和日审工作的检查	按规定方法进行抽检，确保无差错	9		
	3	稽核工作中问题处理的及时性	及时	9		
	4	酒店销售收入日报表的准确性	准确，无差错	9		
	5	酒店销售收入日报表的及时上报	每日在规定时间内上报	8		
	6	收入稽核差错率	无	8		
	7	各类账单、发票和报表等档案资料保管	及时、完整保存	8		
工作态度(15%)	1	出勤纪律	没有迟到、早退、请假、病假、离岗、串岗、旷工现象	3		
	2	仪容仪表	严格遵守酒店仪容仪表要求，完全符合本酒店标准	4		

（续表）

项目	序号	考核项目	基准目标	分值	达成情况	考核分数
工作态度（15%）	3	礼节礼仪	严格遵守酒店礼节礼仪规范，没有出现不礼貌的行为	4		
	4	工作效率	任何工作都按时保质、保量完成，且从无怨言、牢骚	4		
工作能力（25%）	1	监督力	具审核经济业务相关原始票据的真实性、完整性、准确性的能力	7		
	2	把握政策能力	具正确贯彻执行会计法规、企业会计制度的能力	6		
	3	执行力	正确理解上级工作意图，贯彻落实酒店的各项指示、方针的能力	6		
	4	资料管理能力	具备一定管理财务档案的能力	6		
总计考核得分						

被考核人确认：　　　　　　　　考核人确认：

9-8 日审员绩效考核表

日审员绩效考核表

岗位：日审员　　　　被考核人：　　　　考核时期：　　年　　月

项目	序号	考核项目	基准目标	分值	达成情况	考核分数
KPI（50%）	1	各项收入单据及时、准确、合法	100%	7		
	2	各类票据的发出、使用、回收环节的控制	各个环节都合法、完整	7		
	3	为酒店收入凭证的记账工作所提供的相关资料的准确率	100%	6		
	4	应收账单和数据交接、整理的及时、完整	在规定时间内完整地整理并交接，未有因此延误账款回收的情况	6		

（续表）

项目	序号	考核项目	基准目标	分值	达成情况	考核分数
KPI (50%)	5	收银员差错处理的及时性	及时处理，并反馈至收银处理或其他营业部门	6		
	6	发票、报表、账单的整理、装订和保管	及时、准确无误	6		
	7	收银工作的指导	及时、正确	6		
	8	工作区的环境卫生	符合酒店规定标准	6		
工作态度 (20%)	1	出勤纪律	没有迟到、早退、请假、病假、离岗、串岗、旷工现象	5		
	2	仪容仪表	严格遵守酒店仪容仪表要求，完全符合本酒店标准	5		
	3	礼节礼仪	严格遵守酒店礼节礼仪规范，没有出项不礼貌的行为	5		
	4	工作效率	任何工作都按时保质保量完成，且从无怨言、牢骚	5		
工作能力 (30%)	1	主动性	总是能够积极主动、精神饱满地去工作	7		
	2	学习能力	按时参加酒店、部门组织的培训，且培训期间无违纪现象	7		
	3	团队协作	无错误、损坏、偏离标准的行为，从不重复工作	8		
	4	业务技能	熟练掌握岗位业务技能知识，符合或超越本酒店的岗位职责标准	8		
总计考核得分						

被考核人确认： 考核人确认：

9-9 夜审员绩效考核表

夜审员绩效考核表

岗位：夜审员　　　　被考核人：　　　　考核时期：　　年　　月

项目	序号	考核项目	基准目标	分值	达成情况	考核分数
KPI (50%)	1	酒店各项收入的正确率	100%	6		
	2	免费房、折扣房的无差错率	完全按手续、权限执行，无差错	6		
	3	住店客人房费挂账准确率	100%	6		
	4	住店客人房费挂账及时性	及时	6		
	5	酒店电脑系统数据的完整性、连续性	完整、连续，未产生不良影响	6		
	6	各类报表的准确率	100%	5		
	7	各类报表打印的及时性	及时	5		
	8	酒店销售收入日报表编制的准确性、及时性	100%	5		
	9	夜审日志的完整性	完整，有问题时有相应的解决措施或处理建议	5		
工作态度 (20%)	1	出勤纪律	没有迟到、早退、请假、病假、离岗、串岗、旷工现象	5		
	2	仪容仪表	严格遵守酒店仪容仪表要求，完全符合本酒店标准	5		
	3	礼节礼仪	严格遵守酒店礼节礼仪规范，没有出现不礼貌的行为	5		
	4	工作效率	任何工作都按时保质、保量完成，且从无怨言、牢骚	5		
工作能力 (30%)	1	主动性	总是能够积极主动、精神饱满地去工作	7		
	2	学习能力	按时参加酒店、部门组织的培训，且培训期间无违纪现象	7		
	3	团队协作	无错误、损坏、偏离标准的行为，从不重复工作	8		
	4	业务技能	熟练掌握岗位业务技能知识，符合或超越本酒店的岗位职责标准	8		
总计考核得分						

被考核人确认：　　　　考核人确认：

9-10 收银领班绩效考核表

收银领班绩效考核表

岗位：收银领班　　被考核人：　　考核时期：　年　月

项目	序号	考核项目	基准目标	分值	达成情况	考核分数
KPI (60%)	1	收银工作差错率	无	8		
	2	员工被投诉率	每月小于1%	8		
	3	鉴别、拒收假钞率	100%	8		
	4	财务安全达标率	100%	8		
	5	财务设施设备完好率	100%	8		
	6	环境卫生检查合格率	100%	5		
	7	员工班次安排	合理，未因不合理影响工作	5		
	8	员工业务培训及业务考核合格率	100%	5		
	9	员工岗位外语合格率	100%达到酒店规定的等级标准	5		
工作态度 (20%)	1	出勤纪律	没有迟到、早退、请假、病假、离岗、串岗、旷工现象	5		
	2	仪容仪表	严格遵守酒店仪容仪表要求，完全符合本酒店标准	5		
	3	礼节礼仪	严格遵守酒店礼节礼仪规范，没有出现不礼貌的行为	5		
	4	工作效率	任何工作都按时保质、保量完成，且从无怨言、牢骚	5		
工作能力 (20%)	1	监督力	具审核经济业务相关原始票据的真实性、完整性、准确性的能力	5		
	2	把握政策能力	具正确贯彻执行会计法规、企业会计制度的能力	5		
	3	执行力	具正确理解上级工作意图，贯彻落实酒店的各项指示、方针的能力	5		
	4	资料管理能力	具备一定管理财务档案的能力	5		
总计考核得分						

被考核人确认：　　考核人确认：

9-11 收银员绩效考核表

收银员绩效考核表

岗位：收银员　　被考核人：　　考核时期：　年　月

项目	序号	考核项目	基准目标	分值	达成情况	考核分数
KPI (50%)	1	结账准确率	100%	6		
	2	被投诉率	每月小于1%	6		
	3	鉴别、拒收假钞率	100%	6		
	4	客人满意率	100%	6		
	5	酒店价格政策的监督、执行	严格遵守	6		
	6	有关财务核算报表填报的及时、准确	100%	6		
	7	收入投缴	准确、安全	6		
	8	业务培训及业务考核合格率	达到酒店的要求	4		
	9	岗位外语合格率	100%达到酒店规定的等级标准	4		
工作态度 (25%)	1	出勤纪律	没有迟到、早退、请假、病假、离岗、串岗、旷工现象	6		
	2	仪容仪表	严格遵守酒店仪容仪表要求，完全符合本酒店标准	6		
	3	礼节礼仪	严格遵守酒店礼节礼仪规范，没有出现不礼貌的行为	6		
	4	工作效率	任何工作都按时保质、保量完成，且从无怨言、牢骚	7		
工作能力 (25%)	1	主动性	总是能够积极主动、精神饱满地去工作	6		
	2	学习能力	按时参加酒店、部门组织的培训，且培训期间无违纪现象	6		
	3	团队协作	无错误、损坏、偏离标准的行为、从不重复工作	6		
	4	业务技能	熟练掌握岗位业务技能知识，符合或超越本酒店的岗位职责标准	7		
总计考核得分						

被考核人确认：　　考核人确认：

范本十　总经办绩效考核表

10-1　总经办主任绩效考核表

总经办主任绩效考核表

岗位：总经办主任　　　　被考核人：　　　　考核时期：　　年　　月

项目	序号	考核项目	基准目标	分值	达成情况	考核分数
KPI（70%）	1	督导检查会议落实情况	认真无漏洞	8		
	2	接待公务来访	热情周到细致	8		
	3	行政车辆管理	安排合理、费用节约	7		
	4	文件管理合格率	100%	7		
	5	保密工作合格率	100%	7		
	6	按时收发文件	及时准确	7		
	7	执行店规店纪合格率	100%	7		
	8	档案立卷、建立达标率	100%	7		
	9	环境卫生检查合格率	100%	3		
	10	出勤率	100%	3		
	11	对下属绩效考核	及时、公平、公正，做好业绩沟通	3		
	12	部门内部管理	本部门的规章制度规范，工作流程顺畅	3		
工作态度（15%）	1	遵章守纪	能认真执行各项规章制度	2		
	2	政策性与原则性	严格按政策与原则办事	3		
	3	责任感	责任感很强，力图将自己的工作做到最好	5		
	4	团队精神	积极协助其他部门和同事共同达成工作目标	5		

（续表）

项目	序号	考核项目	基准目标	分值	达成情况	考核分数
工作能力(15%)	1	分析判断能力	能正确分析事物、作出准确判断	5		
	2	创新能力	能够运用一些创新的方法来节能节耗	5		
	3	人际关系能力	能够同周围的人沟通和合作，在增进了解和传达信息方面有较好表现	5		
总计考核得分						

被考核人确认： 考核人确认：

10-2 秘书绩效考核表

秘书绩效考核表

岗位：秘书 被考核人： 考核时期： 年 月

项目	序号	考核项目	基准目标	分值	达成情况	考核分数
KPI(50%)	1	公文写作及时准确	100%	4		
	2	材料打印合格率	100%	4		
	3	材料打印满意程度	100%	6		
	4	打印材料文件速度	准时	6		
	5	档案立卷、建立达标率	100%	6		
	6	按时收发材料	准确、快捷	6		
	7	按时办理酒店有关证明	准确、快捷	6		
	8	接待公务来访	热情、周到、细致	6		
	9	总经理交办事项	不漏、不误	6		
工作态度(20%)	1	出勤纪律	没有迟到、早退、请假、病假、离岗、串岗、旷工现象	5		
	2	仪容仪表	严格遵守酒店仪容仪表要求，完全符合本酒店标准	5		
	3	礼节礼仪	严格遵守酒店礼节礼仪规范，没有出现不礼貌的行为	5		
	4	工作效率	任何工作都按时保质、保量完成，且从无怨言、牢骚	5		

（续表）

项目	序号	考核项目	基准目标	分值	达成情况	考核分数
工作能力（30%）	1	主动性	总是能够积极主动、精神饱满地去工作	8		
	2	学习能力	按时参加酒店、部门组织的培训，且培训期间无违纪现象	7		
	3	团队协作	无错误、损坏、偏离标准的行为，从不重复工作	8		
	4	业务技能	熟练掌握岗位业务技能知识，符合或超越本酒店的岗位职责标准	7		
总计考核得分						

被考核人确认：　　　　　　　　　　考核人确认：

10-3　行政专员绩效考核表

行政专员绩效考核表

岗位：行政专员　　　　被考核人：　　　　考核时期：　　年　　月

项目	序号	考核项目	基准目标	分值	达成情况	考核分数
KPI（50%）	1	电话接听	按酒店标准接听	5		
	2	留言记录	及时、准确	5		
	3	部门考勤表及每月的预算	及时、准确	5		
	4	文书、文件、通知的复印、收发、保管工作	准确、及时，无差错	5		
	5	劳保用品的分发	准确无误	5		
	6	部门固定资产和低值易耗品台账的登录	无错误	5		
	7	档案立卷建立达标率	100%	5		
	8	按时收发文件	及时、准确	5		
	9	查档手续健全	序号不漏、不缺	4		
	10	档案分项管理合格率	100%	3		
	11	文件管理合格率	100%	3		

（续表）

项目	序号	考核项目	基准目标	分值	达成情况	考核分数
工作态度（25%）	1	出勤纪律	没有迟到、早退、请假、病假、离岗、串岗、旷工现象	6		
	2	仪容仪表	严格遵守酒店仪容仪表要求，完全符合本酒店标准	6		
	3	礼节礼仪	严格遵守酒店礼节礼仪规范，没有出现不礼貌的行为	6		
	4	工作效率	任何工作都按时保质、保量完成，且从无怨言、牢骚	7		
工作能力（25%）	1	主动性	总是能够积极主动、精神饱满地去工作	7		
	2	学习能力	按时参加酒店、班组的培训，且培训期间无违纪现象	6		
	3	团队协作	无错误、损坏、偏离标准的行为、从不重复工作	6		
	4	业务技能	熟练掌握岗位业务技能知识，符合或超越本酒店的岗位职责标准	6		
总计考核得分						

被考核人确认：　　　　　　　　　　考核人确认：

范本十一　人力资源部绩效考核表

11-1　人力资源经理岗位绩效考核表

人力资源经理岗位绩效考核表

岗位：人力资源经理　　被考核人：　　考核时期：　　年　　月

项目	序号	考核指标	目标值	分值	达成情况	考核得分
KPI(70%)	1	人力资源工作计划按时完成率	100%	9		
	2	招聘计划完成率	控制在预算范围之内	9		
	3	培训计划完成率	在____%以上	8		
	4	绩效考核计划按时完成率	在____%以上	8		
	5	绩效考核申诉处理及时率	在____%以上	8		
	6	工资与奖金计算差错次数	提交的各类报表、报告中数据出错的次数控制在____次以内	8		
	7	核心员工流失率	在____%以下	8		
	8	对下属绩效考核	及时、公平、公正，做好业绩沟通	6		
	9	部门内部管理	本部门的规章制度规范，工作流程顺畅	6		
工作态度(10%)	1	向上级汇报工作	及时、准确	2		
	2	关注酒店长期的发展方向及长期目标的实施	非常关注，有具体的建议与措施	2		
	3	严守期限，达成目标	按期完成	3		
	4	遵守上级指示	严格遵守、执行	3		

（续表）

项目	序号	考核指标	目标值	分值	达成情况	考核得分
工作能力(20%)	1	领导力	能利用各种管理技巧，有效激励和调动下属的工作积极性和主动性	4		
	2	把握政策能力	能把握人力资源管理工作不偏离国家政策法规、酒店相关制度	4		
	3	执行力	有效贯彻落实国家相关政策、法规，酒店的各项政策方针	4		
	4	创新力	能吸收最新的管理理念并运用于酒店的管理之中	4		
	5	人力资源经济分析能力	能运用人力资源经济分析技术，对人力资源投入产出进行分析	4		
总计考核得分						

被考核人确认：　　　　　　　　　　　考核人确认：

11-2　招聘专员绩效考核表

招聘专员绩效考核表

岗位：招聘专员　　　　　　被考核人：　　　　　　　　　　　考核时期：　　　年　　月

项目	序号	考核项目	基准目标	分值	达成情况	考核分数
KPI(50%)	1	招聘计划、培训计划制订的质量	计划规范，有可执行性	8		
	2	招聘目标完成率	98%	10		
	3	招聘人员的质量/业绩表现	招聘人员适合所聘岗位，试用期内离职率低于2%	8		
	4	人员结构比率	各职务层次人才比率符合预定目标	8		
	5	招聘费用	控制在预算范围内	8		
	6	事务性工作完成率	及时、质量高、效率高	8		

（续表）

项目	序号	考核项目	基准目标	分值	达成情况	考核分数
工作态度（25%）	1	遵章守纪	能认真执行各项规章制度	6		
	2	政策性与原则性	严格按政策与原则办事	6		
	3	责任感	责任感很强，力图将自己的工作做到最好	6		
	4	团队精神	积极协助其他部门和同事共同达成工作目标	7		
工作能力（25%）	1	协调力	与上下级、平级及行业内外专业机构、主管部门保持良好关系	6		
	2	沟通能力	能与各方交换意见，最终达成共识	6		
	3	把握政策能力	把握人力资源管理工作不偏离国家政策法规、酒店相关制度	7		
	4	执行力	有效贯彻落实国家相关政策、法规，酒店的各项政策方针	6		
总计考核得分						

被考核人确认：　　　　　　　　　　　　考核人确认：

11-3　培训专员绩效考核表

培训专员绩效考核表

岗位：培训专员　　　　　　被考核人：　　　　　　考核时期：　　年　　月

项目	序号	考核项目	基准目标	分值	达成情况	考核分数
KPI（50%）	1	培训工作计划的完成率	100%	10		
	2	员工对培训工作的满意度	98%	8		
	3	培训覆盖率	85%以上	8		
	4	培训费用	控制在预算范围内	8		
	5	培训考核达标率	90%以上	8		
	6	事务性工作完成率	100%	8		

（续表）

项目	序号	考核项目	基准目标	分值	达成情况	考核分数
工作态度（25%）	1	遵章守纪	能认真执行各项规章制度	6		
	2	政策性与原则性	严格按政策与原则办事	6		
	3	责任感	责任感很强，力图将自己的工作做到最好	6		
	4	团队精神	积极协助其他部门和同事共同达成工作目标	7		
工作能力（25%）	1	协调力	与上下级、平级及与外部培训机构、内部培训讲师保持良好关系	6		
	2	沟通能力	能与各方就培训工作交换意见，最终达成共识	7		
	3	把握政策能力	把握人力资源管理工作不偏离国家政策法规、酒店相关制度	6		
	4	执行力	有效贯彻落实国家相关政策、法规，酒店的各项培训政策、制度	6		
总计考核得分						

被考核人确认： 考核人确认：

11-4 培训师绩效考核表

培训师绩效考核表

岗位：培训师 被考核人： 考核时期： 年 月

项目	序号	考核项目	基准目标	分值	达成情况	考核分数
KPI（50%）	1	培训计划的完成率	100%完成	8		
	2	课程内容的实用性	内容符合企业实际需要	6		
	3	课程的范围与深度	范围与深度符合员工的实际情况	6		
	4	授课方式的适宜性	课堂气氛的掌控能力，宽松、和谐、活跃	6		
	5	课程结构的合理性	课程结构合理，能系统地介绍知识	6		
	6	对培训教材的满意程度	学员满意度高	6		

（续表）

项目	序号	考核项目	基准目标	分值	达成情况	考核分数
KPI（50%）	7	授课准备程度（包括出勤）	准备比较充分，全勤	6		
	8	培训考核达标率	95%以上	6		
工作态度（25%）	1	遵章守纪	能认真执行各项规章制度	6		
	2	政策性与原则性	严格按政策与原则办事	6		
	3	责任感	责任感很强，力图将自己的工作做到最好	7		
	4	团队精神	积极协助其他部门和同事共同达成工作目标	6		
工作能力（25%）	1	协调力	与上下级、平级及与外部培训机构保持良好关系	5		
	2	沟通能力	能与各方就培训工作交换意见，最终达成共识	5		
	3	授课能力	掌握各种授课技巧、灵活运用各种方法来培训	5		
	4	培训教材设计能力	能根据员工的实际需要来设计教材	5		
	5	执行力	有效贯彻落实国家相关政策、法规，酒店的各项培训政策、制度	5		
总计考核得分						

被考核人确认：　　　　　　　　　　考核人确认：

11–5　薪酬专员绩效考核表

薪酬专员绩效考核表

岗位：薪酬专员　　　　　　被考核人：　　　　　　考核时期：　　年　　月

项目	序号	考核项目	基准目标	分值	达成情况	考核分数
KPI（50%）	1	薪酬调查工作	定期开展薪酬调查，并有调查报告	8		
	2	薪酬（工资与奖金）计算准确率	100%	9		

（续表）

项目	序号	考核项目	基准目标	分值	达成情况	考核分数
KPI（50%）	3	员工保险、福利计算与发放准确率	100%	9		
	4	员工薪酬满意度调查与沟通	定期开展调查，并出具调查报告，积极与员工就薪酬进行沟通	8		
	5	薪酬资料管理	资料及时归档，管理规范，可追溯	8		
	6	事务性工作完成情况	及时、质量高、效率高	8		
工作态度（25%）	1	遵章守纪	能认真执行各项规章制度	7		
	2	政策性与原则性	严格按政策与原则办事	6		
	3	责任感	责任感很强，力图将自己的工作做得最好	6		
	4	团队精神	积极协助其他部门和同事共同达成工作目标	6		
工作能力（25%）	1	协调力	与上下级、平级及与其他部门员工、外部薪酬调查机构保持良好关系	6		
	2	沟通能力	能与各方就薪酬政策及日常工作交换意见，最终达成共识	7		
	3	把握政策能力	把握人力资源管理工作不偏离国家政策有关薪酬的法律法规，酒店的薪酬政策、薪酬制度	6		
	4	执行力	有效贯彻落实国家相关政策、法规，酒店的薪酬政策、薪酬制度	6		
总计考核得分						

被考核人确认：　　　　　　　　　　考核人确认：

11-6 绩效考核专员绩效考核表

绩效考核专员绩效考核表

岗位：绩效考核专员　　　　被考核人：　　　　考核时期：　　年　　月

项目	序号	考核项目	基准目标	分值	达成情况	考核分数
KPI（50%）	1	绩效考核计划按时完成率	100%	12		
	2	绩效评估报告提交及时性	于考核结束后____日内提交	12		
	3	考核数据的准确性	每项数据都有来源，是客观、准确的	10		
	4	考核文件资料管理的规范性	资料及时归档，管理规范，可追溯	10		
	5	事务性工作完成情况	及时、质量高、效率高	6		
工作态度（25%）	1	遵章守纪	能认真执行各项规章制度	6		
	2	政策性与原则性	严格按政策与原则办事	7		
	3	责任感	责任感很强，力图将自己的工作做到最好	6		
	4	团队精神	积极协助其他部门和同事共同达成工作目标	6		
工作能力（25%）	1	协调力	与上下级、平级及与其他部门员工保持良好关系	6		
	2	沟通能力	能与各方就绩效考核政策及日常事务工作交换意见，最终达成共识	6		
	3	把握政策能力	把握人力资源管理工作不偏离国家政策有关法律法规，酒店的绩效政策、绩效考核制度	6		
	4	执行力	有效贯彻落实国家相关政策、法规，酒店的绩效政策、绩效考核制度	7		
总计考核得分						

被考核人确认：　　　　　　考核人确认：

范本十二 酒店绩效管理应用表格

12-1 中高层员工自我述职报告

中高层员工自我述职报告

年 月 日

姓名：	部门：	入职时间：	审核人：
岗位：	本岗位时间：	职级：	审核时间：
月度工作总评：			
表现突出方面及潜在能力：			
需要发展的领域	发展结果	问题	行动

12-2 对值班经理的现场检查记录本

对值班经理的现场检查记录本

日期	时间	大堂内所有工作人员热情、微笑、有礼	前台、大堂整洁、干净	大堂秩序良好，现场无客人不满	签名

说明：检查无问题打“✓”；有问题需要文字说明。

12-3　对前台服务员的现场检查记录本

对前台服务员的现场检查记录本

日期	时间	仪容仪表符合规范	主动关注客人，面带微笑	总台柜面清洁、整齐。接待用表格和物品摆放不杂乱，无与接待无关的物品	签名

说明：检查无问题打“√”；有问题需要文字说明。

12-4　对客房服务员的现场检查记录本

对客房服务员的现场检查记录本

日期	时间	仪容仪表符合规范	对客微笑，主动问候	工作车整理整齐，物品齐备，工作单填写准确及时	签名

说明：检查无问题打“√”；有问题需要文字说明。

12-5 对餐厅服务员的现场检查记录本

对餐厅服务员的现场检查记录本

日期	时间	仪容仪表符合规范	主动关注客人，面带微笑	餐厅整洁、干净	签名

说明：检查无问题打“✓”；有问题需要文字说明。

12-6 销售周报

销售周报

客源类目	出租间数	占出租率%	占客房数%			收入	占总收入%	平均房价
			本周	完成率	下周			
俱乐部								
crs预订中心								
crs会员预订								
长住								
会议团队								
旅游团队								
其他								
上门								
休闲客								
协议								
中介								
小计								

（续表）

<table>
<tr><td rowspan="3">管理类目</td><td>出租率%</td><td></td><td>平均房价</td><td></td><td></td><td>RevPAR</td><td></td></tr>
<tr><td>指导指标</td><td></td><td>指导指标</td><td></td><td></td><td>指导指标</td><td></td></tr>
<tr><td>本周收入</td><td></td><td>指标收入</td><td></td><td></td><td>完成
计划%</td><td></td></tr>
<tr><td>会员发展数</td><td colspan="3"></td><td colspan="2">有效协议
增加数</td><td colspan="2"></td></tr>
<tr><td>增加的有效
协议名称</td><td colspan="7"></td></tr>
<tr><td colspan="8">客户沟通记录</td></tr>
<tr><td colspan="8"></td></tr>
<tr><td colspan="8">运营中存在的问题</td></tr>
<tr><td colspan="8"></td></tr>
<tr><td colspan="8">本周工作小结和下周计划</td></tr>
<tr><td colspan="8">一、本周工作小结</td></tr>
<tr><td colspan="8">1.本周的销售工作、促销计划完成情况

2.与上周相比各指标升降变化原因简析</td></tr>
<tr><td colspan="8">二、下周工作计划</td></tr>
<tr><td colspan="8">工作重点、促销计划：</td></tr>
</table>

12-7 销售月报

销售月报

<table>
<tr><th rowspan="2">客源类目</th><th rowspan="2">出租间数</th><th rowspan="2">占出租率%</th><th colspan="3">占客房数%</th><th rowspan="2">收入</th><th rowspan="2">占总收入%</th><th rowspan="2">平均房价</th></tr>
<tr><th>本月</th><th>完成率</th><th>下月</th></tr>
<tr><td>俱乐部</td><td></td><td></td><td></td><td></td><td></td><td></td><td></td><td></td></tr>
<tr><td>crs预订中心</td><td></td><td></td><td></td><td></td><td></td><td></td><td></td><td></td></tr>
<tr><td>crs会员预定</td><td></td><td></td><td></td><td></td><td></td><td></td><td></td><td></td></tr>
<tr><td>长住</td><td></td><td></td><td></td><td></td><td></td><td></td><td></td><td></td></tr>
<tr><td>会议团队</td><td></td><td></td><td></td><td></td><td></td><td></td><td></td><td></td></tr>
<tr><td>旅游团队</td><td></td><td></td><td></td><td></td><td></td><td></td><td></td><td></td></tr>
<tr><td>其他</td><td></td><td></td><td></td><td></td><td></td><td></td><td></td><td></td></tr>
<tr><td>上门</td><td></td><td></td><td></td><td></td><td></td><td></td><td></td><td></td></tr>
<tr><td>休闲客</td><td></td><td></td><td></td><td></td><td></td><td></td><td></td><td></td></tr>
<tr><td>协议</td><td></td><td></td><td></td><td></td><td></td><td></td><td></td><td></td></tr>
<tr><td>中介</td><td></td><td></td><td></td><td></td><td></td><td></td><td></td><td></td></tr>
<tr><td>小计</td><td></td><td></td><td></td><td></td><td></td><td></td><td></td><td></td></tr>
<tr><td rowspan="3">管理类目</td><td>出租率%</td><td colspan="3"></td><td colspan="2">平均房价</td><td colspan="2"></td></tr>
<tr><td>指导指标</td><td></td><td colspan="2">指导指标</td><td colspan="2"></td><td>指导指标</td><td></td></tr>
<tr><td>本月收入</td><td></td><td colspan="2">计划收入</td><td colspan="2"></td><td>完成计划%</td><td></td></tr>
<tr><td>GOP值</td><td></td><td>GOP指标</td><td></td><td>GOP率</td><td></td><td colspan="2">GOP率指标</td><td></td></tr>
<tr><td>会员发展数</td><td colspan="3"></td><td colspan="3">有效协议增加数</td><td colspan="2"></td></tr>
<tr><td>增加的有效协议名称</td><td colspan="8"></td></tr>
<tr><td colspan="9">客户沟通记录（有重要价值的）</td></tr>
<tr><td colspan="9"></td></tr>
</table>

（续表）

运营中存在的问题（重点需改进的）						
一、本月工作小结						
1.本月的销售工作、促销计划完成情况 2.与上月相比各指标升降变化原因简析						
二、下月工作计划						
工作重点、促销计划：						
三、遇到的问题和所需市场部支持						
四、建议						
五、竞争对手调研						
周边现有竞争酒店	地址/店名	酒店客房数	直营/特许/管理	房价/房型	开业时间	面积
××店						
××店						

（续表）

周边即将开业竞争酒店						
××店						
××店						
对手经营情况（上月数据）	出租率	平均房价	RevPAR	月营收	平均GOP	客源结构
××店						
××店						

12-8 值班经理周报

值班经理周报

值班经理姓名：

所有记录项目都只反映本人当班日的情况

出租率		平均房价		RevPAR	
会员发展数		协议公司开发(名称)			
日房销售数					
运营中发现的问题及对策建议					
客户沟通记录					
本月培训项目及执行情况：					

12-9 客房经理周报

客房经理周报

年 月 日至 年 月 日

客房经理姓名：

运营中发现的问题及对策建议
1.员工服务和仪表方面 2.日常卫生 3.计划卫生 4.流程执行 5.硬件问题 6.棉织品及客用品
客户沟通记录
人员流失及原因：
下周培训项目（4项以上）：

12-10 餐厅经理周报

餐厅经理周报

年 月 日至 年 月 日

餐厅经理姓名：

早餐营业额		午餐营业额		晚餐营业额	
水消耗数		电消耗数		气消耗数	
运营中发现的问题及对策建议					
1.营业收入 2.服务用语及态度 3.服务质量 4.菜肴质量(含员工餐) 5.能源					
客户沟通记录					
下周培训计划项目：					
菜肴更新计划					
月早餐营收		月午餐营收		月晚餐营收	
月合计营收		月毛利额		月毛利率	
餐具和用具费用及问题分析：					

备注：没有餐厅经理，由分管值班经理记录。

12-11 工程维修日报表

工程维修日报表

工程维修姓名：　　　　　　　　　　　　　　　　日期：　　年　　月　　日

<table>
<tr><td colspan="6">每天一间房的计划维修</td></tr>
<tr><td colspan="2">房号</td><td colspan="2">维修内容</td><td colspan="2">维修材料使用</td></tr>
<tr><td colspan="2"></td><td colspan="2"></td><td colspan="2"></td></tr>
<tr><td colspan="6">报修内容记录</td></tr>
<tr><td colspan="2">房号或位置</td><td colspan="2">工作内容</td><td colspan="2">维修材料使用</td></tr>
<tr><td colspan="2"></td><td colspan="2"></td><td colspan="2"></td></tr>
<tr><td colspan="2"></td><td colspan="2"></td><td colspan="2"></td></tr>
<tr><td colspan="2"></td><td colspan="2"></td><td colspan="2"></td></tr>
<tr><td colspan="6">当日未维修完成的项目</td></tr>
<tr><td colspan="2">内容</td><td colspan="2">原因</td><td colspan="2">完成计划</td></tr>
<tr><td colspan="2"></td><td colspan="2"></td><td colspan="2"></td></tr>
<tr><td colspan="2">昨日气使用数</td><td colspan="2"></td><td>昨日电使用数</td><td></td></tr>
<tr><td colspan="6">客房水温测试(正常与否)</td></tr>
<tr><td>8:00</td><td></td><td>12:00</td><td></td><td>21:00</td><td></td></tr>
</table>

华睿书库：企业人爱看的书

“制造业管理工具库”精品书目

第一体系　HOW-TO企业人手册系列

序号	书　目	定价（元）
1	《优秀仓管员手册》（畅销版）	23.00
2	《优秀采购员手册》（畅销版）	23.00
3	《优秀品管员手册》（畅销版）	23.00
4	《优秀班组长手册》（畅销版）	23.00
5	《优秀跟单员手册》（畅销版）	23.00
6	《优秀外贸员手册》（畅销版）	23.00
7	《优秀员工手册》（白金版）	20.00
8	《优秀生产主管手册》（白金版）	20.00
9	《优秀报关员手册》	23.00
10	《优秀行政文员手册》	21.80
11	《优秀人事文员手册》	21.80
12	《优秀生产文员手册》	21.80

第二体系　工厂管理简单讲系列

序号	书　目	定价（元）
1	《现场管理简单讲》（实战精华版）	35.00
2	《品质管理简单讲》（实战精华版）	35.00
3	《物料管理简单讲》（实战精华版）	35.00
4	《9S管理简单讲》（实战精华版）	30.00
5	《安全管理简单讲》（实战精华版）	30.00
6	《量规仪器简单讲》（实战精华版）	30.00
7	《采购管理简单讲》（实战精华版）	30.00
8	《管理体系简单讲》（实战精华版）	30.00
9	《质量工具简单讲》（实战精华版）	30.00
10	《工艺管理简单讲》	19.80
11	《设备管理简单讲》	19.80
12	《目视管理简单讲》	19.80
13	《员工管理简单讲》	19.80
14	《管理方法简单讲》	19.80
15	《过程控制简单讲》	35.00